LITERATURA Y GUERRA CIVIL

LITERATURA Y GUERRA CIVIL

*(Influencias de la guerra de España
en las letras francesas e hispánicas)*

Actas del Coloquio Internacional
Lérida, 1-3 Diciembre 1986

Edición a cargo de
ÀNGELS SANTA

Claude Benoît, Anna Caballé, André Daspre, Pierre Delay, René Garguilo, Marta Giné, Jeannine Guichardet, Robert Jouanny, Jordi Jové, Juli Leal, Manuel Lladonosa, Arlette Lafay, Xavier Macià, Joaquín Marco, Montserrat Parra, Jaume Pont, Maurice Rieuneau, Pere Rovira, Àngels Santa, Santos Sant Villanueva, Cristina Solé, Francisco Tovar, Alain Verjat.

Departamento de Filología
Facultad de Letras
Estudio General de Lérida
Universidad de Barcelona

Este libro ha sido publicado con la ayuda de la Embajada de Francia en España

Primera edición, 1988

© PPU
Promociones y Publicaciones Universitarias, S.A.
Marqués de Campo Sagrado, 16
08015 Barcelona

I.S.B.N.: 84-7665-343-3
D.L.:37-783-88

Imprime: Limpergraf, S.A. Calle del Río, 17. Nave 3. Ripollet (Barcelona)

A los cuarenta en punto de la Historia,
¿O eran las cinco en punto de la tarde?
Eran años -cuarenta fugitivos-
A los cuarenta, punto, punto, punto.

Jorge Guillén

SUMARIO

Presentación 11
Anna Caballé: A los cincuenta en punto de la historia . . . 13

Primera Parte. Altruismo e idealidad 17
Manuel Lladonosa: Introducció a la guerra civil 19
Alain Verjat: La guerre a-t-elle un sens? Saint-Exupéry en
Espagne 27
Juli Leal: «La passion du Général Franco» d'Armand Gatti . 43
Jaume Pont: Erudición y sátira en el «Manuscrito Cuervo»
de Max Aub 53
Arlette Lafay: «Espagne! Espagne!» de Jean Richard Bloch . 59

Segunda Parte. Claude Simon, Paul Claudel, André Malraux . 75
Jeannine Guichardet: Quelques images de la guerre d'Espagne
dans «Le Palace» de Claude Simon 77
Maurice Rieuneau: L'image de la guerre d'Espagne dans «Les
Georgiques» de Claude Simon 93
Robert Jouanny: De Berlin à Teruel, Malraux à la recherche
de lui-même 109

Tercera Parte. La poesía: Creadores y amigos 117
Marta Giné: Reflexiones en torno a «España, aparta de mí ese
cáliz», de César Vallejo 119
Pere Rovira: «C'est une chanson qui nous ressemble» (Apuntes
sobre la educación sentimental de los poetas del medio
siglo) 127
Joaquín Marco: La poesía española en 1935-36 135

Cristina Solé: Drieu la Rochelle en España: historia de una excusa 147

André Daspre: Aragon, la guerre civile et l'Espagne . . . 159

Cuarta Parte. Valoraciones diversas 177

Claude Benoît: «Le Pont des Sorts» de Joseph Peyre: Une reflexion sur le temps et l'espace sous le signe de la guerre civile 179

Evelio Miñano: «Chant funèbre pour les cadets de l'Alcazar»: un conflit par ses signes 189

René Garguilo: Le doigt de Dieu et la griffe du Diable (les écrivains catholiques français devant la guerre civile espagnole) 199

Montserrat Parra: «Les sept couleurs» de Robert Brasillach . 217

Pierre Delay: Michel del Castillo: un plaidoyer tragique . . 223

Quinta Parte. Exilio, memoria y representaciones 233

Xavier Macià: Els intel·lectuals catalans davant la guerra civil espanyola 235

Jordi Jové: La memoria recobrada: Carlos Barral (A propósito de «Sangre en la ventana») 243

Angels Santa: «A propos de Clémence» de Claire Etcherelli o la desmitificación del exilio 251

Anna Caballé: Una visión intrahistórica de la guerra de España (el «Diario» de Masip) 263

Francisco Tovar: «Así cayeron los dados» y «Encrucijadas», dos novelas en Francia de un español con su exilio . . 275

Santos Sanz Villanueva: Memoria literaria de los niños de la guerra 281

Conclusión 301

Robert Jouanny: La guerre d'Espagne dans mon souvenir . . 303

PRESENTACIÓN

A LOS CINCUENTA EN PUNTO DE LA HISTORIA

Los tres primeros días de diciembre del año 86 (los recuerdo azules y muy fríos) acogieron, en Lérida, a un nutrido grupo de universitarios que, interesados por la materia del Coloquio, acudieron desde diversos puntos a nuestra invitación: Barcelona, París, Niza, Madrid, Grenoble, Valencia... La cita era en el Estudio General de Lérida y el tema propuesto para el encuentro: la vinculación de la literatura (española, catalana, francesa) a la historia. Tratábase esta vez de un punto muy determinado, sangriento, de la historia de España, precursor de otros todavía más sanguinarios, como fue la guerra civil sobrevenida a raíz de la sublevación militar del 18 de julio de 1936.

Cuando nos reunimos habían transcurrido ya cincuenta años de aquella página legendaria y parece que las heridas cicatrizaron, afortunadamente. Pero ello no era impedimento, diría que todo lo contrario, para que surgiera —a los cincuenta años o cuando sea— el análisis y la reflexión, esta última tan dispar como se quiera, pues eran también de procedencias y experiencias muy dispares quienes participaban. Ello no quiere decir, desde luego, que fuera la primera ocasión en que se planteaba el tema de la influencia de la guerra de España en las letras hispánicas y francesas: a estas alturas, es ya considerable el material que podría reunirse con las aportaciones de los especialistas (y me abstengo de dar nombres porque no acabaría). Dicho en breve, se trataba de añadir algunas piedras más al ya sólido edificio de la crítica histórico-literaria sobre el tema, aprovechando la favorable ocasión de su cincuentenario.

Bien es verdad que las opiniones sobre el asunto son variadas: algunos prefieren olvidar todo lo ocurrido, y ello puede reflejarse en un manifiesto desinterés, incluso rechazo, por la creación literaria surgida en aquellos años (y en torno a ella se centraron las

13

intervenciones de Joaquín Marco, Robert Jouanny, etc.); o bien por la que brotó después —dentro y fuera de España— motivada por la guerra (cuestiones tratadas por Santos Sanz Villanueva, Jaume Pont y otros). El olvido, en fin, está en la naturaleza de las cosas, pero hay también quienes saben de la importancia de la memoria (Manel Lladonosa reflexiona acertadamente sobre ello). Algunos incluso la defienden hasta extremos que pudiéramos considerar excesivos y que llevan, a quien no lo ve así, a tomar ciertas precauciones. Todavía para muchos españoles de hoy la experiencia de la guerra ocasionó resultados decisivos en sus vidas, aunque el paso del tiempo haya logrado distorsionar la imagen de lo que ocurrió realmente. Porque, en efecto, el pasado que vuelve —mediante la memoria y/o el arte— nunca es pasado pues éste se caracteriza por su incapacidad de regresar. Y lo que vuelve es un tiempo y un espacio inmóviles, depurados, carentes de contradicciones. En una palabra, el pasado se ha convertido en mito.

Tradicionalmente, las guerras han sido una inmejorable fuente de escritura: desde Troya hasta las modernas especulaciones sobre una posible guerra nuclear, la literatura ha bebido en las fuentes de los enfrentamientos militares, tanto reales como imaginarios. Con resultados a veces excepcionales (*La Ilíada*, *La cartuja de Parma*, *Guerra y paz*, ciertos episodios galdosianos) a los cuales no son ajenas algunas obras contemporáneas, como la novela antiilusionista de E. M. Remarque: *Sin novedad en el frente* o *Adiós a las armas*, de Hemingway (ambos relatos publicados en 1929). Pienso también en las novelas tan leídas de Sven Hassel. En castellano, Ciges Aparicio había narrado, a principios de siglo, sus impresiones de la guerra de Cuba en varios volúmenes, mientras que Blasco Ibáñez fue el responsable de una obra: *Los cuatro jinetes del Apocalipsis* (1916), centrada en el enfrentamiento militar de 1914. En realidad siempre ocurre así: la historia viva acaba transformándose en la materia del arte. De ese modo puede sobrevivir a la caducidad de los hombres.

La creación literaria española ofrece a partir de 1939 un extraordinario interés en este sentido, pues son muchas las obras —novelas en su mayoría— cuyo tema central es la guerra civil, tratada, indudablemente, desde perspectivas y estilos muy diferentes. En esta orilla: Agustín de Foxá (autor de *Madrid, de corte a checa*), Francisco Camba (*Madridgrado*), Wenceslao Fernández Flórez (*Una isla en el mar Rojo*) o Bartolomé Soler (*Los muertos no se cuentan*), por dar algunos ejemplos. Al otro lado: Ramón J. Sender, Arturo Barea, Max Aub, Paulino Masip, Joan Sales y tantos más. Los tres primeros citados, autores de verdaderos ciclos narrativos dedicados a la confrontación. También en el decenio de los cuarenta empie-

14

zan a publicarse obras que, indirectamente, se refieren a los gravísimos trastornos ocasionados por la guerra. El objetivo es llamar la atención, desde un plano estético, sobre la penuria económica, los sinsabores, la frustración de quienes sufren sus consecuencias: *La familia de Pascual Duarte, Los hijos de la ira, Nada, La plaça del Diamant...* La nómina, en fin, es amplísima, decíamos, e incluye, desde luego, valiosos testimonios literarios en otras lenguas: Georges Bernanos, Saint-Exupéry, André Malraux, George Orwell, Ernest Hemingway... De nuevo algunos de los muchos nombres que utilizaron aquella importante experiencia colectiva en obras posteriores (y de su significación se ocupa, principalmente, la delegación extranjera que tomó parte en el Coloquio).

Lo que sigue es pues el material que se debatió en aquel encuentro, material agrupado en cinco capítulos que pretenden homogeneizar la variedad de contenidos expuestos. Porque los textos de las intervenciones responden a la pluralidad de perspectivas de que partíamos. No me parece mal que en un libro de las características del presente puedan darse todos los matices, pues, como escribió Manuel Machado a otro propósito, la vida se parece más a un libro así, plural e invertebrado, que a una novela perfectamente escrita.

Anna Caballé
Febrero de 1988

PRIMERA PARTE

ALTRUISMO E IDEALIDAD

DE LA REPÚBLICA A LA GUERRA

El tema de la Guerra d'Espanya ha donat lloc enguany, en coincidir amb el cinquantenari del seu esclat, a un bon nombre de conferències, coŀloquis, encontres, articles, fascicles i commemoracions, que s'han afegit a la nombrosa bibliografia (més de 16.000 títols) existents sobre la qüestió.

Bona part d'aquesta atenció està relacionada precisament amb el tema del coŀloqui de Lleida: el ressò internacional, la consciència entre les esquerres europees, entre molts escriptors, artistes i inteŀlectuals progressistes dels anys trenta d'aquest segle, que la guerra d'Espanya formava part del combat general de demòcrates, socialistes, comunistes i progressistes en general contra el feixisme.

Foren molts, efectivament, els combatents antifeixistes no espanyols i els combatents de l'interior que coincidiren en la consideració que a Espanya s'hi jugava una alternativa no solament hispànica, sinó europea, l'alternativa entre feixisme i democràcia o feixisme i revolució. Al cap i a la fi, uns i altres es tornarien a trobar en els camps de batalla d'Europa, a la resistència o als camps de concentració nazi, tot confirmant la sensació que Espanya havia estat el primer capítol de la lluita contra la reacció feixista o el pròleg a una transformació revolucionària de la societat que la guerra mundial podia tornar a obrir.

En aquest sentit, estudiar l'experiència de la guerra d'escriptors catalans, espanyols, francesos, britànics o americans, és enormement iŀlustratiu de la cultura política de les esquerres europees, de les esperances i de la consciència ètica dels inteŀlectuals, i també, quan s'analitzen lúcidament les seves posicions i la realitat en la que s'han engatjat entre 1920 i 1970, de les seves contradiccions, glòries i misèries.

Per què parlar de la guerra avui?

La Guerra d'Espanya fou, per un altre costat, una realitat traumàtica per a moltes generacions dels habitants de la Pell de Brau, per als que visqueren la contesa directament, per als seus fills i nets, i, sens dubte, també per a la generació protagonista de la transició democràtica de la darrera dècada, per a la qual aquell conflicte ha estat un punt de referència i una ombra constants.

Les emocions que encara avui suscita aquell fet i el record de la dictadura resultant, encara massa recent, ha portat a alguns a considerar que calia oblidar definitivament aquella guerra com a mitjà d'enterrar tots els nostres fantasmes coŀlectius i els malsons passats. En d'altres ocasions s'han aixecat veus d'alerta sobre el perill de manipular ideològicament o políticament els fets i de fornir interpretacions sectàries de la guerra civil.

Crec, tanmateix, que tota manifestació velada o declarada de voler oblidar un capítol de la història coŀlectiva és un error i que és encertada aquella dita que tot poble que oblida la seva història risca de repetir-la. Per una altra banda, el present mai no és enterament comprès al marge del seu passat, i a l'igual que no podríem entendre la França d'avui sense la revolució francesa o la Gran Bretanya sense la seva tradició parlamentària, difícilment es podran entendre les realitats hispàniques sense conèixer la guerra civil de 1936-1939 i les seves arrels profundes. Tampoc no es podrà comprendre, precisament pel que hem dit abans, l'Europa dels anys trenta i tota una generació d'Escriptors i les seves perllongacions fins a 1968, sense donar el paper que li pertoca a l'Espanya de la Segona República i de la guerra.

Comprendre la Guerra d'Espanya

La Guerra d'Espanya no fóra el resultat de la incapacitat dels ciutadans d'aquest estat per a la tolerància o la democràcia, o el punt final de l'evolució d'un país exòtic i violent que havia vist transcórrer la seva història contemporània entre guerres civils i pronunciaments militars. El 1936, pel que abans hem assenyalat, Espanya formava part d'Europa, i el totalitarisme/feixisme/democràcia o la reacció conservadora i autoritària/revolució social que s'hi enfrontaven, eren paral·lels allí i aquí.

En bona part, la dissort de l'assaig democràtic republicà fou venir en el moment que el món occidental sofria la crisi econòmica dels anys trenta i quan a Europa les dretes autoritàries i les esquerres revolucionàries contestaven la democràcia parlamentària i liberal. L'autoritarisme dretà i feixista i la utopia revolucionària d'aquells segments de l'esquerra que refusaven el model democràtic parlamentari, que tant guanyà les joventuts europees dels anys trenta, confirmà i serví de legitimació a aquelles tradicions autoritàries i conservadores o revolucionàries, segons els casos, existents a Espanya.

És indubtable que cal cercar més enrera de 1931 les causes de la guerra d'Espanya, i examinar les raons profundes d'aquelles tradicions no democràtiques i del triomf del conflicte civil sobre el consens polític i social. Amb tot, cal separar l'anàlisi d'aquests factors d'una consideració determinista, segons la qual tots els processos i dinàmiques conduïen fatalment a la guerra civil. En aquest sentit, fóra important que s'examinés la trajectòria de la Segona República per si mateixa, sense considerar-la un pròleg de la guerra civil.

La República Regeneradora

Cal no oblidar que la República vingué en mig d'una gran esperança popular i que el 1931, malgrat els processos de fons que estan a la base del conflicte de 1936, tot era possible des del punt de vista de la modernització, democratització i descentralització de l'Estat. La República precisament venia com un intent de canvi pacífic i civil que tractava d'enfrontar-se amb aquells elements de fons esmentats, és a di rles contradiccions nacionals, socials, econòmiques, ideològiques i polítiques que esclataren a la «guerra i revolució d'Espanya».

La República no fou una mena de reacció negativa de la població que l'onze d'abril era monàrquica i que irreflexivament havia esdevingut republicana, com assenyalarien algunes lectures conservadores dels fets. La República no era tampoc una superestructura artificial en una tradició monàrquica, sinó el resultat de canvis importants en la societat espanyola que s'evidenciaven en l'augment de la població urbana i el nou rol de les classes populars i intermitges de les ciutats.

D'aquesta manera, les eleccions municipals del 12 d'abril de 1931, si bé donaven un triomf global als monàrquics, la victòria republicana a les grans ciutats i a la majoria de capitals de província, dugué a la caiguda de la Monarquia davant la consciència que el triomf urbà enregistrava la veritable opinió dels ciutadans, a causa del tradicional falsejament del sufragi o la manipulació dels electors que efectuava el sistema caciquil en el món rural. El monarca evaluà amb lucidesa el que representava el triomf urbà dels republicans. Aquest, efectivament, mostrava la importància creixent de les ciutats i la nova correlació de forces polítiques que en resultava.

Hi hagueren, per un altre costat, dos fets que havien de resultar cabdals en la implantació republicana i la retirada monàrquica. Les grans manifestacions populars que saludaren l'èxit de les convocatòries electorals municipals duien una dinàmica tal que solament podia ésser frenada per un ús massiu de la repressió i, al mateix temps, contribuïen a crear l'atmòsfera que el país exigia un canvi de règim com a conseqüència d'unes eleccions, municipals només, però que la campanya electoral primer, i l'amplitud dels resultats i el ressò popular complementari, havien transformat en un plebiscit.

L'exèrcit, sobre el qual hauria caigut la responsabilitat de la repressió, i la Guàrdia Civil mateixa, consideraren que no podia ésser contrariada una manifestació tan rotunda de la sobirania nacional; un exèrcit que, en darrer terme, s'havia trobat compromès amb la recent dictadura de Primo de Rivera, però al que no havia prestat suport en ésser «borbonejat». Un exèrcit amb components ideològics no monolítics i en el que persistien tradicions liberals i republicanes, al costat d'altres de signe diferent.

La República, després de la incapacitat mostrada pel parlamentarisme de la Restauració, la crisi i l'esmicolament dels partits dinàstics, i el fracàs de la Dictadura, desvetllà esperances immenses, com he subratllat abans, entre amplis sectors de la societat espanyola, però també forts temors i resistències.

La República era una nova mostra o assaig regenerador i modernitzador d'un estat desballestat per la incompetència administrativa, l'escissió entre les estructures polítiques i la societat, la revolta catalana i d'altres nuclis perifèrics contra l'ofegament i la uniformització centralista, política i cultural, i la lluita de classes. La República no pretenia resoldre tots aquests punts per la via d'una revolució social, sinó per les reformes. Probablement el seu punt de mira era la Tercera República Francesa. Bàsicament la República cercava de crear unes noves bases distintes de les de l'Estat Monàrquic, unes bases que permetessin de crear un país democràtic, laic i amb un major consens social.

Aquestes noves bases havien d'impedir les inflexions autoritàries i les reaccions integristes. Això representava modificar la relació de simbiosi o de suport mutu de la Monarquia amb l'Església i l'Exèrcit. D'aquí els objectius claus de separar l'Església de l'Estat i les reformes militars d'Azaña de reduir i modernitzar l'exèrcit. El nou estat havia d'ésser essencialment civil i laic, i per això calia també potenciar l'ensenyament públic i tallar la influència de l'ensenyament religiós. En aquest sentit, la política religiosa de la República ha de considerar-se en relació amb el paper cultural i ideològic exercit per l'Església en la història contemporània espanyola i amb la convicció republicana que la influència de l'Església havia estat negativa per al reconeixement del pluralisme, la democràcia, la llibertat i el canvi de les estructures socials.

Un altre dels problemes que estava obstaculitzant el progrès hispànic i enverinant les relacions socials, era la persistència dels grans latifundis. Els republicans, dins de l'horitzó d'una burgesia progressista, plantejaren una reforma agrària moderada per als camperols que treballaven els latifunds, però que representava tot un desafiament per a un dels grups més poderosos de l'oligarquia dominant.

Sense voler esgotar l'àmbit de qüestions a les quals volien encarar-se la coalició de republicans i socialistes del bieni Azañista, la República tractaria també de resoldre la qüestió catalana mitjançant una constitució unitària però compatible amb els estatuts d'autonomia; si bé en el cas català l'acció unilateral de Macià del 14 d'abril ja havia suposat un fet irreversible.

Vicens i Vives escriuria que havia estat el deler impacient d'enfrontar-se amb tots els problemes alhora el que suscitaria una perillosíssima oposició general conservadora a la República. Tanmateix, era difícil d'entendre com podia persistir una aliança republicana-socialista, elaborar una nova constitució, assimilar el fet de la proclamació de Macià a Catalunya d'un autogovern, modificar els pilars socials i ideològics del règim anterior i conservar el suport popular sense una política mínimament reformadora.

En realitat el problema no havia de raure en el nombre de reformes, sinó en la tàctica, el llenguatge i l'avaluació discutible dels diversos elements que les havien de configurar, i, particularment, en el fet que els canvis es produïen en un context interior i exterior sumament difícil i en un procés de degradació.

El gran problema de la República fou més aviat que vexà més que no destruí els seus adversaris. La reforma militar, per exemple, era tècnicament correcta i necessària, i, en un altre context, no hauria suscitat altres reaccions que les purament corporatives. Però l'atmosfera creada per articles, declaracions de polítics, intervencions als mítings com la del mateix Azaña, crearen la sensació que l'exèrcit anava a ésser «triturat» o si més no les declaracions eren manipulades així.

Una cosa semblant s'esdevingué amb la política religiosa que anà més enllà de la simple separació de l'Església i l'Estat, sobre la qual alguns sectors de l'Església Espanyola i del Vaticà estaven d'acord, però en la que incidiren tots els xocs del passat entre republicans i organitzacions obreres i Església, els recels eclesiàstics contra la nova república, l'anticlericalisme i les primeres manifestacions antireligioses dels primers temps de la República a Madrid, i, finalment, les clàusules famoses de la Constitució i diverses mesures que suscitaren, no solament el refús de la Jerarquia eclesiàstica, sinó de molts sectors de la població que, d'entrada no eren antirepublicans.

D'una manera creixent, les organitzacions i la premsa catòlica, anà legitimant una oposició frontal a la República o una alternativa essencialment contrarreformadora que, de triomfar podia deixar la institució republicana sense l'adhesió popular obrera i jornalera. Un altre element ideològic i emocional anà armant i mobilitzant corrents d'opinió contra la República: l'espanyolisme i la denúncia sistemàtica de l'Estatut d'Autonomia de Catalunya.

En tots els casos, se suscitava una oposició creixent de grups a la República, però, cal no oblidar-ho, en benefici dels interessos de l'oligarquia espanyola que manipulà els greuges militars, l'anticlericalisme i l'antiautonomisme, per a la contrarreforma i la contrarrevolució, encara que les reformes republicanes fossin poc radicals. Tot el tema de la reforma agrària, sense oblidar l'oposició al projecte del demòcrata cristià Giménez Fernández és prou iŀlustratiu.

La crisi econòmica dels anys 30 s'abatria, per un altre costat sobre Espanya, encara que no fos amb el ritme i de la manera que ho havia fet en altres països més industrialitzats. La crisi incidiria sobre les exportacions i sobre l'emigració a Amèrica i França amb l'augment corresponent de l'atur i l'agreujament dels conflictes socials. En uns casos es tractaria de l'aventurisme revolucionari de la FAI, en d'altres la voluntat d'empresaris i patrons d'abatre políticament aquells que consideraven que donaven suport a un sindicalisme obrer i camperol que posava en qüestió la seva hegemonia social, o en d'altres de resistir el radicalisme revolucionari que veien emergir en determinats nuclis. El resultat era l'enduriment de la lluita de classes, l'afermament del messianisme revolucionari en els uns o el trontollament de les posicions moderades en els altres, mentre també creixia la radicalització nacionalista o autoritària entre les joventuts.

En aquest context, s'interferia l'ombra de l'Alemanya Hitleriana i del feixisme i de l'antifeixisme. Les joventuts de les diverses formacions es militaritzaven; la societat s'escindia i els polítics no reeixien a construir un nou estat consensuat entre dretes i esquerres, perquè els divorcis eren excessius.

El discurs anà esdevenint no «reforma o reacció», sinó revolució o contrarrevolució. Per a sectors creixents de l'Exèrcit, l'Església, la burgesia, els financers i els terratinents, l'Estat s'estava esllavissant cap a la revolució social, el desarrelament religiós, i l'esquarterament; per a les organitzacions obreres anava prenent peu la creença que aquella república era de l'estil de la de Kerenski, i que calia passar a una nova etapa. Dins del Partit Socialista anaven guanyant pes els nuclis radicals. Aquest fet es precipità després de la victòria dretana de 1933 i dels fets d'Octubre de 1934 a Catalunya i Astúries.

El 1936, els militars evaluaren erròniament les amenaces de descomposició de l'Estat, l'Església no comprengué les raons profundes de l'anticlericalisme i l'oligarquia mostrava que no havia après res de l'experiència recent; les esquerres, per la seva banda, que havien guanyat juntes les eleccions de febrer de 1936, no governaven plegades, i sectors creixents del moviment obrer es llançaven a una estratègia revolucionária que era més de contenció antifeixista que d'ofensiva revolucionària, per a la qual és dubtós que estiguessin preparats després de la repressió i de les dificultats recents.

Totes les tradicions revolucionàries i constrarrevolucionàries, les mobilitzacions populars, el llenguatge i les emocions radicalitzades o totalitàries, l'enlluernament feixista o revolucionari, convergiren per a convertir un pronunciament militar d'objectius republicanoautoritaris en una guerra civil. Un sector de la societat espanyola persistia en mantenir-hi una dominació oligàrquica, una cohesió social i ideològica, i una organització centralista i uniformista que condemnava l'altra part a la resistència i la revolta. Però també molts nuclis obrers i camperols, anarcosindicalistes, comunistes i sectors socialistes considerarien que la República havia d'ésser roja o no ésser. És a dir que l'opció era entre feixisme o revolució. 40 anys de dictadura mostrarien que, en realitat, l'opció era entre feixisme o democràcia, a l'igual que mostraria als nacionalistes catalans que l'opció era autonomia dins de la República o anorreament de l'autogovern i de la cultura catalana.

La consciència d'aquesta darrera realitat es projectaria 40 anys més tard, en el procés de canvi democràtic, com he indicat més amunt, quan la classe política espanyola, el monarca, l'exèrcit, l'Església i les forces sindicals, coincidien en un consens polític, social, econòmic i cultural democràtic, que la generació dels anys 30 havia estat incapaç de fornir per la confluència d'uns factors adversos i unes estratègies de confrontació.

Manuel Lladonosa i Vall-Llebrera
Estudi General de Lleida
Universitat de Barcelona

LA GUERRE A-T-ELLE UN SENS?

SAINT-EXUPÉRY EN ESPAGNE

L'habitude que nous avons prise de vivre dans un monde en perpétuelle menace d'être mille fois détruit, nous fait concevoir la guerre comme le fléau universel du dernier des cavaliers de l'Apocalypse, celui qui assure le triomphe de la force aveugle. Ici la raison n'est plus d'aucun poids et il n'y a pas de bonne cause, ce qui est intolérable. Aussi, l'homme s'est-il ingénié à trouver un sens à la guerre; c'est la guerre sainte des uns et les croisades des autres, guerre que l'on fait dans un but élevé, pour la destruction du Mal, le rétablissement, à plus ou moins long terme, de la Paix, de la Justice et de l'harmonie. La guerre alors, sainte entre les saintes, est le sacré combat que l'on mène contre les puissances destructrices, contre la déraison qui s'empare quelquefois de l'esprit des hommes. Il ne reste plus alors, ce qui fut fait de tout temps, qu'à lui chercher un sens mystique, qui, non content de donner raison aux uns et tort aux autres, assure à la violence l'impunité de ce qui est un service du transcendant. Dans cette perspective, la guerre est le combat de l'ange, la lutte de la lumière contre les ténèbres. La presse et les écrivains sont tentés d'emboîter le pas à l'opinion générale et de classer les guerres en bonnes et sales guerres, c'est à dire finalement de prendre parti. Ce que je sais de l'attitude des français (et des autres) vis à vis de la guerre civile espagnole, n'échappe malheureusement pas à ce schéma simpliste. Suivant le bord dont on est, les opinions que l'on a, les votes que l'on émet, on épouse le parti de l'une ou l'autre des puissances en présence; on en devient, peut-être sans le vouloir tout à fait, le faire-valoir et le relation publique; en réalité, on ne fait que propager les idées sur lesquelles cette bonne conscience que l'homme se donne de faire la guerre, s'appuie et qui, comme je l'ai dit, vise à faire de tout conflit une guerre sainte dont l'Autre est le démon à abattre.

Saint-Exupéry, qui a, je le sais bien, la fâcheuse réputation chez certains membres de la gauche vaguement divine, d'être un boy-scout de droite a fait lui aussi son excursion dans l'Espagne en guerre. C'est de ce témoignage que je voudrais parler, en me plaçant du point de vue qui m'est cher, c'est à dire en essayant de discerner, à fleur de texte, les images et les symboles qui s'investissent, afin d'essayer de voir comment l'auteur voit la guerre civile au plan imaginaire et, par là, quel message il entend nous délivrer. L'innocence de ma démarche, je l'espère, fera mériter à un auteur qui n'est plus beaucop à la mode, et qui, cependant, n'a pas encore tout dit, l'indulgence initiale. Laissons la guerre pour la discussion.

Saint-Exupéry avait perdu beaucoup d'argent dans l'organisation du raid Paris-Saïgon; il venait de rentrer d'Egypte, chargé de soucis. Alors, au moment même où venait d'éclater la guerre civile, le journal L'Intransigeant lui demanda de se rendre en Espagne. Il partit en avion pour Barcelone au début du mois d'août 1936 et et écrivit plusieurs reportages, dont certains concernent le front de Lleida. Il revint bouleversé, comme on le verra.

Le texte commence par une évocation rapide du vol qui par Lyon le conduit vers les Pyrénées. Il se penche sur Perpignan au passage. Il sait déjà: *J'ai laissé derrière moi la dernière ville heureuse.* Il sait déjà beaucoup de choses, celles que la presse a déjà révélé à l'Europe et qui concernent les désordres, les abus, la violence gratuite, les églises brûlées, les exécutions sommaires. Aussi, en passant au dessus de Figueras, s'étonne-t-il de ne pas distinguer les signes qu'il attendait: *«cette ville ressemble à l'autre... cette église que je sais brûlée brille au soleil».*

Cependant, deux images contraires s'imposent pour décrire ce que l'on voit par rapport à l'idéal que l'on souhaiterait voir. L'image qui prend en charge la guerre est celle de l'araignée, symbole lunaire et caricature de la divinité, qui manifeste la fragilité de l'oeuvre terrestre et avec elle, évoque le démiurge puni. Figueras est ainsi vue, de l'avion, avec tous les chemins et les canaux qui conduisent à elle et qui font comme la toile de l'insecte. Saint-Exupéry ne voit rien: il imagine. Il verra plus tard. Mais pensant que Figueras est la proie de la guerre, l'autre image, celle de la paix, s'impose immédiatement à lui:

«Et je me dis qu'une colonie d'abeilles, sa ruche une fois bâtie, au sein d'un hectare de fleurs, connaîtrait la paix. Mais la paix n'est point accordée aux colonies d'hommes.»

La ruche est une image ancienne; elle symbolise précisément la paix, apparentée aux héros civilisateurs qui établissent l'harmonie par la sagesse. C'est aussi un symbole solaire de laboriosité, de sagesse, et d'immortalité de l'âme. Le miel nous mène à l'hydromel, au breuvage des dieux et la cire aux cierges, encore indispensables à nos cérémonies.

A Gérone, pas plus qu'à Barcelone, le premier regard ne révèle rien. D'où ce point de départ de l'article, que l'on pourrait prendre pour de la mauvaise foi et qui n'est que tactique, comme on verra:

«Et ils sont de bonne foi ceux qui disent: "Où est la terreur à Barcelone? A part vingt bâtiments brûlés, où est cette ville en cendres? A part quelques centaines de morts parmi douze cent mille habitants, où sont ces hécatombes?... Où est cette frontière sanglante, par dessus laquelle on tire?"»

L'auteur a déjà l'intuition, capitale dans ce texte, que la guerre qui se joue ici n'est pas banale. Le drame ne se joue pas dans la rue, mais dans la conscience des hommes. A preuve: il y a bien des miliciens dans les rues de Barcelone, ils font bien des barrages, mais il suffit d'un sourire pour les franchir. La frontière par dessus laquelle on tire est invisible ou plutôt elle passe par le coeur de l'homme, comme en veut témoigner un épisode observé sur les Ramblas. A la terrasse d'un café où il s'était installé, surgissent soudain quatre hommes armés qui dirigent sans un mot les canons de leurs armes sur le ventre d'un consommateur apparemment débonnaire. On le fouille, on examine ses papiers, on l'emmène.

«"Fasciste", murmura une femme entre ses dents derrière moi, et ce fut le seul témoin qui osa montrer qu'il avait remarqué quelque chose. Et le verre de l'homme restait là, témoignage d'une confiance insensée dans le hasard, dans l'indulgence, dans la vie.»

Un deuxième article est consacré aux scènes de rue à Barcelone et aux moeurs des anarchistes. Il s'ouvre sur une anecdote qui pose l'absurde comme principe organisateur de la cité. Un flâneur est interpellé par un milicien: «Marchez sur la chaussée!»; il n'entend pas, ou il est sourd, ou il n'a pas envie d'obéir. Allez savoir. Le milicien épaule son fusil, tire, le manque. Mais son chapeau est troué. Le promeneur quitte le trottoir et marche sur la chaussée. Le milicien qui préparait sa deuxième balle, hésite, puis s'écrie: «Vous êtes sourd?» Souverain reproche qui montre bien que les anarchistes tiennent la ville. Ils ont des qualités de coeur, ils sont courageux; ils ont fait de la ville un fortin. Derrière leurs barricades, on voit des sofas, des fauteuils de conseil d'administration. Ils s'agitent et s'organisent, vont installer une mitrailleuse sur le toit d'un édifice. Pour quoi faire? On ne répond pas. Car le danger vient de nulle part et de partout à la fois. Ils ont aussi le sens de la justice. Ayant fusillé un homme dénoncé comme fasciste, ils découvrent que le dénonciateur était surtout un rival. Alors, ils le fusillent aussi, pour faire bon poids. Tout cela est dit sur un ton léger, en phrases bréves, sèches, sans lyrisme ni pathos, comme des croquis pris sur le vif. Mais rien n'est vraiment pris au sérieux. Est-ce cela la guerre? En vérité, on dirait une fête, un carnaval où les farces sont quelquefois sinistres, un jeu qui ne tire guère à conséquence.

La guerre vraie est ailleurs, dans un autre décor, à une autre heure, et elle n'est pas proprement violente. C'est à la gare d'embarquement des troupes qu'il l'a rencontrée. C'est la nuit, il pleut, on voit de noirs wagons, des traces de suie, des formes raides; tout cela évoque pour Saint-Exupéry l'image de la mort et cette réflexion: *«les décors de fer sont inhabitables, ils ont perdu toute qualité humaine»*. On comprend bien cette assimilation de l'obscurité, du fer et de la mort; elle provient de l'origine chtonienne, infernale, du métal, qui en aucun cas ne saurait être mis en relation avec la vie. C'est le métal vulgaire, par excellence, inflexible, le maître de l'ombre et de la nuit, l'attribut du démiurge néfaste. Et l'on se souvient de ce que dit Hésiode de l'âge et de la race de fer: c'est l'ère de la matérialité, de la régression vers la force brutale, de l'inconscience enfin. L'image est tellement puissante pour l'imaginaire de l'auteur que, dans sa volonté délibérée de ne voir la guerre nulle part, ou de la dédramatiser, il lui faut changer de registre. Une sentence s'en charge: une guerre civile ce n'est pas une guerre, c'est une maladie. Les hommes sont là qui chargent les armes dans les wagons et Saint-Exupéry ne voit que des insectes monstrueux, sans chair, des paquets de carapaces et de vertèbres. Pas de bruit, pas de cris, seuls quelques «han!» trouent la nuit. Pas d'uniformes non plus: les hommes sont vêtus de vêtements noirs empesés de boue, ce qui leur donne l'air d'un peuple d'asile de nuit. L'idée de la maladie se réaffirme. La guerre civile est alors comparée à la fièvre jaune que l'auteur a connue naguère à Dakar. On parle bas, on se croirait dans un hôpital. Et soudain la métaphore prend son envol. On ne lutte pas contre une force étrangère, on lutte contre quelque chose qui n'est nulle part et partout à la fois, aussi insidieux qu'un microbe, en vérité on lutte contre la contagion. Chaque parti a reconnu dans l'autre un malade, dont le microbe est la foi (chacun la sienne).

«Ces hommes ne montent pas à l'assaut dans l'ivresse de la conquête, mais sourdement luttent contre une contagion. Et, dans le camp d'en face, il en est sans doute de même. Il ne s'agit point, dans cette lutte-ci, de chasser un ennemi hors du territoire, mais de guérir un mal. Une foi neuve est semblable à la peste. Elle attaque par l'intérieur. Elle se propage dans l'invisible. Et ceux d'un parti, dans la rue, se sentent entourés de pestiférés qu'ils ne savent pas reconnaître.»

D'où cette constatation terrible: on fusille plus qu'on ne combat. La mort, c'est le lazaret d'isolement. On se purge des porteurs de germes. Et, ajoute l'auteur, de l'autre côté de la barrière, «Franco a pu prononcer ce mot terrible: Il n'y a plus ici de comunistes».

Donc cette guerre n'est pas normale. Elle n'a pas de beaux régiments manoeuvrant sur l'échiquier des prairies, conduits par un stratège, bien homogènes, fort de leur homogénéité même face à un ennemi qui ne peut être qu'extérieur. Ici, la ville est en désordre. Un mélange incertain de communistes, d'anarchistes et de fascistes produit diverses agglutinations, malgré les différences. Nous sommes dans l'hétérogène, le poreux. L'ennemi est alors intérieur et l'on finit par se battre contre soi-même.

La suite, même si elle devient peu à peu atroce, est logique. Elle rappelle les grandes épidémies de peste noire. On n'enterre pas les morts, on les brûle dans des champs d'épandage, et ce seul détail situe l'essentiel de la question au niveau définitivement atteint du respect dû à la personne humaine. On ne respecte d'ailleurs pas plus les corps que les esprits, et l'ennemi intérieur, abondamment représenté sur les affiches d'époque, veut l'inquisition des consciences, genre de pouvoir dont ce pays fut coutumier.

Et sûr maintenant de son propos, qui s'éloigne rapidement du reportage, Saint-Exupéry nous propose deux oppositions d'images. La première évoque la mort attendue d'une jeune tuberculeuse dans un sanatorium blanc; on recueille ses dernières paroles, ses derniers sourires, car tout être est un miracle irremplaçable. Face à cela, ceci:

«Ici, l'homme est collé au mur simplement et rend ses entrailles sur les pierres. On t'a pris. On t'a fusillé. Tu ne pensais pas comme nous autres...»

La deuxième image nait de la constatation qu'à cette scène d'embarquement de matériel de guerre, nulle femme n'assiste. Saint-Exupéry s'explique cette absence en ces termes:

> «Et cette absence aussi me paraît raisonnable. Qu'ont-elles à voir ici ces mères qui ne savent pas, quand elles accouchent, quelle image de la vérité enflammera plus tard leur fils, ni quels partisans le fusilleront, selon leur justice, quand il aura vingt ans.»

On voit que là où la guerre n'est pas, la guerre prototype, s'entend, celle qui met face à face des soldats en uniforme et qui se livre, chacun de son côté, pour la bonne cause, c'est le régime de l'antithèse qui s'impose. Les constantes oppositions appellent l'élément qui, pour le pionnier que fut l'auteur, manque le plus à la guerre pour la sanctifier, c'est à dire l'héroïsme. Nous sommes en plein régime diurne de l'imaginaire, mais dans sa phase la plus primitive, la plus ténébreuse, celle qui réactualise les grandes terreurs de l'enfance, celle qui ne voit rien dans les ténèbres que désespoir et angoisse. La reconquête de la lumière purificatrice, qui viendrait justement sanctifier le conflit, est absente, d'où les images de miasmes, de microbes, de maladie. Et l'être est ici à la merci de tout et de rien, fort de ses convictions qui peut-être vont l'emporter vers le drame.

A Lleida, tout pourrait changer, car on est à vingt kilomètres du front. Cependant, la ville est plus paisible que Barcelone, notamment parce que l'on n'y voit pas circuler à toute allure des voitures braquant des fusils sur les passants; personne ne se promène un revolver à bout de bras; point non plus de ce que l'auteur appelle des accessoires prétentieux. L'ambiance, donc, est toute autre. Ceci est une ville du front, «*on est sérieux, il n'est plus nécessaire de jouer à la mort*»; cependant, un milicien est chargé d'éteindre les lampes à coups de fusil après le couvre-feu. Mais passons. Ce qui étonne le plus Saint-Exupéry, c'est que la guerre est semblable à un enchevêtrement mou:

> «La lecture du front est très compliquée. Villages amis, villages rebelles, villages incertains qui varient du matin au soir. Cet enchevêtrement des zones soumises ou insoumises m'évoque une poussée assez molle. Ce n'est point cette ligne de tranchée qui sépare d'âpres adversaires avec la précision d'un couteau...»

Cette dernière image est lumineuse et montre bien que nous avons changé de régime. Nous ne sommes plus dans le monde dualiste où l'heroïsme s'insère si naturellement qu'il en est l'idéal à atteindre. Pour le chevalier du ciel qu'est Saint-Exupéry, c'est intenable. Aussi, le texte va développer le thème des répugnances et des difficultés. «*J'ai l'impression de m'enliser dans un marais*», dans le flou, dans un labyrinthe. Cette dernière image, celle du labyrinthe, me rapproche de l'araignée du début, symbole princeps de la guerre, mais sur le mode de l'infini et du dégoût. Nous sommes en plein dans la matière féminine indifférenciée, dans un monde primitif où l'intelligence n'a pas encore sa place, en un mot avant le *Fiat Lux*, organisateur divin du chaos.

C'est pourquoi, revenant au mode où il est le plus à l'aise, l'auteur cherche et trouve immédiatement une image de paix, représentée par le spectacle d'une batteuse dans un champ de blé: tout est or, pain, sourires des paysans. On sait qu'il y a ici un tueur par kilomètre carré,

> «et entre deux tueurs, on ne sait pas très bien qui tient la terre, cette terre à moissons et à vignes, et j'entends longtemps chanter cette batteuse, infatigable comme un coeur».

L'image de la paix amènera le besoin de neutraliser la guerre, dans une certaine mesure de la dédramatiser. C'est pourquoi l'auteur insistera sur l'identité des deux factions en présence:

> «De ce village on nous désigne, à huit cent mètres, un autre village, réplique fidèle de celui-ci. Là-bas, sans doute, une barricade, fidèle reflet de la nôtre. Et peut-être aussi une batteuse, qui prépare le sang rebelle.»

De cette dédramatisation, que l'on peut aussi lire comme renforcement du drame (je veux dire, ceci n'est pas une guerre *humaine*, c'est pire), naît alors une autre image de paix. Une milicienne des faubourgs de Barcelone vient de découvrir la campagne, l'air pur, la fête; pour elle, cette révélation est la vie même. Elle danse, saute sur ses pieds, va boire à la fontaine et là: «*Elle a l'impression de boire au sein même de la terre*».

Dans cette ambiance où la vie reprend toujours ses droits, on ne trouve pas la guerre. Le thème du labyrinthe revient alors, mais c'est un labyrinthe englouti. Les routes sont familières, mais elles s'enfoncent dans le néant et Saragosse est comparée à la ville d'Ys, en pays inondé, en plein déluge universel. Peu de soldats, peu de canons, peu de chefs, on ne voit que le vide entre les combats.

C'est que cette guerre joue ses drames au niveau de la pensée. Chacun attent que naisse quelque chose dans l'invisible, Madrid attent, Barcelone attend, les soldats ne vont pas gagner, mais la pensée chemine peut-être. De temps en temps, on attaque, et une ville tombe.

Aussi l'horreur de la guerre est-elle ailleurs, là justement où la guerre n'est pas. «*On fusille ici, comme on déboise*», dit-il, et les hommes ne se respectent plus les uns les autres. Du camp d'où Saint-Exupéry observe, les fusillés sont les fascistes, à savoir, le curé, la bonne du curé et le sacristain plus 14 petits notables de village. Il n'en reste plus qu'un, qui possède encore quelques hectares de vignes, et qui transpire de peur dans la vie qui lui reste. Il va et vient dans le village, essaye d'adopter une attitude naturelle, joue au billard. «*Est-ce qu'on fusille un homme qui joue au billard?*» Le pauvre homme était ému, car il ne savait pas encore s'il était fasciste. Puis une image de dévoration, qui va bien avec le Léviathan dont finalement on est en train de faire le portrait à petites touches: «*Et moi je songeais à ces singes qui dansent devant la boa pour l'attendrir*».

Or qui sont les terroristes? Il ne faut pas croire, ce sont de braves paysans aux yeux clairs, qui font preuve vis-à-vis des étrangers d'une courtoisie grave. L'auteur fait maintenant avec un nommé Pépin, une tournée de sauvetage. Il tente d'arracher à la mort des ressortissants français, la plupart des religieux, qui ont été arrêtés. Quelquefois, ils arrivent trop tard, quelquefois juste à temps. Devant leurs demandes, les visages sont ouverts, le ton naturel, comme si tout cela allait de soi. L'auteur se dit alors que le pire serait des visages lisses, pleins d'ennui, le pire serait que l'un de ces hommes baille. Comme chaque fois qu'il constate que les choses ne sont pas ce qu'elles ont l'air d'être, Saint-Exupéry introduit un mécanisme d'inversion. Ici, c'est Pépin, qui est socialiste, qui est chargé de sauver un chartreux, juste sous le poteau d'exécution. Il compense la peur qu'il a dû avoir d'arriver trop tard avec un sonore: «Nom de Dieu de moine!». Ailleurs, on gardait pour plus tard un prisonnier capturé après de longues battues dans les bois. On lui a bien tiré dessus, mais on l'a manqué; vous comprenez, c'était la nuit. Maintenant, on le réclame, alors on le libère, et ce sont ses gardiens qui, au départ, lui serrent la main, comme s'ils le félicitaient d'être encore vivant.

Nous sommes donc en pleine contradiction, et c'est le thème que l'auteur va maintenant développer. Voici un décor de campagne, idyllique; soudain une fusillade éclate, qui romp l'harmonie, puis le calme revient. Que s'est-il passé? On n'en sait rien, parce que malgré tout, le monde et la vie continuent, ce qui constitue, peut-être, le plus grand scandale, comme le fait que ces morts hasardeuses nous laissent calmes, sans repentir. Vient alors une méditation. Les événements humains ont deux faces, une face de drame, qui concerne l'individu, et une face d'indifférence, qui concerne l'espèce. Ce qui est terrible au niveau de l'individu, cesse de l'être au niveau de l'espèce. Ceci explique, mais ne satisfait point, car ce qui intéresse le moraliste, justement, c'est l'individu. Et l'on comprend alors que tout le serein détachement dont faisait preuve l'auteur depuis le début n'était là que pour mieux préparer le coup de théâtre de cette fin de reportage. La grande question que va agiter maintenant Saint-Exupéry, est une de celles qui occupe une place d'importance dans le reste de son oeuvre, le valeur de la vie humaine. L'idée est qu'un seul être représente le tout, et c'est l'image d'un seul mineur enseveli pour lequel tout le monde se mobilise. Face a l'immensité de toute vie humaine, comment mesurer l'homme. Aussi,

> «Si l'on me dit, que sont ces douzaines de victimes, en regard d'une population? Que sont ces quelques temples brûlés, en regard d'une cité qui continue sa vie?... Où est la terreur à Barcelone?» Je refuse ces mesures. On n'arpente pas l'empire des hommes...
> Voici des comités qui s'adjugent le droit d'épurer, au nom de critériums qui, s'ils changent deux ou trois fois, ne laissent derrière eux que des morts. Voici un général, à la tête de ses Marocains, qui condamne des foules entières, la conscience en paix, pareil à un prophète qui écrase un schisme. On fusille ici comme on déboise...
> En Espagne il y a des foules en mouvement, mais l'individu, cet univers, du fonds de son puits de mine, appelle en vain à son secours.»

Ecraser un schisme. Nous retrouvons ici l'image du couteau qui sépare, de tout ce qui fait une guerre propre, nette et claire, que l'on peut gagner. Voici ce que le front de Lleida suggère à l'auteur, mais le pire n'est pas encore survenu, et c'est l'année suivante, à Madrid, que Saint-Exupéry le rencontrera.

Ce fut en juin 1937 que Saint-Exupéry se rendit à Madrid, cette fois pour le compte de *Paris-Soir*. Il visita la ville et le front de Carabanchel. Ce sont des pages importantes qui furent à l'origine de passages célèbres de *Terre des Hommes* comme le fameux «Réveil du sergent espagnol, dont on trouve ici la primeur».

L'ambiance est maintenant bien différente. Pluie de balles dans tous les sens, obus, canons. L'auteur se promène sur les limites en compagnie d'un lieutenant qui compte les obus qui vont tomber sur Madrid. Une image s'impose immédiatement, qui ne surprendra pas ceux qui connaissent les armes de Paris. Madrid est un vaisseau, chargé de femmes et d'enfants, un vaisseau que l'on veut couler. Dans les rues de Madrid, c'est le mythe d'Orphée qui se fait le porte parole de l'horreur. Un jeune homme marchait au bras d'une jeune mariée en robe blanche. Un obus tombe, et de la jeune fille ne reste qu'une bouillie sanglante.

«Qui a commencé? —se demande l'auteur, et de répondre, laconique: à une question on trouve toujours une réponse.» Et de constater: le bombardement de Madrid n'a pas d'intérêt militaire, au contraire, il fait serrer les poings, il unit ceux qui hier encore restaient indifférents à la guerre. Et l'article se termine sur une belle image sortie tout droit du mythe germanique: un coup retenti sur l'enclume, c'est un forgeron géant qui forge Madrid. L'image, qu'on ne s'y trompe pas, est ambivalente. Elle vaut comme symbole créateur, structurant, elle illustre la résistance croissante des assiégés, un monde naît dans le malheur. Mais elle est aussi le symbole infernal d'un pouvoir divin qui s'exerce contre les hommes.

Dans le vacarme du siège parfois, d'étranges plages de silence. Si pur et si profond qu'on y entend mourir la guerre,

> «Après trente secondes d'une telle accalmie, la figure du monde a déjà changé. Il n'est plus de coups à rendre, il n'est plus de riposte à attendre, il n'est nulle part de provocation à relever. Quelle occasion pathétique de ne plus fusiller jamais! Quiconque désormais tirera le premier, qu'il porte le poids de la guerre! Il suffit pour sauver la paix de s'apercevoir de ce silence.»

Mais quelque part ressucite la guerre, des mains d'un assassin qui n'est pas responsable. Et la routine reprend, routine de l'horreur, routine de la mort, routine de l'incompréhensible.

Ici, un long passage qui va conduire l'auteur à poser quelques questions essentielles pour le moraliste. Une attaque se prépare pour l'aube. On pourrait s'étonner que ces hommes, dont beaucoup vont mourir, soient somme toute heureux de cette nouvelle. Ils sons tous volontaires, ils ont tous renoncé à leur vie pour être ici à attendre l'instant suprême, la gloire ou la vie. Mais le reporter lui, est sensible à la peur. Et c'est à nouveau l'image du bateau, image de refuge contre les éléments déchaînés, qui lui sert à l'illustrer:

> «Et maintenant, ici, à fond de cale, nous entendons craquer notre navire. Quelque chose se disjoint lentement. La lune coule par les fissures. On s'oppose à cette invasion d'impalpable. De la lune, de la nuit, de la mer. De temps à autre, la tempête déferle et ses coups de bélier nous ébranlent...»

La terreur monte, comme la marée, et le courage que l'on observe reste un mystère. La tension, les nerfs, l'attente produisent un passage admirable:

> «Et brusquement tout à la fois semble exploser. Mes pensées 'accélèrent. Je pense. Je pense comme les autres. Je ne veux pas... je ne veux pas... Je ne veux pas que la nuit me dépose sur les épaules, après ce saut dans la tranchée, le poids de l'éventreur. Je ne veux pas entendre à deux pas de moi un cri de bête. Je ne veux pas que l'on me récolte aujourd'hui pour les grands mausolées de pierre. Ah! si j'avais un fusil! Attention! Je cogne en aveugle, Attention! Je ferai du mal à qui s'avance! Je m'incorpore à ce mitrailleur, je fais pirouetter mon tir avec lui, comme le moulinet d'un sabre, gardez-vous! Je ne veux point tuer des hommes, mais la guerre, mais l'horreur, le fantôme pâle qui, hors du cauchemar, avance d'un pas... Eh! C'était donc ça une panique!...»

Tout ne fut qu'une fausse alerte, et l'attente reprend. Les eaux régales de la nuit de guerre décape les hommes. Ils sont bien prêts d'être purs dans leur calme et le courage dont ils font preuve; ils protestent tous de ce que l'attaque soit reportée et retournent à leur cognac, à leurs jeux d'échecs, et s'occupent finalement de fêter la vie. Le personnage du sergent espagnol, qui devait attaquer le premier et qui est allé dormir juste avant, est maintenant le point de mire du reporter. Le grand mystère est de savoir pourquoi il accepte si bien l'idée de mourir. Mais la question ne peut être formulée, elle heurterait une pudeur qui s'ignore elle-même. Nous ne le saurons pas. Nous saurons, un peu, pourquoi il s'est engagé, à la suite de quel sentiment de gène, de médiocrité, de futilité du quotidien, sans trop savoir pourquoi, tout d'un coup, il a laissé métier, femme et enfants pour venir combattre. Une image vient à l'esprit de l'auteur:

> «Quand passent les canards ou les oies sauvages à l'époque des migrations, il s'élève une étrange marée, sur les territoires qu'ils dominent. Les oiseaux domestiques, comme aimantés par le grand vol triangulaire, amorcent un bond inhabile et qui échoue à quelques pas. L'appel sauvage a frappé en eux, avec la rigueur d'un harpon, je ne sais quel vestige sauvage. Et voilà les canards de la ferme changés pour une minute en oiseaux migrateurs. Voilà que dans cette petite tête dure où circulaient d'humbles idées de mares, de vers, de poulaillers, se développent les étendues continentales, le goût des vents du large et la géographie des mers. Et le canard titube de droite à gauche dans son enclos de fil de fer, pris de cette passion soudaine dont il ne sait pas où elle le tire et de ce vaste amour dont il ignorera toujours l'objet.»

37

Dès lors, nous ne sommes plus face à la fausse guerre, ni face à la guerre vraie, la sainte et bonne, que l'on essayait de distinguer au début. Une nouvelle dimension, toute humaine, vient de faire irruption dans l'esprit de l'auteur. Ce que nous appelons civilisation nous rend semblables aux canards domestiques et nous fait trouver le confort dans un enclos de fil de fer. Mais que vienne à passer un vol d'oiseaux sauvages en route pour quelles Amériques, alors en nous quelque chose d'essentiel est affecté, qui fait que notre routine nous semble insupportable:

> «Et toi, sergent, tu les découvres dans leur ladrerie ces activités de boutiquiers, ces petits plaisirs, ces petits besoins. Et tu acceptes d'obéir au grand appel sans le comprendre. L'heure est venue, tu dois muer, tu dois prendre ton envergure...»

Tel est le danger de la guerre pour les hommes, de celle-ci comme de toutes les autres, elle offre la possibilité d'un changement, d'une mutation, d'accéder à un niveau supérieur de l'être, le niveau du sacrifice consenti pour l'humaine condition. Le profil christique n'est guère loin dans ce qui se structure maintenant comme la modalité dramatique du régime nocturne de l'imaginaire, à quoi il fallait arriver. L'homme se découvre grand à la faveur de son accomplissement inattendu. Un grand souffle passe sur lui.

> «Voilà qu'il est délivré de sa gangue, le seigneur endormi que tu abritais: l'homme. Maintenant tu peux bien prendre le risque de mourir. Que vas-tu perdre?... Tu as atteint cette attitude où toutes les amours n'ont plus qu'une commune mesure. Si tu souffrais, si tu étais seul, si ce corps n'avait point de refuge, voici que tu es reçu par l'amour».

Ainsi se terminent les textes inspirés que Saint-Exupéry consacra à la guerre vue de Madrid, en juin 1937. Un trajet imaginaire s'y lit assez clairement qui est cohérent avec la pensée de l'auteur et qui explique pourquoi son reportage est finalement si peu typique du travail d'un journaliste. Il part d'une idée préconçue de la guerre qui ne correspond pas à ce qu'il voit. En pleine absurdité, seules parlent les images qui renvoient aux terreurs primitives sur lesquelles le héros n'a pu encore dresser ses victoires. Petit à petit, s'imposent, en contrepoint, des images de paix, centrées autour de la terre-mère, les rythmes naturels des saisons, les moissons, l'eau claire des fontaines. C'est ce que nous convenons d'appeler régime nocturne, mystique, de l'imaginaire, pays de poète, dont il fait bon rêver, mais où l'on ne saurait vivre, car toute réalité le dément. Restait alors l'épreuve suprême, celle de la guerre vue de près, des morts en sursis que sont les hommes des tranchées. Et c'est là que s'impose la deuxième modalité du régime nocturne, celle des structures dramatiques qui assurent le progrès au prix du sacrifice consenti.

Un dernier texte mérite d'être evoqué brièxement pour terminer, c'est un long passage de l'article intitulé *La paix ou la guerre*, publié dans *Paris-Soir* au début d'octobre 1938, à la suite des accords de Munich. Ce long passage fait à nouveau état des événements d'Espagne et il nous servira de conclusion.

Les accords de Munich avaient jeté le trouble dans l'esprit de bien des intellectuels français, et Saint-Exupéry n'échappe pas à cette règle. Il s'agissait de savoir à quel prix on a le droit d'éviter la guerre, qu'est-ce qu'il faut sacrifier pour assurer la paix. «Quand la Paix nous semblait menacée, nous découvrions la honte de la guerre. Quand la guerre nous semblait épargnée, nous ressentions la honte de la Paix».

Cependant, les coeurs s'endurcissent, et la tendance générale des peuples d'Europe est d'oublier ce que c'est que la guerre même quand, chaque semaine, les actualités du cinéma en montrent des images insoutenables. L'auteur, pour étayer sa réflexion, en fera autant, et rappellera au lecteur ses souvenirs d'Espagne:

> Je les ai parcourues, à Madrid, les rues de l'Arguelez, dont les fenêtres, semblables à des yeux crevés n'enfermaient plus que du ciel blanc. Les murs seuls avaient résisté et, derrière ces façades fantômes, le contenu de six étages s'était réduit à cinq ou six mètres de gravats. Du faîte à la base, les planchers de chêne massif sur l'assise desquels des générations avaient vécu leur longue histoire familiale, où la servante, à l'instant même du tonnerre, tirait, peut-être, les draps blancs pour servir le repos du soir et l'amour, où les mères, peut-être, posaient des mains fraîches sur des fronts brûlants d'enfants malades, où le père méditait l'invention de demain, ces assises que chacun eut pu croire éternelles, d'un seul coup, dans la nuit, avaient basculé comme des bennes, et versé leur charge à la fondrière.»

Cependant, l'horreur ne passe pas la rampe; chacun s'endort satisfait et repu devant de tels spectacles à quoi rien ne les compromet. Et pourtant, rappelons-nous l'exemple du mineur enseveli, tout un peuple se mobilisait pour le sauver. Il y a ici un problème de langage qui fait que nous comprenons certaines choses et que nous n'en comprenons pas d'autres. Il y a longtemps que l'on parle des larmes des mères, et ceci n'empêche pas leurs fils de mourir. Ce problème est aussi vieux que l'espèce humaine. Si nous ne disposons que des descriptions de l'horreur, nous n'aurons point raison contre la guerre, parce que le langage de la violence est toujours en avance sur le langage de la civilisation. Il ne sert donc de rien de se poser des questions du genre «Pourquoi faisons-nous la guerre puisqu'en même temps nous connaissons qu'elle est absurde et monstrueuse», car l'absurdité est plus forte que le langage et l'intelligence de l'homme:

> «Franco bombarde Barcelone, parce que Barcelone, dit-il, a massacré des religieux. Franco protège donc les valeurs chrétiennes. Mais le chrétien assiste, au nom de ces valeurs chrétiennes, dans Barcelone bombardée, à des bûchers et d'enfants.»

Et malgré tout il faut choisir un camp, un parti, une faction, c'est à dire une identité qui vienne mettre du sens là où le conflit n'en a pas. Mais ceci ne résout pas le problème de langage qui soustend le conflit. Tant et si bien que, déclare l'auteur, vous avez tous raison, les droites et les gauches, les rouges et les autres.

> «On peut ranger les hommes en hommes de droite et en hommes de gauche, en fascistes ou en démocrates, et ces distinctions sont inattaquables; mais la vérité, vous le savez, c'est ce qui simplifie le monde, non ce qui crée le chaos.»

Quelle peut-être, alors, la morale de l'Histoire? Un dernier passage va nous la suggérer. Les hommes se préparent pour une patrouille et le journaliste va les accompagner. Il s'agit de reconnaître une étroite vallée. A huit cent mètres se trouve l'ennemi. On se met en marche. C'est le soir. Et au moment d'arriver à portée de voix de l'adversaire, au lieu de faire silence pour le surprende ou le repérer, on décide de le faire parler... On appelle: «Antonio!...» à plusieurs reprises, sans succès. On allume une allumette que saluent trois coups de feu. On appelle à nouveau et le vent, soudain, apporte le réponse, inattendue, presque incroyable: Taisez-vous, couchez-vous, c'est l'heure de dormir!...»
Le langage, la communication, étaient enfin retrouvés, et il semblait que la guerre était d'un autre monde. L'envie était grande de poursuivre cet embryon de conversation. Aussi, une deuxième question partit dans l'obscurité:
«—Antonio, pour quel idéal te bats-tu?»
«—...Espagne!»
On entend alors:

«—...et toi?»

«—...Le pain de nos frères.»

Puis, de plus en plus étonnant:

—Bonne nuit, amigo, à quoi répond. —«Bonne nuit, amigo.»

C'est tout, c'est peu, et c'est immense. «Idéal... Espagne... Pain de nos frères», ces quelques mots échangés, sont le fruit de longues heures de marche, d'aguets, sont ce qui reste de la guerre quand l'horreur a été évacuée. Dans toute guerre, les faits invalident le langage, à moins que, comme ici, ce soit le langage qui vienne invalider les faits. C'est alors que la vie des hommes retrouve son sens, c'est alors que le moraliste est satisfait. A quoi, bien sûr, il n'y a rien à redire.

ALAIN VERJAT
Universitat de Barcelona

«LA PASSION DU GENERAL FRANCO»

de Armand Gatti

o

GRANDEZA Y MISERIA DEL TEATRO MILITANTE

Pocos son los textos teatrales franceses que traten de alguna manera el tema central de este coloquio. Pero aún más escasos los textos europeos que, a partir de dicho tema, hayan alcanzado la categoría de mito de un tipo de teatro: el de inmediatez política —con tal fin fue escrito— en su doble vertiente de documento testimonial sobre unos hechos: la repercusión de la derrota para un gran sector de exiliados y emigrados ,y, sobre todo, de hecho teatral que atraviesa un tipo tal de dificultades y prohibiciones que se ve convertido a su vez en otra «Pasión». La del propio autor y la de todos aquellos que en un momento histórico determinado creyeron en la efectividad de un teatro militante.

Concebida y escrita con anterioridad, «La Passion du Général Franco» conoce tres versiones sucesivas:

1. 1968, en la Collection Théâtre des Editions du Seuil.
2. Una versión remodelada de la anterior, también en «Seuil», en 1975, en colaboración con la compañía «La tribu des Carcana».

43

3. En la revista «L'avant-Scène du Théâtre», en mayo de 1976, como testimonio de la representación pública, con modificaciones sobre el proceso del montaje, y fotografías del mismo, con el título: «Passion du Général Franco par les émigrés eux-mêmes», con dirección del autor y escenificado en los Entrepôts de Ney-Calberson, de Toulouse, por una troupe de actores y amateurs procedentes de los emigrados mismos de Toulouse. La fecha del estreno, el 29 de marzo de 1976, casi medio año después de la muerte de Francisco Franco, lo que hará decir al crítico Jean-Pierre Sarrazac: «La Passion interdite sous l'empire de De Gaulle, Debré, Malraux, autorisée sous celui de Poniatowski, faut-il conclure à un affaiblissement du pouvoir repressif ou à la relativité du pouvoir du théâtre politique?»[1]

Para las características de esta comunicación, hubiera sido óptimo poder dar un análisis de las representaciones del 76, de las que sólo conozco el texto, intrínsecamente ligado a la realización escénica con sus elementos intransferibles de comunicación directa con el público gracias a un espacio unitario, y a los cambios constantes operados en el texto por Gatti hasta el último día. Al no ser así, he optado por la primera versión, verdadero embrión del proceso posterior y que funciona perfectamente como un ente autónomo. Mi aproximación, pues, será parcial, como lo es toda aquella que se realiza partiendo únicamente de la propuesta literaria, ya que como afirma Anne Ubersfeld, «Par nature le texte de théâtre, sauf notable exception, est fait pour être représenté. De ce fait, il doit laisser la place aux possibilités de la représentation».[2]

GRANDEZA: Refiriéndome así a la generosidad e integridad del autor al tratar el tema, que le hace encontrar una técnica de exposición innovadora, o al menos, con gran poder de sugerencia, con múltiples hallazgos o invenciones de estructura ,que sitúan a «La Passion», en un lugar preponderante a la hora de valorar la importancia de la propuesta. En efecto, creo que «La Passion» es hoy piedra de toque imprescindible en la historia del teatro de agitación política, por su magnitud, y por su miseria o limitación, aspecto que constituye la parte final de la exposición.

Concebida como un gran fresco histórico-político, la obra de Gatti nos presenta la Pasión que supone la vida de una serie de personajes representativos de un grupo social que sufre las conse-

1. Jean-Pierre Sarrazac, *Les étapes de la passion, une modification dramaturgique*. Rev. Travail Théâtral, XXIV-XXV, p. 126. Presses Jurassiennes. Juillet-Octobre 1976.
2. Anne Ubersfeld, *L'École du spectateur*. Ed. Sociales, París, 1981.

cuencias de su fracaso en la guerra civil española, visto desde un espacio exterior, el país de destino de cada uno de ellos, y desde el interior, es decir, a través del recuerdo permanente y de la necesidad de construir el presente a partir de la recuperación del pasado. Dicho grupo son los emigrados y exiliados políticos predominando en el texto, los que abandonaron España en 1939.

Localizada temporalmente en 1964, fecha conmemorativa de los publicitarios «25 AÑOS DE PAZ», la obra se basa en una estructura cuadruple. A saber: cuatro grupos de protagonistas, en cuatro localizaciones espaciales distintas. Los cuatro grupos tienen un factor en común: el presente en que transcurre la acción, y el carácter de la misma, un viaje que impone un cambio vital bajo el signo de la emigración o exilio, que se revelará iniciático. Cuatro trayectos que determinan las cuatro intrigas paralelas, y que sólo confluyen en dos momentos; el prólogo y el final. Desde esta premisa se conciben los consecuentes tratamientos del tiempo, del espacio, y su interrelación.

Los trayectos vienen definidos de la manera siguiente:

1.º De KIEV a Krasnoiarsk. Protagonizado por PANCHO, andaluz, GIL, asturiano y MATEO, a quien sus padres traen consigo de niño, instalado en Rusia, y conocedor de la situación española por referencia. Sería el trayecto que podríamos definir como del EXILIO.

2. LA HABANA-MÉXICO. Sus personajes son Miguel, trotskista en exilio, su sobrina Soledad, crecida y educada en Cuba, y Joaquín, estudiante, llegado a La Habana, fascinado por la Revolución de Castro, a quien la acción de la obra nos muestra en plena crisis ideológica. Trayecto de los españoles desarraigados, dominados por el devenir de los acontecimientos.

3.º MADRID a FRANCFORT. La emigración económica. Representado por Manuela, cuyo marido desapareció en Alemania con la División Azul, y cuyo hijo, Luis, parte a dicho país contratado por una fábrica de productos químicos. Falangistas de pensamiento, es el único trayecto cuyos personajes no tienen ideología anarquista o republicana. También es importante el personaje de Ricardo, compañero de viaje de Luis, de quien se descubrirá que es agente confidente de la policía española.

4.º De TOULOUSE a MADRID. Marino, carpintero, marcado por sucesos de la guerra acaecidos en Bilbao, referente constante en este trayecto, su amigo Juan, anarquista como él, la hija de éste, Dolorès, «très francisée» según el texto, y que se dispone a viajar a Madrid, para conocer la España actual donde

«J'espère y tuer les souvenirs de Marino et de mon père».[3]
Sería el trayecto dedicado a la emigración política.

Sobre este esquema, Gatti propone un itinerario acorde con el título de su obra. Relacionando el término «Pasión» con el referente común religioso español, observamos que con él se define el calvario de sufrimientos —físicos y psíquicos— de la figura de Cristo para alcanzar nuestra redención. Desde este planteamiento, la dramaturgia de Gatti deja muy poco al azar, a nivel de concepción técnica, con unos resultados altamente sugerentes: los cuatro trayectos-núcleos de acción están estructurados de acuerdo con las etapas del recorrido de una Pasión religiosa con sus símiles pertinentes. Cada travesía supone para sus personajes correspondientes una prueba hasta llegar a las últimas consecuencias en la búsqueda de su identidad perdida o no adquirida. A través de cada viaje surge el reencuentro con la memoria colectiva, partiendo de los dolorosos recuerdos de la guerra civil, y la constatación, no menos dolorosa, de la necesidad de encontrar un punto de destino, o de reconocimiento de una posibilidad de futuro. Así, cada trayecto empieza del mismo modo: con el anuncio de un viaje inminente, o bien, ya en el andén de la estación. La estación constituye la primera gran imagen de Gatti: Estación-término que define también cada recorrido de un Vía Crucis católico; estación, imagen espacial referente de un movimiento inmediato, de un cambio de contexto. Consecuentemente, la estación surge como un punto de encuentro y de intersección, produciendo un considerable efecto imaginario. Al estar los personajes evocando constantemente su pasado en España, lugar lejano y distinto, el presente, poco a poco, deviene un mero espacio mental. En efecto, vemos una estación actual, unos personajes actuales, pero todos ellos existen por la fuerza de un recuerdo pendiente aún de superación. La estación, y después el vehículo en que se viaja, sea el avión, tren o barco, son peones de un juego onírico en el que la memoria alcanza y usurpa el tiempo presente, y a la vez, de la obsesión por una España que recuerdan pero que ya desconocen. El presente y España se convierten así en espacios de lo imaginario, lo cual permite a Gatti mezclar las coordenadas geográfico-temporales sin ningún esfuerzo. En cada estación de este Vía Crucis del exilio, como en los pasos de un calvario popular, vemos materializarse hechos y personas procedentes de la experiencia vital de cada personaje creando una doble dimensión. La realidad, plasmada en la estructura horizontal de cada trayecto con la sucesión lógica de las acciones, y el oni-

3. Armand Gatti, *La passion du General Franco*. Ed. du Seuil, 1968, p. 10.

rismo, a través de las secuencias atemporales, que seccionan verticalmente el tiempo y el espacio, dando origen a una galería barroca de imágenes-signos escénicos que convierten cada trayecto en una especie de «Gran teatro del mundo» español, que mezcla lo privado de cada protagonista con lo público de los fantasmas de la vida colectiva. Podemos ver con este procedimiento desde una asamblea de animales prehistóricos como trasento paródico de la política española, a Luz, niña muerta violentamente durante la contienda, escuchar el relato de la agonía de La Violetera, visitar el penal de Ocaña, o asistir a un desfile de modelos de Cristos regionales, entre otras reacciones. Se pueden agrupar en dos bloques de escenas. a) Las de corte paródico, correspondientes a alusiones a la historia española contemporánea, apoyadas en un lenguaje satírico y surrealista, y b) los relatos de muertes y fusilamientos de familiares perdidos que completan el conjunto con una simbología de corte hagiográfico vista desde las antípodas ideológicas. Este último tipo pertenece a la memoria personal.

El total de escenas es de 24, de las cuales trece, engloban las macrosecuencias del recuerdo aludidas. La distribución es simétrica, correspondiendo seis a cada uno de los cuatro trayectos.

Si el contenido de las escenas es diverso, las relaciona un elemento común: la esencia de la «Pasión» vivida por los personajes, es decir, el peso del fracaso, de la pérdida de la revolución que les ha producido su pérdida de identidad como personas y como españoles:

> GIL: (Trajet Kiev-Krasnoiarsk). «Qu'est-ce que nous sommes? Beaucoup de choses, et entre autres, une révolution perdue qui a éssayé de se racrocher à une révolution qui avait réussi. Qu'a-t-elle trouvé au bout du compte? Sa propre image? C'est-à-dire encore une révolution perdue. Tu vois? (...) Des alouettes comme nous, lors qu'elles n'ont plus la possibilité de naviguer, elles font de temps en temps le plongeon...»[4]

Retomando la imagen inicial de la Pasión, ésta aparece como hilo conductor también de las decisiones finales de los personajes. Si la Pasión religiosa tiene un Cristo que derrama su sangre redentora, en «La Passion du Général Franco», el factor compartido por los exiliados se refleja a través de un significante distinto, pues, si para unos se convierte en la España perdida y que ya no puede recuperar, para otros, al contrario, es el deseo de conocer la España actual, como necesidad de exorcizar el recuerdo impuesto, pues son las generaciones más jóvenes, que viven la Pasión por

---

4. Armand Gatti, *Ouvrage cité*, p. 8.

herencia, o por contaminación de la nostalgia. No obstante, hay que evidenciar que, aunque las motivaciones varían, la causa implícita a nivel de significado es una misma: la derrota y sus consecuencias. Señalemos además que esta derrota, al aparecer como una contrafigura de la Pasión cristiana, adquiere un matiz deformante, y, lejos de ser redentora como aquélla, se convierte en una pasión que destruye no sólo a nuestros personajes en concreto, sino, por extensión, también a los grupos sociales que representan, condenados así a vivir un espacio mental, el pasado, para intentar vivir un futuro en el que nada se espera. Y quizá sea ésta la lectura más profunda de la crítica esgrimida en la obra de Armand Gatti, o, al menos donde podemos encontrar un tipo de denuncia más hondo del dictatorialismo que el emblematismo esquemático utilizado por los personajes mismos, pues, de este modo, si la contrafigura de la Pasión queda simbolizada en la revolución perdida y su calvario posterior, lo que aparece entonces como referente último, es la figura del propio Franco, reducida por antítesis al símbolo del Anticristo. Aunque, si bien su tratamiento dramático le desmitifica constantemente, queda magnificado por paradoja, por su omnipresencia obsesiva en diálogos y acciones de los protagonistas.

Este punto de inflexión es pues, el que nos permite proseguir el análisis de la obra a partir del efecto negativo, o mejor de su «Miseria», en tanto que limitación. Si bien es incontestable su honestidad de planteamiento, también lo es que, sus fisuras aparecen precisamente por exceso de fidelidad al modelo de teatro elegido como vehículo expresivo, aunque propuesto con originalidad y defienda apasionadamente su tesis política.

En el plano técnico es evidente en la dramaturgia de Gatti la influencia del «Teatro Político de Piscator, y del Teatro Épico de Bertolt Brecht, más concretamente, como observamos en la incorporación de canciones, en el distanciamiento de las acciones, o en la misma estructura fragmentaria. Pero, si Brecht utiliza la distanciación como base de una dialéctica interna que permita al espectador sacar su propia conclusión reflexiva partiendo de lo cotidiano, Gatti opta por todo lo contrario. El apasionamiento, la vehemencia y la demagogia.

Por ello, lejos de ahondar en la complejidad sígnica que le brinda su propia estructura dramática, Gatti opta por la vía más trillada en este tipo de teatro: el intento de convertir su obra en un producto de agitación inmediata, decisión loable, por supuesto, si no fuera porque, partiendo de tal premisa, el deseo de respuesta directa le hace caer en un determinismo «naïf», empobreciendo los contenidos con los excesos del panfleto: el maniqueísmo, el adoctrinamiento y el cliché. Por otra parte, rasgos típicos de gran parte de producciones artísticas extranjeras cuando se trata de analizar nuestra realidad histórica.

Dichos aspectos son tanto más evidentes en cuanto que la propuesta técnica y algunas de las escenas constituyen verdaderos hallazgos teatrales.

En primer lugar, si la estructura externa es coherentemente simétrica con una distribución equilibrada de secuencias por trayecto, seis cada uno como queda dicho anteriormente, no lo es tanto la atención dedicada a cada uno de ellos. Así, mientras los trayectos La Habana-México, Madrid-Francfort, o Toulouse-Madrid están regularmente repartidos a lo largo de la acción, no ocurre lo mismo con el de Kiev-Krasnoiarsk, que ocupa las escenas 1, 4, 7, 10, 14, y no vuelve a aparecer hasta la 24, última del texto, sin justificación aparente, lo que produce un distanciamiento por olvido de la intriga, sumándose a ello la escasa importancia concedida en extensión contenido de cada una de sus secuencias correspondientes.

Lo mismo se plantea entre las escenas del presente y las que muestran los recuerdos pasados o imaginarios. Cada escena comienza presentando a los personajes reales de la obra, pero al introducir dentro de ellas las macrosecuencias de lo imaginario, el presente acaba siendo borrado por la relevancia otorgada a lo irreal, produciéndose una grave descompensación. Subrayemos además que el método o recurso introductorio de lo pensado o recordado suele ser un sueño, pues el personaje está durmiendo, o simplemente una palabra que sirve de base para crear una imagen que provoca toda una escena. Por tanto la acción real de la obra muchas veces se limita a una didascalia, donde se explica el sueño, o una réplica, a partir de lo cual los auténticos protagonistas desaparecen.

Valga como muestra la *escena 9*: (Trayecto Toulouse-Madrid): «Marino dans sa chambre veille. Soudain apparait derrière lui Saint François des Assise, en visite.»

O la 19, donde, a partir de una contemplación de una imagen del mismo St. François, la habitación de Marino se desvanece, convirtiéndose en un taller, dando lugar a la citada escena de los Cristos, que es, a su vez la más extensa de toda la obra. Esta descompensación a favor de lo evocado u onírico, no siempre está en función de la escena en sí, pues de las veinticuatro totales, trece pertenecen a este tipo y, de estas trece, sólo cuatro son funcionales en el conjunto, siendo las demás autónomas, e incluso intercambiables.

Mención aparte merece, a pesar de todo, la escena sobre doña Carmen, «Madame Bijou», y su batalla para obtener el collar de

Evita Perón, que funciona a nivel de sketch autónomo, con una sutileza irónica ausente del resto de la obra donde el sentido del humor está al servicio de la demagogia.

La descompensación citada repercute negativamente en la configuración dramática de los personajes, que se van despejando de este modo de entidad, y, lo que es peor de autenticidad, pasando a ser estereotipos esquemáticos. Es entonces cuando más incide el aspecto de cliché, desde el nivel léxico, y también del situacional.

En el nivel léxico, resalta la ausencia de familiaridad o de normalidad. Los protagonistas se dirigen unos a otros predominantemente con un tono emblemático, incluso en conversaciones que se plantean como corrientes.

> JOAQUÍN: (Trajet La Havana-México). «Nous qui avec une seule forme de compréhension essayons sans y parvenir encore, mais tout en l'entrevoyant de nier l'homme pour le reconquérir et multiplier...»[6]

> SOLEDAD: (Même trajet). Parce que tu te crois éxigeant. Avoir connu ce que tu as connu, pour finir sans autre horizon que tes révolutions en petit comité. Les révolutions qu'il faut toujours inventer ne laissent rien derrière elles...[7]

Extractos que serían el denominador común conversacional en claro detrimento de la cotidianeidad, a la que nunca se alude, resultando difícil de creer, por saturación de tono de consigna semejante matiz en personajes que son familiares, y por su condición, según se indica en el reparto inicial, es la de obreros. Las consecuencias son pues, esquematismo, y recreación obsesiva en el derrotismo. Todo existe y se valora en función de la pérdida de la guerra, negando la mínima posibilidad de cambio o evolución en la España real hasta el punto de negar su existencia:

> MARINO: (Toulouse-Madrid). Qu-est-ce que tu as vu à Madrid?
> DOLORES: J'ai vu une ville comme les autres villes (...) J'ai vu des gens résignés et des gens joyeux, des gens qui s'amusaient, et d'autres qui n'attendaient plus rien. (...) J'ai vu aussi des petits bistrots où le soir, les jeunes s'amusent comme des fous.

> MARINE: Madrid serait-elle morte, elle aussi?
> DOLORES: Je vous dis justement le contraire.
> MARINO: N'est-ce pas toi qui est morte, Dolorés?
> JUAN: Madrid ne peut avoir disparu de cette façon.[8]

5. Armand Gatti, *Ouvrage cité*, p. 34.
6. Armand Gatti, *Ouvrage cité*, p. 17.
7. Armand Gatti, *Ouvrage cité*, p. 73.

En cuanto al nivel situacional, mencionemos además dos escenas que ilustran el concepto de cliché presentando acciones dramáticas, que comparadas con el texto real, quedan absolutamente desfasadas por incoherencia histórica o ideológica.

Una, sería la 19 donde «Dolorès à Madrid assiste à une manifestation de femmes (...) Les filcs chargent. Un groupe de femmes est isolé. (...) Dessus est inscrit le slogan "Bientôt les pommes de terre plus chères que les diamants"». Escena descrita para, gracias al uso de la palabra «diamants» introducir de inmediato el sketch de «Mme Bijou», pero que, como vemos describe una manifestación pública de amas de casa, situación harto difícil de encajar en la España de los 60. La otra, comprendería todas las alusiones al culto, devoción o contemplación de santos o imágenes católicas por personajes a quienes se nos ha definido como anarquistas, combinación que resulta, cuando menos, curiosa.

Finalmente, la crispación resultante de las mezclas y descompensaciones comentadas culminaría con la ambigüedad que decanta el empleo de una simbología violenta en los términos políticos y en los comentarios religiosos, o en las descripciones de las torturas y fusilamientos, que, en ocasiones, produce un extraño «efecto boomerang», pues, si el lujo de detalle de los relatos de los martirologios utiliza las mismas expresiones, recursos lingüísticos y simbología utilizados por la hagiografía fascista española en los libros de Historia Sagrada, o films de santos de la marca Cifesa, no es menos cierto que el arrebato y el efectismo conducen a una manipulación de conceptos y construcciones lingüísticas tales como:

«Madrid notre ville
tes enfants te fuient...»

«Te voilà, bête noire
enfermée dans les nuits du monde...» [9]

Fragmentos dedicados a la ciudad de Madrid, que recuerdan el mismo tipo de composición esgrimido por la ideología contraria.

Como síntesis positiva, queda al final de la obra una idea en boca de un minero:

Ce n'est Franco qui meurt dans cette passion, mais ce n'est pas lui non plus qui ressuscite.» [10]

8. Armand Gatti, *Ouvrage cité*, p. 83.
9. Armand Gatti, *Ouvrage cité*, p. 11.

Concepto que nos hace preguntarnos qué hubiera sido la obra de Gatti si hubiera partido de tan constructiva afirmación. O que quizá la gran clave final de la obra nos la hubiera podido dar una representación contemporánea a su gestación, en España, conclusión utópica, e inoperante, ya que, las leyes de la sociedad son también las que deciden el futuro o presente del hecho teatral.

Por ello, pienso que hay que saludar de todas formas el texto de Gatti como el primer gran empeño teatral que trata un tema tan crucial, y por asumir de forma tan desgarrada por excesiva y honesta una situación tan ligada a nosotros, haciéndose eco de uno de los mejores conceptos de uno de sus personajes:

MINEUR: «Où que vous soyez, c'est votre pays qui vous acueille...»

JULI LEAL I DUART
Universitat de València

ERUDICIÓN Y SÁTIRA EN EL «MANUSCRITO CUERVO» DE MAX AUB

Manuscrito cuervo: Historia de Jacobo es uno de los muchos relatos que tras la guerra civil española, el éxodo y el exilio, conforman la experiencia concentracionaria de Max Aub en tierras francesas. Ninguno de esos cuentos se separa del marco novelesco que nutre la anécdota de *Campo francés* [1] y, en rigor, obedecían todos ellos al designio original de una gran novela nunca llevada a cabo que, junto a *Campo cerrado,*[2] *Campo de sangre,*[3] *Campo abierto,*[4] *Campo del Moro*[5] y *Campo de los almendros,*[6] debía formar parte de friso aubiano sobre la guerra civil llamado «*El laberinto mágico*».

Disuelto el plan de dicha novela con la publicación de *Campo francés* en 1965, Max Aub dará cauce en forma de cuento a aquellas estampas de tema francés fagocitadas del proyecto original. De ahí surgen una serie de relatos de dimensiones variables —entre ellos el *Manuscrito cuervo: Historia de Jacobo*—,[7] que recogen la andadura del autor, entre 1939 y 1942, por los campos de concentración de Francia y Argelia.

I. *Manuscrito cuervo* es, de todos los relatos aubianos sobre el

1. Ediciones Ruedo Ibérico, París, 1905.
2. Tezontle, México, 1943.
3. Tezontle, México, 1945.
4. Tezontle, México, 1951.
5. Joaquín Mortiz Ed., México, 1963.
6. Joaquín Mortiz Ed., México, 1968.
7. Se publica por primera vez en 1950 como parte integrante de *Sala de espera* (Gráficas Guanajuato, México, 1948-1951, 3 vols.). Su reedición en *Cuentos ciertos* (Atigua Librería Robredo, México, 1955), presenta numerosas variantes respecto a la versión inicial. Esta segunda versión de *Manuscrito cuervo: Historia de Jacobo*, es la que reproduce la colección de relatos *La verdadera historia de la muerte de Francisco Franco* (Ed. Seix-Barral, Barcelona, 1979).

exilio francés, el más extenso y también el más complejo y ambicioso. Una complejidad que arranca de su mismo supuesto argumental —como se verá muy poco común— y se proyecta a la urdimbre técnica de su estructura. Para ello Max Aub recurre al motivo tradicional del manuscrito encontrado.[8] Hasta aquí el remedo técnico no excede ni el Cide Hamete cervantino, ni las misteriosas maniobras paleográficas —que también las hay en el cuento de Aub— de la novela gótica y su máximo exponente Edgar Allan Poe. Sin embargo, nada más alejado del terror poesco que el humor corrosivo del relato aubiano. El autor del mentado manuscrito no es ningún ser humano, sino el cuervo que dice llamarse Jacobo, ave viajera y distinguido erudito de la ciencia corvina que ha dedicado su tiempo al estudio del comportamiento de la especie humana en el campo de concentración francés de Vernet d'Ariège. El reducto concentracionario —cuna de desheredados de la guerra civil española y de la gran guerra recién iniciada—, elegido al azar por Jacobo como modelo tipológico del mundo del hombre, da pie a Max Aub para dilapidar, por la vía del humor y la sátira, la trastienda de la condición humana. Ignorante de ese *paradójico error real*, que en la medida de la sátira aubiana es sólo un *error ficticio*, «Jacobo describe —en palabras de Ignacio Soldevila— las costumbres del campo de concentración como si, en efecto, fueran las de la especie humana entera y, con la ironía del autor de por medio, muchas de las conclusiones a las que llega, de lo particular erróneo, alcanzan categoría de lo universal auténtico».[9]

No es la del escribidor cuervo Jacobo —narrador objetivo y fidelísimo apuntador de «chose vue»—, la única voz impostada por el autor. Aub hace reverberar el subterfugio del manuscrito en dos voces más, representativas de otros dos personajes amanuenses: Abén Máximo Albarrón, traductor en lengua castellana del manuscrito original en lengua corvina —«tercera persona de la trinidad aubiana, como Cide Hamete de la de su amigo Don Miguel»—,[10] y J. R. Bulubú, editor definitivo del manuscrito y caricatura malintencionada del aparato científico de los filósofos. J. R. Bulubú representa, desde el mismo trabalenguas de su nombre, el esperpento satírico de la vacuidad erudita, maestro del birlibiloque y la confusión científica, espejo, en definitiva, de una especie de fauna litera-

8. El tradicional recurso del manuscrito encontrado lo repite Max Aub en obras como *Luis Álvarez Petreña* (Ed. Miracle, Barcelona, 1934) y *Josep Torres Campalans* (Tezontle, México, 1958).

9. Ignacio Soldevila Durante, *La obra narrativa de Max Aub (1929-1969)*, Ed. Gredos, B.R.H., Madrid, 1973, p. 120.

10. Ignacio Soldevila Durante, *op. cit.*, p. 120.

ria que Max Aub ridiculiza en no pocos pasajes de su mundo novelesco.

Este mismo rasgo erudito, parodia en clave de humor, constituye el soporte satírico en el que se apoya el pretendido estudio del cuervo Jacobo. Con lenguaje enfático, precisión científica y objetivismo realista —la afección realista es otro de los caballos de batalla de Aub en contra de los presupuestos vanguardistas y la literatura deshumanizada heredera de las exégesis teóricas de Ortega y Gasset—, «pasa Jacobo el estudio de los hombres y sus costumbres en pequeños fragmentos temáticos dedicados a los intrigantes problemas que tan pintoresca fauna plantea. De este modo se pasa revista irónica y despiadada a los vicios del hombre, y se van señalando con indiferencia aparente de zoólogo las miserias y sufrimientos de los concentrados, como la conducta inhumana y patológica de las autoridades francesas. Como muchos otros escritos aubianos, apunta con sus respectivas cargas a los regímenes policiales en lo que tienen todos de inhumanos, ya se vistan con capas democráticas, fascistas o de cualquier índole».[11]

El muestrario moral de Jacobo, a la manera de breves acotaciones o «flabiaux», se completa con una serie de retratos sobre los personajes más arquetípicos del campo de Vernet d'Ariege. Hijos de la guerra civil española o de la gran guerra que acababa de nacer, la compleja galería humana —políglota, diversa en ideología y clases sociales— es el vívido reflejo de la sinrazón: la pretendida solidaridad internacional quiebra en el individualismo que provocan las situaciones límite, dando paso —en el umbral del egoísmo, la locura o la envidia— a un ejército de ausentistas, desconfiados, beocios, soplones y fulleros.

Desde el fermento de su ideología socialista, la insidia con la que Aub reacciona ante este brutal individualismo —atenuada en muchos casos por la ironía y el humor— no es menor que la ferocidad burlesca con la que son descritas las atribuciones policiales de los guardias del campo, lo cual constituye, como muy acertadamente sentencia Soldevila, «un abrumador expediente contra la postura ausentista de la burguesía francesa ante la guerra civil española, así como un proceso condenatorio sin apelación de la brutalidad y el cinismo de la represión policial del gobierno francés, y de la miopía —o de la sumisión —del gobierno frentepopulista de Leon Blum».[12]

II. Por supuesto, todas y cada una de las observaciones apuntadas son indisolubles de la fábula investida por Aub a través de la

11. Ignacio Soldevila Durante, *op. cit.*, p. 120.
12. *Op. cit.*, p. 16.

figura animal del cuerpo Jacobo. La narración recoge así la tradicional paradoja de la fábula, en la cual lo no humano se comporta como lo humano y donde se expresa una clara intención moral. La *paradoja* —figura disentiva y alegórica de toda la narración de Aub— deviene el contrapunto en el que el juicio del mundo corvino representa la racionalidad frente a la irracionalidad de los humanos. No en vano esta mezcolanza entre razón y extravagancia armoniza uno de los rasgos esenciales del ingenio verbal de toda sátira; una comprensión ingeniosa, una revelación súbita de ocultas implicaciones y la conexión entre dos ideas incongruentes. El resultado —y con él el *error ficticio* del sabio Jacobo— acaba adquiriendo tintes de epopeya burlesca, al quedar reducidos a su mínima expresión todas aquellas virtudes o méritos que secularmente entronizan el dominio jerárquico de la especie humana en la escala de valores del mundo animal. El *índice* que encabeza el *Manuscrito cuervo*, obra de la perspicacia sociológica de Jacobo, no puede ser más explícito:

INDICE

Cero.   De mí mismo y de mi propósito.
Uno.   De la extraña manera de vivir de los hombres. De los campos: la lista, la cocina, el B y el C.
Dos.   Del lenguaje de los hombres. De las distintas jergas y sus diferencias.
Tres.   De sus particularidades físicas. De los hombres y de los guardias. De cómo los hombres no tienen hembras. De sus músculos y su servicio. De lo que es leer y escribir. De la absurda manera de comer.
Cuatro.   De los semidioses. De los papeles. De la policía y de la gran invención de la censura. De cómo se manda a los hombres contra su voluntad. De los agentes.
Cinco.   Del trabajo, de las trancheras vacías. De las carreteras y de la dificultad de explicarlas.
Seis.   De lo que hablan, de sus mitos, de los fascistas y de los antifascistas. De la guerra. De la libertad. De los judíos.
Siete.   Del lenguaje, como lo hablan no sólo los hombres sino las cosas. De los altavoces, del teléfono. De la importancia de la cocina. De los externos.
Ocho.   De los internacionales. De cómo aun hablando en lenguas distintas, todos cantan en español.
Nueve.   De cómo, cuando los hombres llegan a uso de razón, los encierran.
Diez.   De las distintas maneras de perder las guerras.
Once.   De la superioridad de los cuervos. Del amor humano: de la

masturbación y de la mariconería.

Doce. De cómo han tenido que inventar máquinas de alas rígidas, que sólo vuelan a fuerzas de ruido. De otros medios de transporte imitados de las lombrices. De cómo el esfuerzo les obliga a echar humo. (Del fumador y de las locomotoras).

Trece. De cómo un buen espulgador vale lo que pesa.

Catorce. De cómo para ser de verdad hombre hay que estar a la altura de las circunstancias, de lo difícil que resulta sin alas.

Con esta inversión de valores, la visión parabólica de Max Aub remeda el típico recurso satírico de la *reducción* —reducir es deformar—, revelando así los impulsos no humanos que hay debajo de las pretensiones humanas de grandeza. El absurdo creado —que no excluye en algunos casos la mirada compasiva de Aub— conduce de lleno al tema de la *farsa* y, en último término, a la deformación trágico-cómica. Éste es, sin duda, uno de los más característicos registros de Aub: el ingenio del moralista piadoso y el estilete del satírico cuyo vigor realista llega, a veces, a la reducción escatológica. De hecho, todo el cuento es una alegórica reducción escatológica, al impostar el autor su voz en la figura simbólica del cuervo —portador de pesadillas y agüero de tinieblas, mensajero de la muerte y amante nutricio de animales muertos o desechos en descomposición. Con esta dobles paradójica Max Aub, como Juvenal, reduce la compostura humana a absurdas figuras despojadas del menor atisbo de heroísmo. Su coda final no podía ser otra que la catarsis de la ironía y la firme convicción racionalista sobre los absurdos de una sociedad que, muy a pesar suyo, no creía que pudiera cambiar.

III. Esta dimensión satítica y moral adquiere su perfecto correlato expresivo en la estructura del cuento. En este sentido —y contemplado al arrimo del «laberinto mágico»—, *Manuscrito cuervo: Historai de Jacobo* se constituye en la tautología expurgada de anécdota del ideal narrativo aubiana sobre la guerra civil, esto es: la narración como *galería*, así llamada —nos dice el mismo Aub en una de sus notas iniciales a *Campo cerrado*— tanto porque por ella transitan sus personajes, como porque desde ella los contemplarán sus lectores. El mundo de la narración aubiana asemeja, de este modo, un vasto mosaico, un hilo de Ariadna donde el narrador diluye voluntariamente cualquier relieve protagónico. Los personajes pasan y desaparecen engullidos por la fuerza del azar o del destino. Historias fragmentarias de personajes de toda calaña —egoístas y solidarios, solitarios y camaradas—, se suceden en paréntesis narrativos, en breves pinceladas enmarcadas que sazonan el lado más sórdido y más humano de la derrota, sus razones, su explicación, la historia y sus sorprendentes laberintos.

Más que el individuo, el protagonista de la narrativa de Max Aub lo conforman el hombre y el imperativo de su circunstancia: la guerra. De ahí esa veladura que es la estilización trágico cómica del «laberinto mágico»: una visión casi esperpéntica del desarraigo en la que los seres transitan como leves manifestaciones fantasmáticas, muñecos de guiñol ausentes incluso de sus propias muecas. He aquí el claroscuro de la narrativa aubiana: el «campo» como mundo, y el mundo como *galería* o *laberinto*. Una reflexión antifascista sobre el poder que hace la tiranía y de la intolerancia —los dos enemigos tradicionales de la sátira— sus únicas señas de identidad. En ese campo sin salida posible, con los estigmas de la guerra civil y del exilio, sólo el sueño irredente de la libertad parece persistir por encima de todo. Pero sin falsas ilusiones. Aquí la única falacia, la sola ilusión, son las voces y los ecos del autor: cuervo Jacobo, J. R. Bululú, Abén Máximo Albarrón y, en fin, Max Aub, traductor de una impostura moral que demuestra que el único laberinto sin salida es el hombre mismo.

JAUME PONT
Estudi General de Lleida
Universitat de Barcelona

«ESPAGNE! ESPAGNE!»

DE JEAN-RICHARD BLOCH

Le 24 juillet 1936, au moment même où le gouvernement français prenait la décision —rapportée deux jours plus tard— de fournir des armes aux républicains espagnols; où les nationalistes mettaient en place à Burgos, l'une des premières villes conquises, une junte présidée par le général Cabanellas, Jean-Richard Bloch, accompagné de Nizan, arrivait par avion à Barcelone. Mandaté par les organisations populaires, il devait s'informer des événements, se rendre à Madrid pour rencontrer les responsables du gouvernement légal et contribuer par là même à définir les modalités du soutien de la gauche française à l'Espagne populaire.

Après s'être entretenu avec le président Azaña, il regagnait Barcelone et le 6 août rentrait à Paris.

Achevé d'imprimé le 19 novembre, publié par les Presses sociales internationales, *Espagne! Espagne!* rendait compte de la mission accomplie dans un pays «en fusión» où le peuple avait réussi, avec «ses mains nues», à mettre en échec l'armée des rebelles. Cette relation ne représente toutefois qu'une partie de l'ouvrage. Durant les mois qui séparent le voyage de Jean-Richard Bloch de la publication d'*Espagne! Espagne!*, la guerre est entrée dans une phase de résistance et d'usure où l'aide étrangère va jouer un rôle déterminant.

L'attention passionnée avec laquelle Jean-Richard Bloch suit ces événements, la douleur et l'angoisse que suscite chez lui le déchaînement de la violence se traduisent dans les formes heurtées d'un livre jailli dont il souligne lui-même dans un *Avant-Propos* la singularité:

Ceci n'est pas un ouvrage composé ni ordonné. Ce n'est pas même un livre volontaire. Il est né des circonstances. Ce sont des morceaux de moi-même projetés au gré des jours et des événements, et recueillis maintenant parce qu'il a paru que leur substance n'avait pas encore perdu toute efficace.

Il est fait de témoignages —ces succédanés d'actes—, et d'appels —ces ombres de sacrifice.

Je n'ai pas écrit ce livre, il s'est écrit lui-même. Je ne l'ai pas assemblé pour me servir, mais pour servir.[1]

De fait, il n'existe aucune continuité entre l'introduction, datée du 13 octobre, livrant en un large mouvement lyrique les tourments de l'auteur, et les trois parties centrales constituées par la relation du voyage: *Barcelone, Valence, Madrid*: par des analyses historiques: le *martyre de l'Espagne vu de mois en mois*, reprenant des articles publiés dans *Europe* (*23 juillet ou La démocratie prise à la gorge*; *23 août ou Naissance d'une armée et d'un État*; *23 septembre ou La République française abandonne la République espagnole*; *23 octobre ou L'U.R.S.S. au secours de l'Espagne*); enfin, dans la troisième partie, par les appels pathétiques au gouvernement et au peuple français: *Empêchons le suicide de la France*; *Madrid est aujourd'hui le chemin de Paris*, parus respectivement dans *Vendredi* (14 août) et l'*Avant-Garde* (15 août) et regroupés sous le titre: *Le retour en France*.

Aucune transition entre ces commentaires personnels et cette dramatisation de l'Histoire et le recueil de documents par lesquels s'achève l'ouvrage: extrait de l'interview de José Bergamín sur le massacre des prêtres (*Vu*, août 1936), réponse de don Marcelino Domingo, ancien ministre de l'Instruction publique, au pape Pie XI (l'*Oeuvre*, 17 septembre); déclaration du général Mola rapportée par l'*Intransigeant* du 28 juillet; interview par Arthur Koestler, correspondant du *News Chronicle* du général Queipo de Llano (28 septembre), etc.; au total, 18 extraits de presse, assortis de notes brèves et regroupés en 5 rubriques, d'importance inégale: *les catholiques et la guerre civile; Fronte Crapular; les généraux et la démocratie; la misère espagnole; les armées de la République*.

Ce livre où la chronologie est tantôt absente ou bousculée, tantôt donnée comme primordiale; où contrastent les tons et les styles; où se mêlent le reportage, le document historique, le discours politique, la prophétie, n'est pas pour autant dépourvu de cohé-

1. Jean-Richard Bloch, *Espagne! Espagne!*, Presses sociales internationales, 1936, pp. 9-10.
Ce livre n'a pas, à ce jour été réédité.

rence et d'unité. Celles-ci résident dans l'intensité des sentiments et des pensées, dans le cri qui condense l'espoir, la souffrance, l'angoisse de l'écrivain-témoin: *Espagne! Espagne!*

Toutes les valeurs sur lesquelles Jean-Richard a construit sa vie et son oeuvre se trouvent en effet engagées dans le combat du peuple espagnol pour la démocratie et les libertés. Le souci d'objectivité va ici de pair avec la plus brûlante passion.

«J'ai plongé dans la fournaise, j'ai vu, j'ai entendu.» [2] Quel crédit accorder à ce témoin soi-disant authentique qui réclame, comme tel, notre adhésion et, par l'exergue de son ouvrage nous met en garde contre la fausse monnaie?

L'écrivain qui arrive le 24 juillet 1936 à Barcelone a, quelques semaines plus tôt, au début de juin, accompli une première mission en Espagne. Mandaté par le *Comité de rassemblement populaire et le Comité mondial contre la guerre et le fascisme*, il a donné à Madrid deux conférences: l'une, au meeting international pour la défense du dirigeant communiste brésilien Luis Carlos Prestes, meeting présidé par «la Pasionaria»; l'autre, à l'Ateneo, devant les intellectuels madrilènes. A la faveur de ce premier voyage, il a découvert les campagnes basques, castillanes, aragonaises, traversé Burgos, Tolède, Guadarrama, San Raphael et de nombreuses autres villes, salué au passage par les cris de *«Viva la Revolución! Vive le Front populaire!»*. De cette mission il est revenu avec un sentiment de confiance et de joie. L'engagement politique de Jean-Richard Bloch est sans équivoque et sans faille, tel que l'exigent chez lui une générosité foncière, une honnêteté ou plus exactement un honneur intellectuel, une mystique nourrie jadis de *Notre Jeunesse*,[3] un idéal de «servitude volontaire», inspiré de La Boétie, Rousseau, Tolstoi, Whitman et, plus récemment, une foi revivifiée en la révolution communiste.

Si Jean-Richard Bloch fut de ceux qui, en 1920, votèrent au Congrès de Tours le ralliement à la 3è Internationale et la fondation du Parti communiste français, c'est seulement au cours des années Trente que les circonstances l'amènent à se jeter dans l'action: l'échec de son roman *Sybilla*, dû selon lui à une «obstruction soigneusement orchestrée» de la critique; le péril hitlérien, la politique d'ouverture du parti communiste invitant les intellectuels à s'unir dans la lutte contra le fascisme expliquent, à partir de 1934-1935, l'«offrande» de Jean-Richard Bloch à la politique.[4]

2. *Ibid.*, p. 111.
Cette influence est signalée dans *L'Effort*, revue de la civilisation révolutionnaire créée en 1910 par Jean-Richard Bloch (7 août 1910).
4. En 1933, Jean-Richard Bloch publié *Offrande à la politique, troisièmes essais pour mieux comprendre mon temps*, dédiés à Jacques Robertfrance.

Après avoir accepté une fonction de secrétaire au sein de l'AEAR (*Association des écrivains et des artistes révolutionnaires*), il participe le 12 février 1934, en compagnie de Malraux, à la manifestation anti-fasciste organisée à Paris; le mois suivant, il crée avec Alain, Paul Langevin, Paul Rivet, le *Comité de vigilance des intellectuels antifascistes*. Invité à faire partie de la délégation française au premier Congrès des écrivains soviétiques avec Aragon, Malraux, Nizan et quelques autres, il part le 10 août avec sa femme pour ne rentrer à Paris que le 22 décembre.

«Tout le début de l'année 1935», note Jean Albertini, dans un récent ouvrage sur Jean-Richard Bloch,[5] est occupé par des conférences et des réunions sur le voyage en U.R.S.S., contre le fascisme et pour le soutien du Front populaire espagnol.

Jean-Richard Bloch était donc tout désigné pour être le délégué du Rassemblement populaire français auprès des Républicains.

Partisan chaleureux de la cause populaire, il est accueilli en ami au Colon, quartier général des milices du PSUC (Parti socialiste unifié catalan), reçu par don Luis Companys, Président de la Généralité de Catalunya, salué en maints endroits comme un frère. En compagnie d'Andrée Viollis et de Jean Cassou, il rencontre à Madrid Largo Caballero, le «Lénine espagnol», avec qui il a correspondu et qui, à la fin de l'entretien, dans un «abandon affectueux», le serre dans ses bras. Alvarez del Vayo, l'un des chefs les plus aimés du parti socialiste, membre de la rédaction de *Claridad*, lui a donné rendez-vous dans un petit bistrot de la banlieue: «Nous nous embrassons (je le connais depuis longtemps)»,[6] souligne notre témoin.

Audiences politiques, conversations officieuses avec les dirigeants de la République, les Partis et les organisations syndicales, interviews de paysan ou de milicien trotskiste, soigneusement retranscrits; contacts avec les foules «épaisses», tourbillonnantes de la rue, avec les combattants (pris dans une fusillade à Valence, lors de l'assaut des casernes, Jean-Richard est contraint de chercher refuge sous un porche pour échapper à la mort), toutes ces péripéties du voyage permettent au lecteur de participer à une Histoire en marche qui, pour les principaux acteurs avait pris d'emblée une dimension épique. «Les actes d'héroïsme du peuple de Barcelone, au cours de la journée du 19 juillet, ne se comptent pas.» [7]

Voir Jean-Jean Albertini, *Avez-vous lu Jean-Richard bloch?*, Paris, Éditions Sociales, 1981, p. 87.
5. *Ibid.*, p. 111.
6. *Espagne! Espagne!*, op. cit., pp. 83-84.
7. *Ibid.*, pp. 32-33.

A ces paroles de don Luis Companys font écho les commentaires de Jean-Richard Bloch:

> ...comment ne pas admirer le redressement extraordinaire d'un peuple, assailli par sa propre armée, privé de presque tous ses techniciens, de presque tout son matériel, qui parvient à contenir l'agresseur, à défendre victorieusement ses deux capitales et à nettoyer une grande partie de son territoire et de ses côtes?[8]

Pour évoquer le courage et l'unanimité de ce peuple, le conteur éprouvé qu'est l'auteur d'*Espagne! Espagne!* (songeons à *La Nuit Kurde* (1920), aux *Chasses de Reanut* (1927) recrée sans peine le climat de l'épopée. Aux exploits accomplis par des héros obscurs comme le sergent Juan Fabra,[9] aux paroles sublimes des paysans castillans: «Nous mourrons s'il le faut, mais nous ne reviendrons pas en arrière»,[10] Jean-Richard confère un caractère légendaire. Les images et les comparaisons que lui inspire son attachement au mythe révolutionnaire de la Convention et de la Russie des Soviets, la puissance de son imagination lui font voir dans la prise des casernes de Madrid un événement exemplaire, d'une portée universelle; dans les contrastes régionaux entre le paysan catalan «exubérant, impétueux, individualiste» et le castillan «silencieux, mesuré, calme, austère», la force d'un peuple —«le plus grave, le plus résolu qui soit au monde»;[11] dans la violence des combats, la marque d'une Espagne éternelle, éprise d'absolu, ayant, selon l'expression du président Azaña, «le goût de la flamme purificatrice».

A aucun moment toutefois, cette idéalisation n'éloigne le lecteur des réalités de la guerre. L'un des mérites du récit de Jean-Richard Bloch réside dans un constant accord entre la vision épique et la description réaliste. Celle-ci dénote une observation attentive, le désir de connaître et de restituer la présence et le pittoresque de la vie.

Par une série d'instantanés et un choix de détails significatifs qui relèvent du photoreportage, il s'efforce de donner l'image exacte d'une guerre surgie dans le quotidien. Sur un fond de couleur locale, laissant voir les petites rues de Valence, surmontées de clochers d'église, le site de Buitrago, «tassé, lacé, dans son extraordinaire enceinte de terre cuite, à créneaux violâtres, au pied de la

---

8. *Ibid.,* p. 120.
9. Le sergent Juan Fabra, «quatorze ans de service, dix ans de grade», réussit par son courage à s'emparer d'une caserne de Valence; il fut fait lieutenant, «séance tenante».
10. *Espagne! Espagne!, op. cit.,* p. 112.
11. *Ibid.,* p. 77.

Sierra sourcilleuse»; [12] une pièce «ombreuse, au dallage frais», les Rambles de Barcelone «pleines de fleurs, d'oiseaux, de promeneurs, de cafés»; [13] des gardes-civils en tenue de parade, semblables à des gendarmes de Carmen, etc., il peint les métamorphoses des êtres et des choses:

> Jamais frontière sociale, politique, historique n'a été davantage inscrite dans la figure des choses. Nous abandonnons, en quatre pas, le règne de l'ordre apparent, de la stabilité, de la machine qui tourne rond, pour entrer dans un monde en fusion (note-t-il, dès son arrivée). [14]

Les talents de reporter dont Jean-Richard Bloch avait fait preuve dans ses livres de voyage: *Sur un cargo, Locomotives* (1924) se retrouvent ici dans la description minutieuse de personnages typiques comme celle du militant qui l'accueille à son arrivée («yeux fiévreux, joues creuses, barbe de trois jours, baudrier, révolver (...), combinaison de toile noire échancrée au cou»); [15] ou celle de la clientèle du Paseo de Gracia («extraordinaire faune que les troubles sociaux font venir à la surface, et où se coudoient l'espion, le provocateur, l'indicateur, le spéculateur et l'aventurier); [16] dans l'accéléré de dépêches de presse («La ville: chaque voiture (...) se hérisse de canons de fusils. Sur chaque camion, des hommes armés) [17] ou dans des condensés de drames historiques évoquant, par exemple, le destin du poète don Ventura Gassol, «dont l'ancien régime a fait un militant, dont la République a fait un ministre, dont M. Gil Robles a fait un bagnard, et que le Front populaire a tiré de son cachot pour le remettre à la tête de l'Education nationale». [18]

L'ensemble se compose à la manière d'un montage, assez semblables à ceux d'un Griffith, d'un Dreyer, ou au «Camera Eye» de Dos Passos. Aux couleurs («fanion catalan jaune aux quatre bandes rouges horizontales», mitrailleuses enrubannées de rouge, comme pour une fête), aux mouvements désordonnés, impétueux de la foule, aux bruits discordants (applaudissements qui crépitent «d'une façon sèche et mate», «rue qui pépie comme une volière», cri de guerre «sourd, dur, sauvage des paysans des Astures: *Oûh, atché, pé!*», clairon qui sonne faux, etc.) aux odeurs suspectes montant de l'alsphate

12. *Ibid.*, p. 99.
13. *Ibid.*, p. 45.
14. *Ibid.*, p. 20.
15. *Ibid.*, p. 19.
16. *Ibid.*, p. 24.
17. *Ibid.*, p. 21.
18. *Ibid.*, p. 30.

où l'on a brûlé des chevaux; à toutes des images de la guerre sont associés des sentiments élémentaires de joie ou de haine et, de façon constante, les impressions et les commentaires du témoin-narrateur. Ainsi, la scène macabre des religieuses salésiennes déterrées et exposées au «grand soleil» paraît-elle moins inquiétante à Jean-Richard Bloch que certains comportements agressifs:

> On a déterré les religieuses embaumées, leurs cercueils ouverts sont dressés, côte à côte, au grand soleil, devant le porche de l'église et le long de la courette intérieure. Jeunes gens et jeunes filles, femmes de tout âge, défilent lentement devant l'étrange exposition. De ces mortes, les unes sont déjà sèches et incorruptibles, les autres, plus récentes montrent des lambeaux d'étoffes et de chairs brunes. Mais les soins funèbres ont conservé leur expression aux visages. Tous les types humains ont représentés là, depuis la paysanne lourde aux traits massifs jusqu'à la figure mince, fine et coupante de la mère abbesse.
> ... Ce spectacle n'éveille l'horreur qu'en ceux qui ne supportent ni la pensée ni la rencontre de la mort. Je confesse n'être pas de ceux-là. Je ne peux pas voir sans une révulsion de tous mes organes, qui confine la nausée et le dégoût de vivre, le corps du tué gisant prématurément sur les lieux du meurtre ou du combat. Mais le squelette sans nom, ou les reste humains tirés de la terre où ils ont subi le sort naturel, me paraissent fournir, le plus souvent, à une forme très conventionnelle de pathétique, et à un romantisme de qualité suspecte. (...) Beaucoup plus que sa mort, la vie de l'homme est une source insidieuse de drame, de douleurs et de troubles.
> La foule qui regarde et médite à mes côtes semble partager mes sentiment (...)
> Je suis moins indulgent à l'ostentation que mettent les jeunes de Barcelone à se parer d'un harnachement guerrier. Dans ce couvent même où s'affrontent ces pauvres vieilles mortes et ces jeunes spectateurs pleins de vie et de curiosité, un homme congestionné, au verbe haut, croit utile de se démener en brandissant un gros Colt. Le soir venu, il n'est pas de galopin qui ne fasse la cour à une fillette sans traîner un grand Mauser à la bretelle.[19]

Pour Jean-Richard, il ne suffit pas cependant de produire un livre de témoignage,[20] ni de communiquer au lecteur qu'il interpelle, à maintes reprises, ses propres convictions, il faut encore justifier le combat des Républicains et se justifier soi-même d'une pleine adhésion à la cause populaire. Jean-Richard n'ignore ni les atrocités, ni

19. *Ibid.*, pp. 42-44.
20. Georges Duhamel, ami de Jean-Richard Bloch a revendiqué le privilège d'avoir créé avec *Vie des Martyrs et Civilisation* la littérature de témoignage.

les crimes commis par la racaille, ce *lumpenprolétariat* qui grouille à Barcelone comme dans tous les grands ports méditerranéens; il déplore les flottements de la défense républicaine («Comme on voit que les Espagnols n'ont pas fait la guerre!», s'exclame-t-il, fort de son expérience d'ancien fantassin de la guerre de 1914-1918).[21] S'il estime que les incendies de couvents et les mutilations d'eglises n'ont pas dans l'ensemble, entraîné des pertes irréparables «artistiquement parlant», il regrette amèrement l'anéantissement de l'admirable Santa Maria del Pino», de «la précieuse et baroque NS de Balén», de mainte église de campagne «belle et charmante». De tels actes condamnent moins leurs auteurs (selon la formule du poète don Gassol, maints trésors ont été «sauvés, non pas de la foule mais par la foule») que la classe dominante et les intellectuels, coupables d'indifférence et d'orgueil:

> Vous autres, grands intellectuels, délicats, raffinés qui vous scandalisez, à l'exemple de Miguel de Unamuno, qui désertez la cause populaire pour ces destructions, qui jetez l'anathème sur la foule pour ces ruines, qu'aviez-vous fait pour répandre, au-delà de l'«élite», le goût, le désir et le respect de la beauté? Je cherche où sont, à notre époque, les pouvoirs qui montrent quelque souci d'élever le «niveau intellectuel» de la masse et de lui rendre accessibles ces plaisirs exquis; je ne les trouve pas, sinon précisément dans ces gouvernements populaires que vous tenez pour iconoclastes et barbares. Ne vous en prenez qu'à vous si, chez nous, par votre faute, le mob est demeuré le mob, et si, lâché, il châtie durement vos hauteurs et vos dédains.[22]

Quant à l'Eglise, «entassante», «thésaurisante» («Par quelle aberration l'Eglise du Christ et du Poverello se trouve-t-elle obstinément du côté des maîtres, (...) des puissants?»)[23] elle a elle-même, par son intolérance à l'égard des civiliations païennes, travaillé dans le passé à désoler la surface de la terre.

Par ces violents réquisitoires, destinés non pas à justifier la violence mais à éclairer l'opinion, l'auteur apporte à son témoignage le soutien de l'histoire. Soutien obligé pour l'historien de formation, ancien élève de Seignobos, et le penseur politique qu'était Jean-Richard Bloch.

21. *Espagne! Espagne!, op. cit.*, p. 54.
22. *Ibid.*, pp. 38-39.
23. *Ibid.*, p. 37.
«...Si quelques prêtres, quelques religieux, se souvenant de l'Evangile, ont rejoint, çà et là, les rangs populaires, trop de clochers ont servi à des curés fanatiques pour tirer sur la foule ouvrière. Ce sont là des comptes difficiles à épurer». *Ibid.*, p. 38.

Amorcées ou cours du voyage, étroitement mêlées aux images de la guerre, les réflexions historiques prennent dans la seconde partie d'*Espagne! Espagne!* une importance croissante. Par des précisions de dates et de lieux, par la citation de divers témoignages, une argumentation rigoureuse, enrichie de comparaison et de références historiques,[24] Jean-Richard Bloch s'efforce de convaincre ses lecteurs de la culpabilité des rebelles. La diatribe, l'ironie, l'invective, le pamphlet, la sentence, toutes les ressources de la rhétorique persuasive sont ici mises au service d'une pédagogie et d'un sens du dialogue éprouvés depuis 1934-1935 en de nombreux discours politiques.

Dans ces pages véhémentes où Jean-Richard analyse, au fil des événements, les causes, l'évolution et l'enjeu du conflit, les facteurs sociaux, économiques, politiques, culturels jouent un rôle primordial. Soit qu'ils illustrent les lois de l'Histoire inscrites dans la longue durée (ainsi, la misère et l'esclavage des masses populaires conduisent-ils inéluctablement à la révolution et à la violence: «Plus vous me parlerez des «massacres rouges», et plus je vous dirai, le coeur serré et l'esprit net: «Ces horreurs justement prouvent à quel point il était temps!»).[25] Soit qu'interviennent des phénomènes conjoncturels, tels que la coïncidence entre l'avènement de la démocratie espagnole, la victoire en France du Front populaire, l'essor du fascisme et du nazisme. Doivent également être pris en compte certains aspects de la situation espagnole qui confèrent à cette guerre sa «profonde originalité». Jean-Richard Bloch montre comment l'existence d'une armée de métier, héritée du régime précédent, composée presque entièrement de fils de famille, encadrée par des officiers monarchistes et cléricaux et une Police d'Etat (35.000 gardes civils dont les trois-quarts étaient acquis au fascisme) ont donné au conflit son «visage historique».

Des facteurs psychologiques inhérents aux mentalités ou à la sensibilité collective comme le sens de l'honneur, un goût de l'absolu;[26] les conditions matérielles du combat, notamment les diffi-

24. La prise des casernes de Madrid est assimilée à la prise de la Bastille, l'accord des républicains libéraux et de la petite bourgeiosie à celui de 1789, 1830 en France; l'erreur de Blum à celle du Maréchal Joffre à Charleroi, le pacte de non intervention à une nouvelle Sainte-Alliance, etc.

25. *Espagne! Espagne!*, *op. cit.*, p. 15.

26. L'Espagne atteint, chaque fois qu'elle se met en marche, une forme singulière d'absolu. Un absolu de la peinture avec Vélasquez et Le Greco, un absolu de la littérature avec Calderon, Lope de Vega, Cervantes, un absolu de la politique avec cette folle tentative d'asepsie raciale qui l'a privée des Maures et des Juifs, l'absolu de l'impérialisme avec la conquête des Indes Occidentales dès la première aurore des temps modernes, l'absolu de

cultés de communication, l'isolement des régions géographiques favorisant la formation parallèle de milices ou de colonnes ont également contribué à faire de cette guerre civile une «affaire espagnole».

En ces préliminaires à une histoire dont la conception paraît, pour l'époque, tout à fait nouvelle, Jean-Richard analyse les composantes de la situation de manière à faire apparaître l'aide du gouvernement français au peuple espagnol comme une intervention juste, nécessaire et urgente.

En se référant à des documents non encore publiés, saisis chez les fascistes le jour de la révolution militaire de Barcelone, et à une lettre du colonel Aranda au général Goded, il apporte les preuves de l'appui effectif et puissant accordé aux rebelles par les partis fascistes et nazis.[27] Il fait également état des préparatifs de guerre effectués à l'occasion des dernières manoeuvres militaires dans la Sierra de Guadarrama;[28] de l'existence au Portugal de centres de liaison et d'approvisionnement monarcho-fascistes financés par Gil Robles et le spéculateur Juan March; de la complicité de l'Eglise détentrice de dépôts d'armes considérables et de trésors de guerre; de persécutions systématiques, d'exécutions massives de la part des rebelles (au 1er novembre, 100.000 républicains et socialistes auraient été tués ou (fusillés).

Convaincu que, dans le moment présent, l'essentiel réside dans la capacité du peuple espagnol à passer d'une guerre de partisans et des combats de rue à une contre-offensive exigée par la tactique de l'adversaire, Jean-Richard Bloch définit les rapports de force en-

---

la sainteté avec Thérèse d'Avila, celui de la milice mystique avec Ignace de Loyola.

Chacun de ces épisodes se refuse à aucune comparaison européenne (...).

Et entre chacun d'eux, des déserts d'années, comme il y a des déserts de meseta entre chaque village, chaque église de Castille.» *Ibid.*, p. 106.

27. En mai 1937, Jean-Richard Bloch publiera dans *Ce Soir*, le texte et le fac-similé de l'accord passé par le lieutenant-général Don Emilio Barrera, Don Rafael Olajabal, Don Lizarza représentant la communauté tradionalista, Don Antonio Goicoechea chef de la Rénovation espagnole avec Mussolini et le maréchal Italo Balbo le 31 mars 1934.

28. «...l'état-major espagnol, ayant choisi la Sierra de Guadarrama comme terrain pour les dernières grandes manoeuvres de l'armée, en avait profité non seulement pour étudier à fond cette terrible chaîne de montagnes, mais encore pour y faire aménager sous couleur de petite guerre, des abris, des casemates, des emplacements de batteries, des lignes de défense et des positions de mitrailleuses. C'est devant cette barrière presque inexpugnable que la contre-offensive des milices populaires de Madrid venait de se briser (...) en laissant sur le terrain des cadavres de paysans, d'ouvriers et d'intellectuels par milliers.» *Espagne! Espagne!, op. cit.*, pp. 90-91.

tre les différents partis, les syndicats, le gouvernement; fait la part du hasard; [29] signale les«noyaux de résistance», montre la nécessité pour le peuple d'avoir à s'organiser, à apprendre les lois de la guerre. Si l'Espagne populaire possède selon lui toutes les ressources morales et les forces politiques pour parvenir à la victoire (la volonté de vivre libre, la confiance en l'avenir, une intelligence «admirable» de son destin historique, des syndicats et des Partis, «aussi vivaces que l'Etat (est) débile»), elle doit éviter des paniques «extravagantes» comme celles qui suivirent les premiers bombardements, des erreurs dues à l'indiscipline entraînant des échecs sévères comme ceux de Saragosse, de Teruel, de la Sierra de Guadarrama...

Opposant aux conceptions des anarchistes de la FAI et du CNT, celles des communistes et des trotskistes, Jean-Richard Bloch estime, pour sa part, que la révolutione pourra s'accomplir, dans les circonstances présentes, qu'en passant par le stade d'une république démocratique de gauche. Les difficultés tiennent non seulement à la situation européenne, mais au divorce entre la théorie et la mentalité populaire:

> ... les idées anarchistes, étudiées dans les écrits d'un Bakounine et d'un Kropotkine, sont bien loin d'être ce qu'imagine l'opinion publique, superficiellement informée. L'anarchie théorique fait fond sur une naturelle bonté de l'individu humain, sur son intelligente compréhension des lois de la société, sur son penchant inné à l'entr'aide. (...) pour atteindre au niveau où le rêve des anarchistes le place, l'homme a besoin de dépouiller tous les restes de l'instinct, de la propriété et de l'individualisme. Est-il mûr pour ce destin? [30]

Dans l'attente de ce moment historique, Jean-Richard suit avec intérêt tout progrès vers l'unité d'action, tel que la création à Barcelone du Comité des milices antifascistes présidé par Jaume Miravitlles.

La problématique marxiste élaborée depuis 1934 pour une politique de rassemblement et la dialectique appliquées à l'Espagne républicaine président de la même manière à l'étude des problèmes européens. Elles donnent lieu à une large fresque historique mettant en relief le devoir de solidarité entre les nations modernes, la fraternité culturelle entre la France et l'Espagne,[31] le danger du fas-

29. «Ainsi les républicains n'auraient pas dû perdre Séville (...) La chute de Séville a entraîné celle de toutes les localités de la province, pourtant acquises aux gauches, et qui, sans cet accident de fortune, eussent résisté...». *Ibid.*, p. 122.

30. *Ibid.*, pp. 65-66.

31. «Pour quantité de Français, l' Espagne est une partie de leur honneur,

cisme, «quintessence du capitalisme international»,[32] le rôle joué par les différents partenaires européens, l'échec de la politique pacifiste de Léon Blum,[33] les conséquences de la non-intervention.

Sans doute, Jean-Richard Bloch n'évite-t-il pas certaines erreurs de jugement, la plus flagrante étant celle qui augure la victoire finale des Républicains:

> «...quand les Catalans échoueraient devant Saragosse et les Valenciens devant Teruel [écrit-il le 28 août], quand Hitler même prétendrait jeter sa lourde épée dans la balance (ce que je ne tiens pas non plus pour vraisemblable), le jour est passé où le temps travaillait pour les blancs contre les républicains, pour la rébellion unie contre le peuple sans armes, pour une révolte soigneusement préméditée contre une nation surprise, pour une faction équipée contre un prolétariat abandonné, pour l'organisation contre l'improvisation, pour la machine et l'acier contre la poitrine nue.[34]

Mais cette part de l'oeuvre vouée à l'illusion ou à l'utopie trahit moins les défaillances de l'historien que la force d'une foi et d'une espérance opposées aux forces du destin.

Du 6 au 7 août, l'intervalle qui sépare la décision du gouvernement français de laisser le gouvernement espagnol se ravitailler en France, en confirmité avec les accords internationaux, et celle d'interdire toute exportation d'armes et de munitions même privée sans attendre qu'aucun pays prenne une mesure parallèle, cet intervalle a marqué pour Jean-Richard l'échec de sa mission.[35]

---

une nationalité supérieure et secrète, une réserve de noblesse, une ligne de retraite devant les offenses de la vie. (...) la littérature et la sensibilité françaises ont toujours été chercher, en Espagne, des thèmes de grandeur, d'heroïsme et de dépassement. L'espagnolisme du *Cid* est l'héritier d'une longue tradition. Il y a filiation franche de la *Chanson de Roland* à Lesage, à Beaumarchais, à Hugo, à ce bon Théo, à Bizet et à Barrès.» *Ibid.*, p. 105.

32. *Ibid.*, p. 158.

33. «M. Blum veut la paix. Raisonnablement, il ne la voit possible que dans un rapprochement avec l'Allemagne, et ce rapprochement n'est possible que si la France maintient son accord avec l'Angleterre (...) Si M. Blum a son plan, auquel nous adhérons, et qui est d'asseoir la paix sur le rapprochement avec Berlin, Berlin aussi a son plan. Pour le fascisme comme pour le nazisme, appuyés en cela secrètement par Londres, le Front Populaire est un ennemi né» *Ibid.*, pp. 156-157.

34. *Ibid.*, p. 114.

35. Dans un texte resté longtemps inédit et publié par Jean Albertini: «Rétrospective espagnole ou Comment on fait durer une guerre et comment on EN TIRE une catastrophe européenne.» Jean-Richard Bloch rappelle le souvenir de sa conversation avec Léon Blum, le jeudi 6 août («J'en suis sorti, gagné par l'émotion contagieuses du président du Conseil et grandement réconforté par ses assurances pathétiques et formelles), la démarche de l'ambas-

En traduisant le drame de l'individu, impuissant à modifier le cours de l'Histoire, *Espagne! Espagne!* fait entendre les accents du poète et du prophète, affligé et révolté après le coup mortel porté aux Républicains.

Lançant son discours «comme David sa pierre avec sa fronde»,[36] l'écrivain se fait l'interprète de la colère et du dégoût des démocrates, condamne l'immobilisme des esprits, la presse réactionnaire, «toujours égale à elle-même dans la calomnie, la bassesse, la perfidie», l'idéologie nationaliste, le mythe d'une Espagne essentielle, anti-moderne, «irremplaçable»: «Je ne sache pas que crasse, misère, famine, etc., soient nécessaires à l'odeur de l'Espagne, ni qu'une Espagne sous-alimentée soit plus espagnole qu'une Espagne nourrie».[37]

Plus qu'au Pascal des *Provinciales* à qui on l'a comparé, plus qu'à d'Aubigné auquel il s'apparente par son lyrisme véhément, sa richesse verbale, la vigueur de la satire, c'est aux guides d'Israël que fait songer l'auteur d'*Espagne! Espagne!*, haranguant ses contemporains: «Si nous permettons que nos frères d'Espagne succombent, c'en est fait de la liberté, c'en est fait de nos plus chères espérances, pour deux générations d'hommes».[38]

Ce marxiste, lecteur d'Isaïe,, qui voyait le judaïsme «comme un trait d'union universel entre les hommes»,[39] fustige les coupables, «gamins vicieux», «trompeurs-nés», «figures de cire assemblées autour de la table verte de Londres comme dans un ballet de Joos» avec la virulence du prophète. Avec flamme célèbre la sincérité et le courage dont fait preuve l'U.R.S.S. en décidant, le 23 octobre, de rompre le pacte de non-intervention ou convie les Français à l'action: «Jeunes Français, je vous demande de m'écouter (...) Il faut agir, agir sans relâche (...) L'opinion publique dort en cere, réveillons-la! (...) Secouons les esprits!»[40]

La seconde guerre mondiale allait apporter à Jean-Richard Bloch la preuve que le fascisme avait joué dans la guerre d'Espagne une de ses «cartes maîtresses»,[41] que Rome et Berlin avaient servi «de points de cristallisation à une coalition du capitalisme»,[42] que cette

---

sadeur de Grande-Bretagne, George Clark, et la décision prise le 8 par le Conseil de Ministres à laquelle M. Blum fut paraît-il «très hostile en principe». Voir Jean Albertini, *op. cit.*, pp. 285-286.

36. *Espagne! Espagne!, op. cit.*, p. 111.
37. *Ibid.*, p. 109.
38. *Ibid.*, p. 202.
39. Voir Jean Albertini, *op. cit.*, p. 81.
40. *Espagne! Espagne!, op. cit.*, pp. 199-201.
41. *Ibid.*, p. 178.
42. *Ibid.*, p. 183.

guerre n'était qu'une «partie d'une «gigantesque» offensive contre les démocraties.

Jean-Richard n'avait pas prévu —il ne pouvait prévoir— que la guerre ferait de lui un exilé, contraint de fuir la persécution nazie (en 1941, il part avec sa femme pour l'U.R.S.S.),[43] ni qu'elle ferait connaître à plusieurs membres de sa famille l'horreur et la mort des camps de concentration.

Ce sont ces événements qui, rétrospectivement, confèrent à la douleur du témoin de la guerre d'Espagne une résonance tragique. *Espagne! Espagne!* révèle un Jean-Richard Bloch, «tel qu'en lui-même», déchiré en sa chair et son âme par des guerres fratricides. Ce grand blessé de la première guerre mondiale qui, aux côtés de son ami Romain Rolland, s'était fait le défenseur de la paix ne pouvait épouser la cause du peuple espagnol sans être bouleversé par la violence des combats:

> La guerre, nous n'y consentons d'aucune façon. (...) Nous l'abominons sans réticence, comme mal suprême, déchéance privée de contre-partie, racine de toutes les servitudes, principe de toute régression, règne de l'imbécilité. Ce n'est pas sans raison que les vieux graveurs la figuraient, d'un burin ferme, sous les traits de l'ennemie du genre humain, incarnation de l'Antichrist et du Prince des ténèbres.[44]

Cet homme généreux, amoureux de la vie, ne pouvait consentir à la mort des êtres chers. Quelle détresse dans cet adieu à Álvarez del Vayo partant pour le front:

> Je voudrais l'accompagner jusqu'à la Sierra que le soleil sanglant de ce matin d'août va étreindre avec âpreté. Mais ma voiture m'attend moi-même, à 4 heures. Ma route est ailleurs...
> La place, devant le bistrot, a une couleur et une odeur «rue-des-Ecoles» au crépuscule de l'aube. Une fumée d'adolescence monte alors en moi..., je prends congé d'un ami..., il a dix-sept ans..., moi aussi..., nos destinées s'étendent devant nous, tout droit..., pourtant nous désespérons, romantiquement, de l'heure qui va venir, et nous nous embrassons comme au bord des ténèbres...

43. «A la fin de l'hiver, en 1941, il (Jean-Richard Bloch) m'écrit une lettre qui commence ainsi: "Après trois siècles de séjour dans la plus douce des patries je dois m'en aller une fois de plus". Il va partir, en effet, pour une destination dont il ne dit rien, dont il ne veut ni ne peut rien dire (...) Un matin donc, je vais lui faire mes adieux (...) Il a l'air calme et résolu. Je comprends fort bien ce départ. Si j'étais Juif, je partirais aussi.» Georges Duhamel, «Jean-Richard Bloch», in *Semailles au vent*, édit. du Rocher, Monaco, 1947, p. 244.
44. *Espagne! Espagne!, op. cit.,* p. 174.

Cela n'a été qu'une seconde! J'ai cinquante ans, del Vayo monte au front, c'est la guerre, l'affreuse guerre, et la plus décisive de toutes les guerres, celle que l'on appelle civile, le sort de l'Espagne, de la France, du genre humain se joue en ce moment, et c'est bien, en effet, sur le bord même des ténèbres que nous nous embrassons.

De loin je me retourne et nous échangeons la salutations castillane qui se prolonge et trouve écho dans l'air vide du matin, comme un appel de pâtre dans la montagne:
«*Saloû-oûte!* Et *buena suerte, mon ami!* [45]

Tourment du créateur obsédé par les thèmes de son oeuvre et incapable de se détourner de la souffrance des hommes:

Moi aussi, je veux écrire sur une femme et sur l'amour que m'inspirent les femmes, je veux m'essayer à exprimer, comme on n'y a jamais réussi avec les mots, le cri du loriot dans le verger et l'âme d'une danseuse s'inscrivant dans l'arabesque magnifique de son corps! J'ai besoin de me sentir un homme simple, naïvement heureux de vivre dans la profusion du monde.

Et voici que j'entends les crachements des obus, les cris des blessés emplissent l'air, je vois la ligne que font mes camarades plier, làbas, sous le tournoiement des avions, sous l'écrasement des tanks, j'ai dans la bouche l'angoisse des héros sans armes, sans cartouches, sans pilotes, sans char de combat, et je suis du regard, avec un désespoir indicible, l'épouvantable retraite des vaincus invaincus. [46]

Angoisse de l'écrivain, lançant vers l'inconnu son message, comme, enfant, il lança un jour son chapeau de paille dans l'Adour «en pensant à l'enfant de la plage américaine qui le verrait arriver à lui, flottant»:

«Mes paroles aborderont-elles jamais la plage où tu te tiens, mon lecteur?» [47]

Souffrance du doute à l'heure des ténèbres:

J'aspire à être un homme juste. «Toutes ces abominations me regardent-elles? Elles se font contrepoids. Qui peut prévoir l'avenir? Les suites redoutables que j'appréhende d'une victoire des uns se réaliseront-elles bien comme je l'imagine? Ce que j'espère de la victoire des autres ne tournera-t-il pas à la confusion de mon

45. *Ibid.*, pp. 86-87.
46. *Ibid.*, p. 12.
47. *Ibid.*, p. 102.

attente? Pourquoi, sage, humain et pacifique, ne pas demeurer sans haine et sans préférence entre deux factions également ruisselantes de sang et d'inquiétude?» [48]

Désespoir de celui qui voit sombrer l'image de l'homme nouveau, de l'homme renaissant portée par les forces populaires. [49]

Toutes ces épreuves de l'âme, symbolisées au seuil de l'ouvrage par la tempête d'automne qui assaille la demeure du poète, excluent le renoncement. De 1937 à 1939, dans le journal *Ce Soir* qu'il créa avec Aragon, Jean-Richard Bloch ne cessera pas de combattre pour la défense de la vérité, du droit et de la justice.

Espagne! Espagne! est un grand livre. Non seulement par la qualité du témoignage, l'influence qu'il exerça à l'époque pour la mobilisation des esprits; non seulement parce qu'il est l'oeuvre d'un «grand journaliste-reporter», d'un «penseur politique d'une lucidité aiguë et d'un polémiste redoutable», comme l'écrit Jean Albertini, [50] mais parce qu'il offre l'image d'un poète qui tenait pour l'essentiel d'être avant tout un homme. [51]

Pour Jean-Richard Bloch, le sort de l'artiste, «la dignité de la création» se confondaient avec la dignité de l'homme, avec celle de tous les hommes, avec la condition morale et intellectuelle des plus malheureux d'entre les malhereux». L'Art ne pouvait se réduire à des exigences formelles. En des temps barbares, il devait exprimer l'immense effort qui consiste à «passer du royaume de la nécessité au royaume de la liberté». [52]

Si *Espagne! Espagne!* était de tous ses livres celui dont Jean-Richard se disait le plus fier, c'est parce qu'il y retrouvait la «vieille règle» qui avait été celle de toute sa vie: «Même quand le pauvre a tort, il a raison ,parece qu esa misère à elle seule met le riche en accusation». [53]

ARLETTE LAFAY
Université de Paris XII

48. *Ibid.*, p. 13.
49. «...l'homme qui cesse d'être divisé contre lui-même, l'homme qui cesse d'être en lutte contre la nature, contre la société et contre lui-même, l'homme qui enfin crée de ses mains une société où le coeur et l'esprit retrouvent leur accord, où l'intelligence et la volonté peuvent marcher du même pas.»
Cet idéal est en germe dans les écrits de l'*Effort* et de l'*Effort libre*. «Placé dans les circonstances où la vie l'a placé, je n'aurais sans doute pas pris une route différente de celle sur laquelle il s'est engagé», écrit son ami Duhamel. *Semailles au vent, op. cit.*, p. 243.
50. Jean Albertini, *op. cit.*, p. 118.
51. La conception de l'art chez Jean-Richard est à rapprocher de celle des poètes de l'Abbaye de Créteil, Vildrac, Duhamel, Arcos qui furent ses amis.
52. Voir *Naissance d'une culture*, Rieder, 1936, cité par J. Albertini, pp. 99-100, ainsi que *Responsabilité du talent*, J. Albertini, *op. cit.*, p. 332.
53. *Espagne! Espagne!*, *op. cit.*, p. 14

SEGUNDA PARTE

CLAUDE SIMON, PAUL CLAUDEL, ANDRE MALRAUX

QUELQUES IMAGES LITTÉRAIRES DE LA
RÉVOLUTION ESPAGNOLE DANS
«LE PALACE»

On sait l'influence exercée par les images sur Claude Simon.[1] De son propre aveu:

> «Voilà comment les choses se passent pour [lui]: Je pars de vagues images que me présente ma mémoire. A mesure que j'écris, par la vertu de cette dynamique du langage, d'autres images sont amenées».[2]

A l'origine de *La route des Flandres* une image:

> «Le car [...] prenait un virage. Je vois encore devant moi [...] les arbres comme tirés en arrière, comme un paysage qui bascule, et aussi le vert presque noir de la haie. Et en une fraction de seconde, j'ai vu *La route des Flandres*. Pas l'idée de ce livre, mais le livre tout entier».[3]

A l'origine du *Palace* hanté par une autre guerre (à vrai dire «ni tout à fait la même ni tout à fait une autre»...) sans nul doute les «choses vues», l'expérience vécue par l'écrivain un quart de siècle plus tôt en Espagne, mais sublimée. Nous sommes ici en un lieu où l'expèrience individuelle rejoint l'Universel,[4] où la Révolution est

---

1. Dont la première vocation a été la peinture. «J'aime énormément la peinture. Ne pas avoir réussi à être un peintre, c'est mon grand regret», confie-t-il à Madeleine Chapsal lors d'un entretien publié dans *La Quinzaine littéraire* du 15-30 décembre 1967.
2. Cf. Interview par C. Jardin, *Le Figaro*, 28 nov. 1967.
3. Cf. *Lettres françaises*, 6 octobre 1960.
4. Barcelone n'est jamais nommée dans le roman.

vue en quelque sorte du point de vue de Sirius comme en témoigne l'épigraphe-définition empruntée au dictionnaire Larousse:

> «Révolution: Mouvement d'un mobile qui, parcourant une courbe fermée, repasse successivement par les mêmes points.»

Degré zéro de la Révolution. Première image emblématique de la structure même du livre. Image circulaire —Cercle dont nous pourrons suivre les métamorphoses: spirales d'espoir ou de vertige, volutes baroques d'un Palace Texte/Monument. Llanto funèbre, symphonie en gris dont les notes éclatées célèbrent tout à la fois le sacrifice des hommes-fusils et signent les noces de sang de l'Ecrivain et de l'Ecriture - Sang d'encre - Sang devenu encre par une mystérieuse transsubstantiation. «Plaintive inscription» d'une guerre dans la chair d'un texte: «Enigmatique squelette de langage où adhère encore par endroits la chair raccornie de lambeaux de voyelles et de lambeaux de diphtongues».[5] Texte-Sphinx qui nous interpelle, propose à notre attention parfois déconcertée tout un réseau d'images dont certaines récurrentes jusqu'à l'obsession: c'est sur elles que je voudrais aujourd'hui attirer «l'oeil de l'esprit».

«PIGEON VOLE» [6]

Et tout d'abord l'image inaugurale, celle de ce pigeon ausi «subitement apparu», dès la première page du livre, que la colombe du Saint-Esprit dont il n'est peut-être qu'une variante laïcisée. «Son bec en forme de virgule» [7] viendra ponctuer tout le texte [8] avant qu'il prenne un envol épique aux dernières pages, parmi ses congénères décrivant un vaste cercle au-dessus de la ville jamais nommée mais toujours présente: Barcelone dont la lettre initiale évoque en sa courbure le jabot gonflé du pigeon, véritable emblème de la ville. Dans *Histoire* l'écrivain fera d'ailleurs explicitement le rapprochement:

> «...(ce B majucule au double renflement opulent et majestueux, initiale aussi de Barcelone comme un poitrail de pigeon...)» [9]

5. *Le Palace*. Editions de minuit, Paris, 1962, p. 105. (Toutes les références ultérieures renverront à cette édition.)
6. Expression récurrente dans le Jeu d'enfant ainsi nommé.
7. *Ibid.*, p. 9.
8. Sorte de signal semblable au «pigeon vole» du jeu enfantin; le lecteur est en alerte chaque fois que le pigeon ou l'une de ses variantes apparaît dans le texte.
9. *Histoire*. Editions de minuit, 1967. Collection Folio, p. 183. Sur «la double bouffissure initiale», voir aussi *Les Georgiques*, éd. de minuit, 1981, p. 320.

Entre ce pigeon «parfaitement immobile» ailes repliées dans l'air figé qui ouvre le texte, et les pigeons du final s'élevant «en plein ciel» dans un «claquement d'ailes» un trajet va s'accomplir. Ce pigeon est en effet un pigeon voyageur. Il n'est qu'à le suivre à travers lieux, à travers temps où son vol nous entraîne pour tenter de déchiffrer le message dont il est porteur parmi les mutations et «migrations» de l'Histoire.[10]

Sur fond gris

Comme le plumage de l'oiseau, presque tout dans *Le Palace* est en camaïeu de gris: «Gris trianon» des peintures, «gris torterelle» des lambris, mais aussi «matière figée et grisâtre»[11] du temps passé. Temps solidifié dont la marche évoque celle des pigeons: «cette progression bizarre et saccadée, discontinue du Temps»[12] donnant l'illusion du mouvement telle une sorte d'«Achille immobile à grands pas».[13] «Ciel gris de septembre roulant sans relâche [...] les inépuisables masses de coton sale montant de la mer».[14] Yeux gris cendre «pour ainsi dire poussiéreux»[15] de l'Américain, «moisissure grisâtre» de sa barbe, «poil grisâtre»[16] de ses joues. Manchettes grises des journaux labourés des sillons gris des lignes imprimées, vert-gris des rideaux.[17] Double de l'étudiant qui prend la forme d'un «Américain dégingandé (trop grand, gris ou plutôt grisâtre, au regard trop gris aussi»).[18] Visages «grisâtres et chiffonnés» d'autres protagonistes surgis des eaux de la mémoire traversée. Bref, comme il est dit à la fin du chapitre III.

«Le monde entier était gris, terne, pesant, humide».[19]

Ce gris obstiné, parfois rehaussé de noir et de blanc,[20] au service de formes tourmentées, n'est pas sans évoquer le *Guernica* de Picasso («Dolor, Dolor...») comme dans cette séquence par exemple:

10. Cf. p. 12: «en vertu de quoi l'Histoire se constituait au moyen non de simples migrations mais d'une série de mutations internes».
11. *Ibid.*, p. 33.
12. *Ibid.*, p. 53.
13. Voir l'utilisation de ce vers du «Cimetière marin», de P. Valéry dans *La Bataille de Pharsale*, de Cl. Simon.
14. *Ibid.*, p. 128.
15. *Ibid.*, p. 132.
16. *Ibid.*, pp. 138-139.
17. *Ibid.*, p. 144.
18. *Ibid.*, p. 156.
19. *Ibid.*, p. 141.
20. *Ibid.*, p. 221, par exemple, voir le dôme du ciel «couleur de lilas fané, blanc».

«Il avait finalement brûlé [...] et (de) sa façade troué par les quatre-vingts fenêtres ouvertes de part et d'autre sur le ciel mais d'où semblaient toujours s'échapper, dans une ruée immobile, furieuse et verticale, les fantômes pétrifiés de flammes géantes».[21]

ou dans cette mention d'«un avion aux ailes sombres vers lequel un enfant levait un visage terrifié et en pleurs»[22] Colombe poignardée... La Mort triomphante ne laisse derrière elle qu'un «sillage d'oiseaux affolés et infirmes».[23]

Envolts et retombées

Le pigeon qui unit le ciel à la terre pour le meilleur ou pour le pire, tantôt s'élève victorieusement, tantôt retombe lamentablement, se contentant parfois de marcher «prétentieusement sur le rebord des vasques ruisselantes»[24] ou bien au long des flaques d'eau où il contemple son reflet; formant à l'occasion un «mouvant tapis [...] se déplaçant par saccades»[25] ou un «frémissant voile [...] ondulant».[26] Il est partout, reliant aussi le passé au présent, ayant le don d'ubiquité et de métamorphose.

C'est maintenant deux de ces «incarnations» contradictoires et symboliques que je voudrais évoquer.

Le messager affolé

Dans une très belle séquence du récit de l'Homme-fusil (qui au moment de l'attentat parisien, «traverse la vitre d'un vol saccadé»[27] comme si un pigeon compatissant lui avait prêté des ailes...), l'oiseau se fait papier-journal porteur d'un message tronqué, ballotté, déformé par un vent furieux contre lequel il lutte désespérément. Vent de l'Histoire peut-être, vent qui souffle à travers d'autres oeuvres[28] de Claude Simon. Nous sommes au coeur d'une nuit pluvieuse, dans une voiture folle qui remonte la «longue avenue bordée de palmiers» et parsemée de papiers salés, de détritus qu'on peut voir, à cause du déplacement d'air, «voleter puis retomber» comme des oiseaux affolés.

21. *Ibid.*, p. 23.
22. *Ibid.*, p. 156.
23. *Ibid.*, p. 80.
24. *Ibid.*, p. 22.
25. *Ibid.*, p. 120.
26. *Ibid.*, p. 24.
27. *Ibid.*, p. 68.
28. L'une d'elle s'intitule précisément *Le Vent*.

«et à un moment l'un deux (proclamation, afiche?) jaillit, s'eleva de sous les roues arrières, traversa presque à la verticale la glace, battant des ailes, véhément, froissé, défroissé, puis sauvagement refroissé par une main invisible et furieuse, disparaissant vers le haut, puis réapparaissant [...] se maintenant à la même distance, suspendu, aspiré par la traînée de vide, comme collé sur un mur d'air noir, les grosses lettres majuscules nettement visibles:

VENCE

puis basculant dans un remous, s'affaissant imperceptiblement pour remonter aussitôt tandis que la même invisible main le redéployant tout entier [...] le mot complet fut lisible pendant une fraction de seconde [...]

VENCEREMOS

avant qu'un nouveau remous s'en empare...»[29]

Fragile espoir de victoire au sein de la tourmente. L'oiseau, porteur de mots écrits, sait aussi «insuffler le don» de mille langues inconnues susceptibles d'unir le Nouveau monde à l'ancien le passé épique au présent tragique.

Le messager inspiré

Le personnage d'airain debout sur son piédestal de mers et de continents (Christophe Colomb, jamais nommé lui non plus) ne semble plus servir que «de perchoir au fatidique pigeon»,[30] «(la colonne elle-même constituant pour ainsi dire l'axe de l'infatigable et frémissante ronde, du permanent tourbillon d'ailes suspendu dans l'air moite)»[31] ballet bien ordonné cette fois qui semble réglé sur le mouvement même de rotation de la Terre en ses révolutions. Et voilà que le pigeon apparaît sous ses vraies espèces peut-être:

«une colombe, l'oiseau, l'esprit venu se poser dans un frémissement de plumes et de feu comme un signe, comme pour le désigner, l'envoyer, lui insufflant le don de témérité et de mille langues inconnues semblables au jacassement des oisseaux multicolores cachés dans les vastes forêts, à la découverte de terres inviolées pour en rapporter par rapine, persuasion ou violence, l'or, les épices, le âmes et la vérole».[32]

29. *Ibid.*, p. 81.
30. *Ibid.*, p. 86.
31. *Ibid.*
32. *Ibid.*

Parmi ces «mille langues», celle unique de l'écrivain qui, armé de sa plume, dénonce, dégonfle toutes les boursouflures, toutes les bouffissures qui à travers les «sinueuses convulsions» de l'Histoire ont affecté ce pays, cette ville «étalée entre ses collines et la mer, cette ville ou plutôt cette étendue boursouflée, jaunâtre, au nom lui-même semblable à une boursouflure, ballonné, ventru...»[33]

Plume libératrice qui tente de percer l'abcès car

«Qu'est-ce qui pousse un homme à raconter [...] c'est-à-dire à reconstituer, à reconstruire au moyen d'équivalents verbaux quelque chose qu'il a fait ou vu»?[34]

Sans doute cette espérance

«qu'une fois raconté, une fois mis sous forme de mots, tout cela se mettra à exister tout seul, sans qu'il ait besoin de le supporter plus longtemps (...) d'arracher, de rejeter de lui cette violence, cette chose qui a élu domicile en lui, se sert de lui [...] le possédant, le consumant».[35]

Il s'agit de métamorphoser l'indicible en langage transitif, se délivrant ainsi du mal

«(Comme dans les jeux où le perdant tire une carte, une figure maudite ou maléfique qu'il lui faut à tout prix refiler à un autre avant qu'elle le condamne définitivement.)»[36]

A sa manière le poète comme l'oiseau est un passeur. Mais avant l'envol dans la lumière, que de combats! C'est maintenant sur une autre image obsédante qu'il convient de s'attarder. Celle qui semble précisément incarner le mal, le danger: celle du Serpent fascinateur et ennemi de l'oiseau.

«POUR QUI SONT CES SERPENTS...?»[37]

La ville toute entière n'est plus parfois qu'un nid d'oiseaux appeurés, guettés par le Malin (prince des Ténèbres).

33. Cf. *Les Georgiques*, édition citée, p. 320.
34. *Le Palace*, p. 77.
35. *Ibid.*
36. *Ibid.*, p. 78.
37. Cf. le vers célèbre de Racine: «Pour qui sont ces serpents qui sifflent sur nos têtes».

«La ville recouverte par les ténèbres d'où semblent émaner (comme à travers le brutal et lourd silence qui engendre la couverture jetée sur la cage) le souffle d'une imperceptible et monumentale respiration (les imperceptibles invisibles et mystérieux frémissements d'ailes, les inaudibles et plaintifs soupirs qui troublent leur sommeil d'oiseaux, leurs rêves d'oiseaux traversés par leurs nocturnes terreurs)».[38]

Noeud de vipères

Terreur du Serpent multiforme partout présent, et tout d'abord dans «la fastueuse débauche de corniches, de volutes» baroques et de vagues pétrifiées, dans les enroulements de pierre du Palace lui-même, unité de lieu tragique. Dans le récit (illustré de dessins) de l'homme-fusil, le paravent de la salle de restaurant où s'accomplit le meurtre est figuré par «une courte ligne ondulée comme un serpent, une sinusoïde» accompagnée de «plusieurs cercles concentriques» ou plutôt plusieurs «ellipses» découvrant «quelque chose qui ressemblait à une pelote de laine» [39] et qui est une desserte! Le récit insiste à maintes reprises sur «la ligne sinueuse que dessinait le faîte du paravent [...] figuré sur son croquis pas un trait ayant la forme d'un serpent alors qu'en réalité la disposition de celui-ci en projection plane était [...] celle d'un S [40] courbé et irrégulier, l'un des ventres, le plus important, suivant une courbe à peu près concentrique à celle du tambour, l'autre courbe, plus courte, se retournant en sens inverse vers l'intérieur de la salle».[41]

Un peu plus tard le journal où s'inscrit le mot-clef «Venceremos» est secoué par le vent furieux «comme un serpent, convulsé, sinueux».[42] Même la cravate du protagoniste «fouette l'air en ligne serpentine!» [43]

Durant les «Funérailles de Patrocle», référence est faite au drame de Shakespeare où les sept oncles «font de nouveau serment tous ensemble de venger la victime et châtier la lâche coupable (la serpent, le reptile) appelant sur lui toutes les malédictions du ciel et de la terre» [44] tandis que se rapproche la banderole «continuant seulement à onduler sur place en de faibles et viscérales

38. *Ibid.*, p. 159.
39. *Ibid.*, p. 61, cette «pelote de laine» annonçant l'image finale du labyrinthe.
40. Lettre initiale aussi du nom de l'écrivain: Simon.
41. *Ibid.*, p. 69.
42. *Ibid.*, p. 81.
43. *Ibid.*, p. 93.
44. *Ibid.*, p. 109.

convulsions», faisant planer sur la foule la menace de l'enigme non résolue «¿Quien ha muerto a Santiago?».

Ailleurs, pendant qu'on se livre à la défenestration d'un mobilier d'église, on entrevoit «la déchirure sinueuse d'une image pieuse en papier glacé: celle du Sauveur «l'index désignant sur la poitrine le coeur sanglant»; ailleurs encore, sur une affiche célèbre, une chaîne est brisée en «deux courts morceaux fouettant l'air comme des serpents».[45]

Le vol des oiseaux mêmes —qui parfois semblent se faire augures— forme une spirale montante ou descendante [46] autour de la colonne d'airain dressée face à la mer et comme surgie du font des eaux.

Serpent d'airain

Avec son socle de figures allégoriques, de *queues écailleuses*,[47] cette haute colonne d'airain surmontée, telle une tête, du globe terrestre où médite le conquérant, n'est-elle pas une sorte de serpent dressé, autre emblème de la ville? [48] N'évoque-t-elle pas le *Serpent d'airain* du texte biblique, celui que fit Moïse pour les enfants d'Israël? [49] Comme Moïse, cet autre guide et législateur, «le personnage d'airain debout sur son piédestal», «Semblabe à [...] ces Saints, ces ermites» méditant, «regard(e) lui, inlassablement, cette désertique étendue, mouvante, énigmatique qu'il avait traversée».[50]

Serpent bénéfique, maléfique? Tout dépend du regard porté sur ce symbole pour le moins ambigu.[51] Ce dragon écailleur qui veille aux portes de la ville peut-il guérir ceux qui le regardent, comme dans la légende biblique? En tout cas, dès que l'image ondulante du serpent apparaît dans le texte c'est sous le signe d'une lutte, d'un combat, d'une vengeance à prendre. Ce serpent-colonne tout droit dressé vers le ciel est peut-être alors promesse de victoire? Mais quelle victoire? N'est-ce pas celle de la Mort?

45. *Ibid.*, p. 130.
46. Par exemple, p. 23.
47. *Ibid.*, p. 121.
48. Le premier étant, comme nous l'avons vu, le pigeon.
49. A fin de les châtier de «leurs murmures», Dieu leur avait envoyé des serpents dont la morsure brûlait comme du feu. Cette scène biblique a été souvent représentée notamment par Rubens dont une toile se trouve au musée de Madrid.
50. *Ibid.*, p. 84.
51. Qu'on songe à ce qu'en fait Pieyre de Mandiargues dans *La Marge!*

De prime abord on est tenté de répondre oui car l'ultime forme que prend dans notre texte, la ligne serpentine c'est celle du labyrinthe fatal. Image double elle aussi. Labyrinthe qui s'élève en spirale vers le haut. Escalier de vertige à la Piranèse, que l'étudiant contemple, impuissant et fasciné, comme dans un cauchemar:

> «Mais comment était-ce, comment était-ce? la rampe de l'escalier semblait s'enrouler sur elle-même en spirales de plus en plus petites, de palier en palier, jusqu'au dernier étage.» [52]

Labyrinthe du passé, des réminiscences douloureuses qui vrillent la tête et le coeur, et bientôt le dernier labyrinthe fait son apparition: celui du présent, labyrinthe-urinoir, résidu burlesque du labyrinthe antique, mais non moins inquiétant que celui du Minotaure avec ces «espèces de divinités au plutôt d'officiants contrefaits, claudiquants et macabres de quelque culte souterrain, les serviteurs d'un royaume à la fois secret, caverneux et intestinal».[53]

Tapie au fond du labyrinthe la mort sanglante attend «sachant simplement que, bien ou mal, les choses ne pouvaient être autrement» tout comme dans les tragédies antiques. Oui, mais *mort choisie*. Suicide de l'étudiant certes, mais quel étudiant? Celui du passé ou celui du présent, fantôme dans le miroir, revenu quinze ans après sur les lieux du drame? [54] Question essentielle dont dépend sens ou contresens du texte et à laquelle nous allons tenter de répondre en évoquant une troisième image trop reparaissante pour n'être pas signifiante: celle du Théâtre.

LE THÉÂTRE ET SON DOUBLE [55]

Cette mise en texte de la guerre d'Espagne par Claude Simon est une mise en scène. Mise en scène des fantasmes et des souvenirs obsessionnels plus que des événements qui les ont fait naître. «Le Théâtre de la guerre» dit-on: le cliché est ici ressourcé au plus profond d'une conscience malheureuse qui essaie de se libérer, de se délivrer d'un double envahissant; d'où ce théâtre de la cruauté-catharsis.

52. *Ibid.*, p. 212.
53. *Ibid.*, p. 222. Il s'agit simplement des cireurs alignés le long du mur au pied de l'escalier, mais transfigurés par le regard du narrateur.
54. Tout comme Claude Simon revient par l'écriture, à la guerre de 1936 qu'il a vécue vingt-cinq ans plus tôt.
55. Nous empruntons ce titre à Antonin Artaud.

Le Palace lui-même constitue un somptueux décor baroque (Notons au passage que son balcon souvent évoqué fait parfois songer à un autre *Balcon*: celui de Jean Genet cerné lui-aussi par la Révolution espagnole,[55 bis] lui aussi orné de miroirs et traversé de marionnettes à la fois dérisoires e tragiques, bientôt emportées dans la tourmente). Le Temps passé lui-même est «matière figée et grisâtre» comme du carton pâte. Temps et Espace: Il arrive que toute la ville devienne décor, par exemple dans cette séquence où la voiture de l'italien et de ses comparses surgit «entre la double rangée de palmiers immobiles semblables à de lourds plumeaux de bronze, la ville toute entière déserte et vide sous la débauche de lumière des globes électriques comme si elle avait été coulée d'un bloc (maisons, palmiers, trottoirs, chaussées) dans une sorte de lave».[56] Ville en attente de tragédie où le «neigeux rideau parcouru de remous» formé par les pigeons, «rideau mouvant»,[57] annonce le spectacle.

Au moment où il va s'achever, c'est la pluie diluvienne qui s'étend «comme un rideau grisâtre et monumental [...] (tiré de droite à gauche) sur la place»[58] où les gens courent «vestes en capuchons sur la tête, semblables à une débandade de décapités galopant sur leurs reflets».[59]

Reflets omniprésents dans ce théâtre d'ombres et d'illusions; jeux de lumières et de miroirs où l'identité se perd:

> «L'étudiant ressentit l'impression burlesque d'être enfermé au sein d'un de ces palais de miroirs dans une combinaison de plusieurs glaces qui lui renvoyaient en triple exemplaire l'image du même cadavre décharné, don chiquotesque et triste, travesti en mécano.»[60]

Lumières, feux de la rampe qui éclairent les figurants comme les premiers rôles. Voyez, par exemple «sous les platanes de l'avenue qui mont(e) du port» la foule jacassante semblable à «ces ensembles de marionnettes, d'automates figés au milieu d'un geste, d'un sourire, et qui tout à coup, au déclenchement de la mécanique, se mettent tous en même temps à se mouvoir et à babiller tandis

55 bis. *Le Balcon*, écrit en 1956 est un peu antérieur au *Palace*.
56. *Ibid.*, p. 80. Lave évocatrice du volcan dont l'image-cliché est souvent associée à la Révolution et qui, ici, renvoie par associations d'idées et parfois explicitement au cataclysme de Pompéï (ex. p. 170).
57. *Ibid.*, p. 23.
58. *Ibid.*, p. 193.
59. *Ibid.*, p. 194.
60. *Ibid.*, p. 193.

que s'élève un air de boîte à musique et que s'allument les rampes d'éclairage».[61]

Mécanisme de la mémoire qui fait apparaître beaucoup plus souvent des marionnettes dont un invisible metteur en scène tire les ficelles, que des êtres de chair et de sang.

Les figurants

On pourrait multiplier les exemples. Contentons-nous ici des plus éloquents. Après la «mascarade» de cet italien habillé —ou plutôt travesti— d'une espèce de toque noire avec un gland (l'homme-fantoche à abattre), voici, défilant aux «Funérailles de Patrocle» des figurants qui font irrésistiblement penser aux marionnettes géantes de Jean Genet: [62]

> «Vieux généraux et vieux évêques parcheminés ou ventripotents, siégeant, avec leurs bottes étincelantes leurs bedaines ceinturées d'azur (les généraux) ou d'écarlate (les évêques et leurs têtes de caricatures, hautains et cruels, dans un irréel empyrée.»[63]

en attendant cet énigmatique «patron de l'hôtel» qui dans l'esprit de l'étudiant n'est peut-être que

> «quelque personnage factice, comme ce mannequin du Musée Grévin ou ces singes automates qui jouent de la grosse caisse à l'entrée des baraques foraines»

car

> «lorsqu'il bougea ce fut exactament à la façon de ces automates, c'est-à-dire avec un léger décalage nécessaire à la transmission des engrenages: d'un même mouvement synchronisé, les deux avant-bras s'abaissèrent, comme articulés par les coudes au bras du fauteuil, abaissant le journal en même temps que les paupières se relevaient sans que rien d'autre, donc, ne bougeât à l'exception des sourcils touffus se relevant en même temps que les paupières».[64]

Même les pigeons piquant des graines sont «comme tirés par d'invisibles ficelles!».[65] Tous ces figurants évoluant dans un Palace

61. *Ibid.*, p. 185.
62. Voir la début du *Balcon*.
63. *Ibid.*, p. 114.
64. *Ibid.*, p. 217.
65. *Ibid.*, p. 132.

que les jeux de lumière («les furtives apparitions du soleil»)[66] réduisent parfois à

> «un rebut, un de ces chars de carnaval abandonné dans une remise après la fête, boursouflé et burlesque avec ses astragales de guirlandes, de rubans et de serpentins défraîchis,[67] abandonné des humains et seulement hanté par les éphémères fantômes des pierrots, des corsaires et des colombines...»[68]

Mais alors, quelle est la nature précise du spectacle auquel nous sommes conviés par le narrateur. Tragique ou guignolesque? La différence n'est peut-être pas si grande qu'on le pense. Roland Barthes analysant le théâtre brechtien[69] remarque

> «La scène raconte, la salle juge, la scène est épique, la salle est tragique. Or cela c'est la définition même du grand théâtre populaire. Prenez Guignol [...] par exemple, ce théâtre surgi d'une mythologie ancestrale: ici aussi le public *sait* ce que l'auteur ne sait pas; et à le voir agir d'une façon si nuisible et si stupide, il s'étonne, s'inquiète, s'indigne, crie la vérité, énonce la solution: un pas de plus et le public verra que c'est lui-même, l'acteur souffrant et ignorant, il saura que lorsqu'il est plongé dans l'une de ces innombrables Guerre de Trente Ans que son temps lui impose sous des formes variées, il y est exactement comme Mère Courage, souffrant et ignorant stupidement son propre pouvoir de faire cesser son malheur».[70]

Dans *Le Palace*, Tragique et Burlesque se superposent[71] créant cette mise en perspective, cette «distance» qui met en jeu «la conscience même du spectateur, et par conséquent son pouvoir de faire l'histoire»[72] ou... de l'écrire, de la réécrire bien au-delà des «bureaucratiques entassements de papier en quoi se résorbe toute violence et toute révolte», de la tirer hors de son «linceul de mots».

Il peut arriver alors que d'une même plume on fasse cesser son malheur individuel.

---

66. *Ibid.*, p. 212.
67. Autre image du serpent...
68. *Ibid.*, p. 213.
69. Et plus spécialement *Mère Courage*.
70. Roland Barthes, «Mère Courage aveugle», in *Essais critiques*. Seuil, 1964, p. 49.
71. Cette superposition étant l'une des nombreuses variantes du double.
72. Dit encore Barthes, ouvrage cité, p. 49.

Le héros et son double [73]

D'un bout à l'autre du chemin initiatique que tracent les mots pour tenter de dire l'indicible, l'étudiant revenu sur les lieux métamorphosés du drame (une banque a remplacé le Palace, des annonces publicitaires remplacent les slogans révolutionnaires) est accompagné de son double, de son ancien moi:

> «Puis il se vit, c'est-à-dire des années plus tard, et lui, ce résidu de lui-même, ou plutôt cette trace, cette salissure (cet excrément en quelque sorte) laissée derrière soi: dérisoire personnage que l'on voit s'agiter, ridicule et présomptueux, là-bas très loin, comme dans le petit bout de la lorgnette,[74] gesticulant, répétant éternellement à la demande de la mémoire (et même sans sa demande: faisant irruption sans même y avoir été invité, comme ces acteurs, ces cabots morts et oubliés depuis belle lurette et toujours prêts à faire revivre sans fin sur l'écran scintillant la même stupide scène de séduction ou d'héroïsme...)» [75]

Il arrive même (cas limite) qu'il soit tout ensemble le lieu et chacun des acteurs de la tragédie du passé.

> «L'étudiant (c'est-à-dire celui qui avait été l'étudiant) pouvant les entendre (c'est-à-dire si, comme on l'affirme, un homme est constitué par la somme de ses expériences, pouvant entendre cette partie de lui-même qui avait la forme d'un Américain dégingandé [...] en train de dialoguer avec cette autre partie de lui-même qui avait la forme d'un type chauve [...] tous les deux se tenant dans cette partie de lui-même qui avait la forme d'une petite place du viux -quartier».[76]

Héros multiforme perdu entre les mots et les choses situé, quand le dénouement approche, dans un décor de palais antique digne de la grande tragédie grecque:

> «l'étudiant regardant apparaître, se dessiner en flou sur le plancher l'ombre des pilastres de la balustrade télescopée, les contours se précisant à mesure qu'elle augmentait de densité comme s'il se produisait une sorte de partage (de même qu'au commence-

---

73. L'Italien terroriste, autre «héros» a aussi ses doubles qu'on pourrait étudier (voir p. 67 par exemple: «ce fut lui qui gagna, son double se mettant d'abord à reculer...».
74. Autre accessoire de théâtre.
75. Cf. p. 20 et suivante. Tout le passage est à lire, qui développe la comparaison avec le spectacle.
76. *Ibid.*, p. 156.

ment du monde entre la terre et l'eau) de la lumière et des ténèbres, comme une double migration de particules ou de molécules
se divisant [...] jusqu'à ce que le dessin déformé mais net des
pilastres ventrus apparaisse en noir, franchement délimité, entre
les intervalles de planches jaunes [...] et cette fois il tressaillit,
pensant très vite cette fois, pensant "Ainsi je l'ai dit, c'est fait",
pensant: "Alors ça y est!" pensant encore: "Bon. Très bien.
Après tout, il fallait bien que ça arrive".»[77]

Ainsi marche le héros à la rencontre du destin qu'il choisit d'assumer. Dès lors son double recule, rapetisse à vue d'oeil intérieur:

«cette partie de lui-même qui était l'étudiant, l'homoncule [...] il
cessa tout à fait de l'écouter, de l'entendre (c'est-à-dire cette partie
de lui-même qui diminuait, rapetissait, s'amenuisait à toute vites-
se, n'avait plus maintenant que les dimensions et la voix dérisoire
d'une minuscule poupée costumée en singe, une lilliputienne et
noire mandragore furibonde, jeteuse de sorts et malfaisante)».[78]

Nous sommes aux dernières pages du livre, au dernier acte, le
héros «se tenant enfin là [...] seul maintenant» prêt à entrer résolument au coeur du labyrinthe non pour s'y suicider mais pour y
mettre à mort son double [79] sur le mode fantasmatique, pour briser
le cercle du passé qui l'enserrait et l'étouffait, tel un serpent.
Dans un final superbe c'est alors toute la ville théâtralisée qui
est mise à mort tandis que les pigeons vainqueurs s'élèvent toujours plus haut dans «une invisible nappe de lumière vivante»,
«laissant la ville au-dessons d'eux, confuse et agonisante» [80]

«La ville [...] à l'abandon, solitaire, sous l'invariable lumière
vert-électrique des globes de ses lampadaires compliqués qui s'allument les uns après les autres comme les rampes d'un théâtre,
semblable à une de ces reines en gésine laissée seule dans son
palais parce que personne ne doit les voir dans ce moment, enfan-
tant, expulsant de ses flancs trempés de sueur ce qui devait être
enfanté, expulsé, quelque petit monstre macrocéphale [...] et à la
fin tout s'immobilise retombe et elle reste là gisant, épuisée, ex-
pirante.» [81]

77. *Ibid.*, pp. 206-207.
78. *Ibid.*, p. 221.
79. Sur ce meurtre probable du double et l'emploi subtil des conditionnels
qui l'éclairent, voir la thèse inédite de Marie-Claudette Kirpalani: *Du Vent* à
la *Bataille de Pharsale*: Problèmes de narration dans les romans de Claude
Simon», p. 65 et suivantes. Paris III, 1983.
80. *Ibid.*, p. 229.
81. *Ibid.*, p. 230.

Vaincue au terme d'une lutte où le mouvement l'emporte sur l'immobilité.

Si, comme le dit Antonin Artaud, «Briser le langage pour toucher la vie c'est faire ou refaire le théâtre»,[82] alors *Le Palace* s'apparente bien au théâtre. Au théâtre total où «la réalité de l'imagination et des rêves «doit apparaître de «plein pied avec la vie».

Théâtre de la réactualisation des vieux mythes qui invite à «voir l'être humain comme un double [...] comme un spectre perpétuel où rayonnent les forces de l'affectivité».[83]

Théâtre d'exorciste. Théâtre de la cruauté qui fournit au spectateur-narrateur:

«des précipités véridiques de rêves où son goût du crime, ses obsessions [...] sa sauvagerie, ses chimères, son sens utopique de la vie et des choses [...] se débondent, sur un plan non pas supposé et illusoire ,mais intérieur».[84]

* * *

Victoire de l'Ecriture au terme d'une épuisante lutte, l'écrivant

«appuyant de toutes ses forces sur le crayon, traçant non pas sur mais dans la page de carnet de profonds sillons, comme si le papier, le fragile, dangereux et impalpable support de signes, d'abstractions devait être affronté et maîtrisé au prix d'un violent effort physique».[85]

Victoire non par le glaive mais par la plume qui laboure et ensemence.

Victoire sur «la dépouille, le flasque et plat résidu, le flasque et plate oraison funèbre des événements morts»[86] ici transfigurés par l'Art. Cet Art dont A. Malraux disait qu'il est un «anti-Destin».

JEANNINE GUICHARDET
Université de Paris III
Sorbonne Nouvelle

82. Voir le *Théâtre et son Double*.
83. Cf. *Le Théâtre et son Double*. Collection Idées-Gallimard, p. 197.
84. *Ibid.*, p. 139.
85. *Le Palace*, p. 191.
86. *Le Palace*, p. 146.

L'IMAGE DE LA GUERRE D'ESPAGNE DANS
«*LES GEORGIQUES*»

De Claude Simon

Le roman polyphonique publié en 1981 sous le titre *Les Géorgiques* se compose d'un prologue et de cinq parties: la première, la troisième et la cinquième racontent de façon discontinue, non-chronologique et éclatée, l'histoire d'un ancêtre du narrateur, officier d'artillerie devenu Conventionnel et régicide en 1792, membre du Comité de salut publique en 1793, chadgé des armées et de la guerre, enfin Général sous le Directoire et l'Empire. La seconde et la quatrième parties sont centrées sur d'autres personnages et d'autres situations: le narrateur lui-même au cours de la campagne et la déroute de l'armée française en 1940 (partie II), et un personnage, d'abord anonyme puis nommé O., qui participe, de l'automne 1936 à juin 1937, à la guerre civile espagnole, à titre de volontaire étranger (partie IV). Simon a repris dans ce roman-somme, en les insérant dans l'histoire de l'ancêtre conventionnel et Général, les «sujets» (ou motifs) de *La Route des Flandres* et du *Palace*.

J'aurai à revenir sur la signification de ce montage narratif qui nous fait lire simultanément (ou plutôt successivement mais avec un effet de simultanéité) trois aventures éloignées dans l'espace et le temps, mais réunies par le thème de la guerre. Pour l'instant je m'en tiendrai à la description du motif espagnol, en entendant par là l'ensemble des récits ou fragments de récit qui se rapportent à l'Espagne en guerre, non seulement au cours des années 1936-1939, mais au temps de l'occupation française, sous l'Empire. En effet, si la partie IV (100 pages environ) porte en entier sur la guerre

93

civile, on trouve dans les parties qui précèdent ou qui suivent un réseau d'annonces, d'échos, de reprises, sous forme d'allusions brèves à l'activité du Général d'Empire en Espagne (vers 1809) ou de courtes séquences narratives relatant des moments de la guerre civile de 36-37, insérées dans le récit d'événements différents.

J'en relève dix dans la 1er partie, une dans la troisième, aucune dans les parties 2 et 5; les allusions à l'Espagne en guerre sous Napoléon se répartissent entre les parties 1, 3 et 5 (avec une mention de Lérida, qui fait écho à un passage de la partie espagnole, dans lequel il est également question de cette ville). Mais venons-en au morceau essentiel, la 4è partie. Un court prologue décrit une photographie qui représente un wagon rempli de miliciens en armes, dont certains prennent visiblement des poses héroïques et théâtrales, qui évoquent les films d'aventure, ou les westerns. Ni lieu ni temps ne sont indiqués. Le récit commence donc par ce qu'il faut appeler, aux deux sens du mot, un cliché, et s'organise ensuite en cinq sections discontinues qui vont en quelque sorte détruire ce cliché initial.

Dans la première section (p. 263-280), l'action est située en Juin (1937, on le comprendra ensuite). Un personnage anonyme se cache, avec quelques autres, la nuit, dans des abris de fortune (églises incendiées, chantiers, terrains vagues) et le jour chez des coiffeurs, dans des restaurants de luxe, des bains publics. Ils sont traqués impitoyablement par une police non définie, féroce et toute-puissante, qui cherche à les exterminer comme des rats. Apparaît, à plusieurs reprises, l'annonce que ces faits ont fait l'objet d'un récit par le personnage central. («Comme il le raconte») et le narrateur se contente de restituer les événements déjà racontés. On apprend ainsi que le personnage a été blessé à la guerre, précédemment, que sa femme est dans la ville (Barcelone, qui n'est pas nommée), qu'il a eu des problèmes d'ordre philosophique mais que ceux-ci sont effacés par l'urgence d'échapper à ceux qui veulent le tuer, sans qu'il sache pourquoi. Il fait une démarche dans des bureaux militaires pour faire libérer un chef de Bataillon sans uniforme qu'il a trouvé emprisonné dans un ancien magasin; il n'arrive à rien, et finit, grâce à un consul qui s'occupe de lui, par prendre le train, quitter la ville et passer la frontière.

Derrière ce récit anonyme, sans noms de lieux ni de personnes, Kafkaïen si l'on veut, tout lecteur familier de l'histoire de la guerre civile reconnaît (mais le narrateur ne l'y aide pas) un épisode de la guerre à l'intérieur du camp républicain: l'élimination physique des membres du P.O.U.M. trotskiste, en juin 1937, à Barcelone, par la police politique de Staline, et sur son ordre. On reconnaît aisément ce dernier dans la description d'un portrait qui orne les rues:

94

«...où trônait maintenant, souriant infatigablement, paternel, moustachu, obsédant et secret, coiffé d'une casquette ou sa chevelure en brosse découverte, l'inévitable et omniprésent visage d'acier...» (p. 278). On reconnaît aussi, dans la 29è Division nommée (p. 280) l'unité de milices formée et contrôlée par le P.O.U.M. La troisième section (pp. 280-293) nous fait passer, sans transition, aux tranchées du front, pendant l'hiver et au début du printemps. La chronologie est inversée, puisqu'il s'agit —la dernière section le prouve— de l'hiver précédent. Aucun lien n'est précisé: derrière les «collines pierreuses» d'une terre ingrate et rude, le lecteur informé pourra reconnaître le front d'Aragon, où se battait la 29è Division. Là, le même personnage sans nom se bat moins contre l'ennemi (à peine aperçu) que contre le froid, la boue, les poux, le sommeil, le saleté, la faim. Les armes sont vétustes, à peine utilisables, si périmées qu'il arrive qu'on se renvoie d'un camp à l'autre le même obus qui n'éclate jamais. En fait, le personnage n'a pas l'impression de faire la guerre, malgré les balles perdues qui créent un certain danger. Lui que le narrateur appelle «l'ange ou l'archange exterminateur», qui a été formé aux idées de justice par deux Bibles: celle de Moïse et celle d'un second prophète juif et barbu dont le nom n'est pas écrit (Karl Marx), lutte contre l'ennui dans une stagnation glaciale et crasseuse. Il écrira plus tard que cette guerre était «une pantomime avec effusion de sang». Pourtant l'occasion, la chance lui est donnée de participer à un coup de main, de nuit, contre la tranchée ennemie. Heureux de se battre enfin pour «ce à quoi il avait voué sa vie», il va patauger sous la pluie dans une boue infecte, lancer ses bombes et découvrir avec horreur et hébétude la violence sauvage de la matière déchaînée (les explosions), les hurlements de souffrance de ses victimes, et retrouver au petit jour sa tranchée gluante et puante. «Et voilà la guerre! Una foutue saloperie», pense-t-il. Se fossé se creuse entre l'idée noble et généreuse d'une croisade contre le mal, au nom de laquelle il est venu se battre volontairement, et la répugnante, monotone et insignifiante réalité de la guerre réelle.

Avec la 4e partie (293-308) nous retrouvons le personnage en ville à nouveau, au mois de mai (donc après l'épisode du front, mais avant l'épisode de chasse à l'homme), dans un ancien cinéma ou music-hall, essayant en vain de dormir roulé dans un rideau de scène, puis guetteur posté à une fenêtre ou sur le toit. Il voit des barricades s'élever devant l'immeuble où il se trouve, observe les occupants en uniforme d'un café situé de l'autre côté de la rue, avec lesquels ses compagnons d'armes échangent tantôt des coups de feu ou des bombes artisanales, tantôt des caisses de bière, dans les moments d'accalmie. Il ne comprend pas ce qu'il fait là, ni contre qui il se bat, ni à quoi rime ce «cauchemar de bruit sans mouvement» (comme il l'écrit plus tard). Bref cette guerre de rues, qui oppose des «factions» alliées au début contre un Ennemi (invisible), est à la fois absurde et assommante. Ces journées d'Histoire ne sont remplies que de petits faits bizarres ou insignifiants, de fusillades incompréhensibles, de scènes insolites: convoi de funérailles dispersé par les tirs, promeneurs insouciants, magasins qui s'ouvrent puis se ferment. Une seule chose lui apparaît claire: le succès de plus en plus évident des «uniformes» adverses qui deviennent les maîtres de la ville et lui rendent peu à peu un visage normal de temps de paix, rassurant et bourgeois.

La 5è partie, la plus longue (308-362), propose une remise en perspective de toute l'histoire du personnage, qui désormais aura sinon un nom, du moins une initiale (O.), une origine anglaise, un passé d'intellectuel formé à Eton, une formation philosophique approfondie, une vocation d'écrivain qui le conduira à raconter l'expérience qu'il a faite en Espagne. Tous ces signes concordent avec le contenu des précédents récits pour désigner Georges Orwell, intellectuel anglais de formation marxiste, engagé volontaire en Espagne dans une unité de P.O.U.M. en décembre 1936, qui a, une fois rentré en Angleterre en 37, après avoir subi le sort du personnage anonyme de la 2è section, écrit l'histoire de sa campagne sous le titre *Homage to Catalunia* (1938). Notons que le roman de Simon ne l'appelle que de son initiale O, mais que l'auteur a clairement avoué son modèle, dont il a parfois textuellement repris le récit. Curieusement (mais significativement) cette dernière section commence par un bref prologue apparemment étranger à l'histoire racontée: il expose comment le cardinal Manning, à l'époque victorienne, se convertit au catholicisme romain, influencé par la théorie providentialiste de Newman relative à l'Eglise d'Angleterre, et comment deux de ses contemporains perdirent la foi à la suite de cette conversion. Or ces jeunes gens étaient, comme Manning, de brillants sujets d'Oxford, «doués d'une capacité infinie à faire des discours», comme le théologien Newman. Ce prologue suggère un rapport analogique entre l'aventure spirituelle des croyants perdant la foi et celle du jeune intellectuel révolutionnaire confrontant ses convictions à la réalité de l'Histoire en train de se faire.

La 5è section rapporte ensuite un second séjour au front de O., à la fin mai 1937 (donc situé entre le 3è et le 2è épisode). Blessé par une balle qui lui traverse le cou, il rentre à Barcelone, y est soigné, puis est aussitôt pris en chasse par la police. Rentré en Angleterre, il écrit son aventure, mais son récit, nous révèle le narrateur, cache plusieurs points importants: en particulier son intention, après son premier retour du front, de rejoindre la «faction» adverse pour pouvoir se battre sur le front de Madrid. D'autre part, son récit ne parvient pas à assembler les faits de façon cohérente et satisfaisante. Il reste de l'incompréhensible. Pourtant O. dans la paix retrouvée et la sécurité d'une ville anglaise, écrit son livre avec modestie, ironise même vis-à-vis de lui-même, sans passion, sans interprétation, d'une manière simplement informative. Il écrit pour son public: celui que composent les jeunes intellectuels anglais formés à la stricte discipline intellectuelle d'Oxford, qui unit puritanisme et abstraction théoricienne. A partir de là, le narrateur entreprend de récrire, en la commentant et en la complétant, l'histoire d'O. depuis son départ pour l'Espagne. Il est parti, entraîné par ses idées («l'inerte pesanteur des brochures et des bavardages politico-philosophiques dont il s'est nourri») vers un monde de violence sauvage, de passion brute, de misère, de cruauté, aux antipodes de la civilisation et de la culture qu'à connu O. jusque-là, cette culture livresque, stricte, impassible, abstraite, intellectuelle. Dès son arrivée à Barcelone, à la fin de l'automne de 1936, où il venait avec l'intention d'écrire quelques articles, O. décide de s'engager, de se battre, et il choisit au hasard une des deux casernes qu'ornent les portraits des guides de la Révolution (Lénine, Marx sont décrits, non nommés). Première intervention capitale du hasard: cet idéologue désintéressé s'enrôle dans une unité du P.O.U.M. sans se douter des conséquences terribles qu'entraînera ce choix fait presque sans réfléchir. Il ne pense qu'au fascisme, non aux rivalités politiques des anti-fascistes. Aussi ne prête-il pas grande attention aux manchettes des journaux annonçant de mystérieuses disparitions, des corps retrouvés criblés de balles au petit matin, ni aux cortèges funèbres qui les suivent. Il voit, en revanche, l'épouvantable pagaille, le gaspillage, le désordre, le caractère fruste, primitif des miliciens analphabètes et sans formation militaire, presque sans pensée. Il croise aussi des hommes en uniforme strictement équipés, armés, impassibles et froids; et surtout des personnages anonymes, secrets, muets, effrayants et déjà très puissants (les agents du G.P.U.). Mais il n'en parle pas dans son récit, censurant ce qu'il considère, dans sa vision théoricienne, comme des «malfaçons de l'Histoire» sans grande importance. Le narrateur, lui, voit dans le pouvoir sans limite de ces agents qui incarnent la «philosophie de la police», le maillon caché de l'histoire, et de l'aventure d'O.

Toujours est-il qu'il va au front d'Aragon et séjourne dans les tranchées, que nous connaissons déjà par l'épisode 3. Commentant ce premier récit, le narrateur en dégage une philosophie de la guerre liée à la terre, aux sensations, au cosmos, à la vie physique. La guerre réellement vécue par O. (et sur ce point, il est lucide) ne ressemble guère à l'idée reçue de la guerre. C'est le froid, l'inconfort absolu, le mauvais armement, la stupidité des hommes qui priment tout. Le choix réel, pour O., n'est pas entre la mort et la liberté mais entre la mort et le bois à brûler pour se chauffer un peu, la mort par balles et la mort par congestion pulmonaire. L'esprit découvre, dans le contact avec la matière brute, un «degré zéro de la pensée». La guerre sort de la terre et y rentre, sous forme de projectiles, de déchets, d'excréments, de boue. Mis à distance par le narrateur, le premier récit de l'expérience brute du front est ici scruté, analysé, explicité. O. n'en écrira pas moins pourtant que cette période fut pour lui celle d'un «enchantement». Persistance de l'illusion idéaliste ou magie du souvenir? Le narrateur ne tranche pas. En tout cas le retour brutal à la réalité, lorsque O. rentre à Barcelone, est comparé à un ballon d'enfant qui lui éclate au nez. Il découvre, sans être encore personnellement menacé, la réalité terrible du pouvoir de la police politique à Barcelone, aux mains des personnages secrets et muets qu'il n'avait pas voulu remarquer lors de son engagement. Mais il se sent si peu impliqué dans cette guerre civile au second degré, celle des révolutionnaires entre eux, qu'il envisage de se rallier au parti vainqueur, (celui de ses futurs persécuteurs), pour avoir enfin la possibilité de se battre contre les fascistes, et sur un vrai front. Seul le hasard —c'est sa seconde et décisive intervention— l'empêche de mettre ce projet à exécution: pris dans une fusillade soudaine, à Barcelone, il est entraîné dans l'immeuble le plus proche, qui est un des locaux de son propre camp! Le voici à nouveau guetteur dans un cinéma désaffecté (c'est l'épisode 4 du premier récit) qui est à nouveau évoqué. Viendront ensuite son second séjour au front d'Aragon, dans la même unité du P.O.U.M., sa bessure au cou, son séjour à l'hôpital et la traque féroce dont il fait l'objet à Barcelone (épisode n.º 2) par une «meute de tueurs policés». Avant de rejoindre l'Angleterre, émigrant éternel, il aura eu le temps de constater que «tout est tellement dénué de sens»!

* * *

Cette longue, trop longue description de l'épisode espagnol des *Géorgiques* nous permet de faire plusieurs observations qui nous aideront à dégager des significations. Tout d'abord, il est clair que la méthode narrative de C. Simon est à l'opposé d'une méthode d'historien: chronologie bouleversée, concassée même par l'ordre des épisodes, absence des points de repère les plus élémentaires pour la compréhension historique (ni noms de lieux, ni noms de partis, ni noms propres: les personnages historiques décrits d'après des effigies anonymes, faits visuels purs, aucune indication idéologique ou politique alors qu'on baigne dans ces réalités), superposition enfin de deux parcours narratifs qui se recouvrent en grande partie.

De plus, est-il besoin de le souligner? ni O. ni le narrateur (qui colle à sa vision) ne quittent un instant leur point de vue limité, partiel et donc partial, n'évoquent le contexte historique général qui pourrait permettre au lecteur de prendre un regard critique sur l'aventure racontée. Cela va de soi, mais il est bon de le rappeler: Claude Simon n'a jamais prétendu raconter *la* guerre d'Espagne, mais ce qu'il a parfois appelé *sa* guerre, dans des textes d'interviews. Ici comme dans ses autres romans à matière historique *(La Route des Flandres, Le Palace)* la subjectivité est reine, totale, résolue et ne se cache pas. Pour Cl. Simon l'artiste ne doit pas prétendre à autre chose; son but n'est pas la vérité mais la cohérence esthétique d'un texte, constitué en objet autonome.

Ce qui ne veut pas dire qu'il se désintéresse du *sens*. Là réside le paradoxe d'une oeuvre nourrie d'expérience historique (Simon lui-même était à Barcelone en 1936, observateur plus qu'acteur, mais sûrement très sympathisant de la cause républicaine) mais tournant résolument le dos à tout esprit historique, si l'on entend par là l'ensemble des qualités et des démarches intellectuelles de l'historien.

Or le sens, dans *Les Géorgiques* comme ailleurs, se construit au ras de l'expérience immédiate des choses, du monde, de l'Histoire. Il refuse toutes les aides, les facilités de la pensée constituée díavance c'est-à-dire de l'idéologie. La guerre vue par Simon se situe donc aux antipodes de l'image habituelle, bourrée d'idéologie, que nous en avons, d'après les historiens, les penseurs politiques et les romanciers qui appliquent des concepts politiques ou philosophiques au monde qu'ils décrivent. Autant dire que Simon est ici l'anti-Malraux.

«Il n'y avait pas d'avions dans cette guerre, du moins sur cette partie du front», lit-on à la première ligne du 3è épisode. Quel lecteur peut lire cette phrase sans y sentir de façon métonymique, un rejet de Malraux, une exclusion a priori des valeurs ou significations épiques de *L'Espoir*? On sait que Claude Simon n'a jamais caché son hostilité résolue (sarcastique même) à la conception philosophique des romans de Malraux. Quand Madeleine Chapsal lui demande *(L'Express*, 5 avril 62): «Et *L'Espoir*, d'André Malraux, n'est-ce pas un témoignage sur la guerre d'Espagne?», il répond: «*L'Espoir*? Pour moi, c'est un peu Tintin faisant la révolution. C'est une sorte de roman-feuilleton, de roman d'aventures écrit par quelqu'un qui est un aventurier, dans le cadre de la révolution». Et dans son discours de Stockholm, lors de la remise du prix Nobel, il précise le sens de son rejet dédaigneux:

«En décernant le Nobel à Claude Simon, a-t-on voulu confirmer le bruit que le roman était définitivement mort?», demande un critique. Il ne semble pas s'être encore aperçu que, si par «roman» il entend le modèle littéraire qui s'est épanoui au cours du XIXè siècle, celui-ci est en effet bien mort, en dépit du fait que dans les bibliothèques de gare ou ailleurs on continue, et on continuera encore longtemps, à vendre et à acheter par milliers d'aimables ou de terrifiants récits d'aventures à conclusions optimistes ou désespérées, et aux titres annonceurs de vérités révélées comme par exemple *La Condition humaine, L'Espoir* ou *Les Chemins de la liberté* (p. 15).

Quoi que l'on pense de cette exécution sommaire, elle a le mérite de nous aider à comprendre ce que n'a pas fait Claude Simon dans ses oeuvres: des récits d'aventures à conclusions optimistes ou désespérées et annonceurs de vérités révélées. La guerre d'Espagne partiellement et subjectivement évoquée dans la 4è partie des *Géorgiques* n'est pas pensée par un idéologue qui plierait son récit à l'établissement d'un sens philosophique ou politique, mais imaginée d'après ses propres souvenirs et d'après le témoignage de Georges Orwell, au niveau de l'expérience *sensible* et immédiate. C'est donc d'abord une guerre (ou une révolution) vue à ras de terre, par un personnage quelconque qui fait simplement l'expérience directe des choses, des sensations, des images qu'elles suscitent, des pensées qu'elles nourrissent. Le personnage n'apporte pas avec lui de conclusions, un sens de la vie ou de l'Histoire, comme ceux de Malraux, mais un certain nombre de préjugés, de convictions qui vont être confrontés à l'expérience concrète. Tel est le sens, semble-t-il, des deux parcours narratifs: le premier nous restitue par les mots une expérience sensible à l'état brut, morcelée, dépourvue de tout fil directeur idéologique; le second reprend cette expérience même (imaginaire, car O. est un être fictif, inventé à partir du récit d'Orwell, non l'Orwell réel) et la confronte à l'ensemble d'idées reçues, de convictions, de discours qui forment l'idéologie personnelle d'un jeune intellectuel anglais modelé par Oxford, le puritanisme et les livres de Marx. A un premier niveau, on peut considérer que cette confrontation constitue le procès d'une désillusion progressive. Le personnage d'O., broyé par l'épreuve de l'Histoire réelle, se retrouve hagard, traqué comme un rat dans une ville où, l'automne précédent, «il avait cru entrevoir l'image d'un monde nouveau» (p. 301). Il est passé de l'Histoire comprise à l'Histoire sentie, et réalise ainsi le programme que proposera au narrateur, dans la dernière partie du livre, l'oncle Charles quand il lui dit: «Quand tu seras vieux toi-même. Je veux dire quand tu seras capable non pas de comprendre mais de sentir certaines choses parce que tu les auras toi-même éprouvées» (p. 445). On pourrait être tenté de dire qu'O. perd ses illusions (généreuses, théoriques) à travers une expérience cruelle de la révolution. Et cette approximation ne serait pas fausse, à un premier degré, surtout si l'on tient compte de l'usage constant de l'ironie par le narrateur. Ironie décapante, parfois féroce, tant dans la description de la police politique et de ses maîtres redoutables, glacés et mystérieux, que dans la mise en évidence de la naïveté d'O. On pourrait citer des dizaines de passages sur ce ton. Faute de temps, on se limitera à quelques exemples typiques: l'évocation des blessures peu glorieuses, et du souci de se nourrir (p. 282), le coup de main contre la tranchée ennemie, dans la boue et sous la pluie (p. 290), l'évocation du caractère «artisanal» de cette guerre (p. 293), celle des obus qui n'éclatent pas, le portrait de Marx (p. 283), etc... etc... On multiplierait facilement les exemples de cette ironie du récit, qui abonde: pp. 267, 268 (jeu de mots sur *sécurité personnelle* et *Sécurité* = police), pp. 270-71 (sur le pouvoir maintenu de l'argent dans l'ordre de la révolution égalitaire), p. 286 (sur l'état d'hébétude propice aux «actions historiques»), p. 311 (sur l'incapacité d'O. dans son récit, à assembler les pièces du puzzle de son expérience), p. 313 (le portrait des politiciens espagnols, marionnettes discoureuses, qui ne contrôlent et ne dirigent rien) sans parler des portraits anonymes des prophètes de la Révolution, dont les visages ornent, comme des icônes, les rues et l'entrée des casernes: Marx (p. 318), Lénine (p. 329) ou Staline (p. 287). A cause de ce recours fréquent à l'ironie —celle qui dénonce la tyrannie, la cruauté, ou l'illusion, la naïveté, l'inconscience— ou peut être tenté de voir dans cette oeuvre une signification (sinon une intention) polémique. Certains critiques s'en sont émus. Jo van Appeldoorn par exemple, qui dans son livre *Pratiques de la description* reproche à Simon de ridiculiser et caricaturer Orwell, oubliant que le récit d'Orwell n'a servi que de «ferment», de générateur au récit de Simon. O. n'est pas plus Orwell que le narrateur n'est Simon, bien que ce dernier se soit trouvé à Barcelone en 1936.

Il est vrai que *Les Géorgiques*, et notamment la 4è partie, révèlent dans le contenu de ses récits emboîtés ou superposés —malgré l'affirmation répétée inlassablement par l'auteur de l'autonomie de l'oeuvre d'art par rapport au réel— une espèce de passion à pourfendre, à nier la vision idéologique de l'Histoire. N'est-il pas significatif que certains mots soient radicalement bannis de ce roman: anarchistes, communistes, trotskistes, fascistes, nationalistes, etc... A ces êtres de raison se substituent des êtres de sensation ou de sentiment: la boue, la saleté, le froid, la peur, la faim, le sommeil,

101

la menace, la souffrance, le sentiment du hasard, du désordre, de l'absurdité. L'expérience immédiate de l'Histoire (comme dans *La Route des Flandres* ou *Le Palace*) élimine l'Histoire des mannuels et des discours rationnels.

* * *

Ce serait pourtant une erreur de s'en tenir à ce niveau de lecture, parce que chaque récit ne prend son sens que par les autres dans une oeuvre aussi rigoureusement concertée et structurée, chaque élément par le système des formes et des motifs. Cela est particulièrement vrai de la 4è partie, qu'il faut maintenant essayer de deplacer dans la perspective globale du roman, en prenant en considération sa totalité, qui jusqu'ici, et par méthode, a été volontairement oubliée. Ce n'est pas par un caprice gratuit que le narrateur nous raconte simultanément, dans *Les Géorgiques*, trois «histoires» que les historiens (et la simple considération de la chronologie) séparent: celle d'un révolutionnaire de 1792, soldat des armées de la jeune République française et de l'Empire, celle d'un cavalier de l'armée française de 1940 et celle d'un combattant de la guerre civile espagnole. Entre ces trois personnages s'établit un réseau serré de correspondances, d'analogies qui font que, séparés au plan de l'histoire, ils forment un seul et même personnage mythique au plan de l'art.

«A des époques différentes et dans des périodes de tumulte et de violence, trois personnages vivent des événements et des expériences qui semblent se répéter, se superposer, de même qu'indifférents à la tragédie, aux déchirements familiaux et politiques, reviennent au long des pages les mêmes travaux des champs, les alternances des saisons, de la pluie, du soleil, des printemps». Ainsi Simon résume-t-il l'essentiel de son livre sur la 4è page de couverture des éditions de Minuit. Il faudrait un gros livre pour relever dans le détail toutes les convergences qui unissent les trois récits amalgamés par la mémoire du narrateur. Ainsi des fragments de l'aventure espagnole se mêlent, dès la première partie, au récit non chronologique (rien n'est moins chronologique qu'une mémoire) du héros de la Révolution ancêtre du narrateur. Bien qu'aucun segment narratif du récit espagnol ne s'intègre à la seconde partie (le récit de la campagne du narrateur, en 1940) on relève une foule de similitudes et de convergences dans les deux expériences de la guerre. A vrai dire entre les trois expériences. Enumérons-en quelques-unes, à titre d'exemples: d'abord les conditions concrètes de la vie, sommeil, fatigue, épuisement physique, courses, marches, errances dans le froid de l'hiver, la neige, contact permanent avec la terre, la boue, l'eau stagnante, importance du feu, de la nourri-ture, des besoins naturels, sentiment de solitude au milieu de la multitude, et d'un retour à l'état primitif où seuls comptent les éléments hostiles et les besoins du corps, grisaille et noirceur des choses, saleté, enfin et surtout situations de fuite, de désordre, de déroute et surtout conscience d'une dégradation, d'un délabrement des espoirs, des pensées généreuses et nobles, d'un cruel désaveu par la destinée des espérances (ou illusions) premières, de l'absur-dité de tout.

Le Conventionnel plein de foi et d'enthuosiasme révolutionnaire finit assez lamentablement sa vie dans sa ferme, ou son château, abandonné de tous ceux pour qui il a couru tant de dangers, tra-versé l'Europe en tous sens, prodigué ses talents et ses forces; le cavalier de 1940 échappe miraculeusement (par hasard) au mas-sacre général, au milieu des hommes et des chevaux, tués, dans une errance labyrinthique qui ôte à son aventure tout sens et toute dignité. Il faudrait entrer dans le détail pour montrer que ces correspondances se poursuivent à tous les niveaux: le cinéma dé-saffecté de Barcelone, ancien lieu de spectacle et de plaisir des yeux, renvoie aux séances de cinéma du narrateur enfant, où il découvre l'humanité primitive des gitans, aux soirées à l'Opéra où le Conventionnel rencontre sa première femme et assiste à l'*Orphée* de Gluck (thème plein de sens pour l'intelligence totale du roman: Orphée perd une seconde fois Eurydice en se retournant vers elle, comme nos trois personnages risquent de perdre la foi passée en se retournant vers elle); enfin le thème des frères ennemis (l'ancêtre révolutionnaire a signé le décret en vertu duquel son frère, royaliste, sera traqué par la police comme un gibier —comme O. à Barcelone— ct finalcment fusillé par un tribunal expéditif). On multiplierait facilement les exemples de ces analogies qui tissent étroitement les trois aventures en une seule histoire répétitive. Les révolutionnaires de 1793 s'entretuent dans un tourbillon de fureur, comme les alliés de la révolution espagnole en 1937 (voir pp. 384-385). Pourtant le caractère héroïque, noble, herculéen de l'ancêtre est maintes fois salué par le narrateur, qui voit en lui un de ces hommes qui ont changé la face de l'Europe, modelé l'Histoire, «accouché un monde». D'une façon générale, son histoire est présentée comme grandiose, épique même et elle tient une telle place dans le roman (plus des 2/3 si on la mesure au nombre de pages) qu'on ne saurait penser que l'auteur a voulu dégrader l'image de la Révolution en tant que phénomène historique, comme pourrait le laisser croire l'épisode espagnol considéré en lui-même. Ce dernier en donne, sans doute, une image désolante et négative dans un tableau d'ensemble où le motif héroïque est fortement développé.

Et pourtant, même l'histoire de ce géant (au propre et au figuré) subit la corrosion dégradante du temps, qui annonce (on reprend) la dégradation de l'idéal généreux d'O., venu en Espagne en croisé de l'idée révolutionnaire. Par là s'ébauche une philosophie de l'Histoire. L'ancêtre, son idéal républicain (il a voté la mort du roi) seront trahis deux fois: d'abord par les politiciens opportunistes du Directoire et de l'Empire, qui se moquent de sa foi intransigente et désintéressée, le relèguent dans des fonctions ingrates ou purement honorifiques (en Espagne, notamment, en qualité de gouverneur de Barcelone —encore une analogie!), par ses héritiers surtout, bien-pensants et mesquins, cupides et bourgeois, soucieux de leurs intérêts, d'ordre et d'honorabilité, qui verseront, deux générations plus tard, dans le conservatisme le plus rigide. Sa petite-fille sera horrifiée par l'exécution du Tsar, et occultera de toutes les manières le souvenir de son aïeul régicide. Le monde qu'il avait voulu détruire revivra dans la société du XIXè siècle, et dans sa famille même qui le reniera comme une tache infamante faite à l'honneur familial.

De même, la révolution fraternelle et égalitaire rêvée par O. aboutira à la terreur policière, au retour à l'ordre, à la restauration des pouvoirs de l'argent. Ce parallélisme change beaucoup le sens de l'épisode espagnol, comme le change la mise en parallèle des souffrances, du désarroi moral d'O. avec ce que connaît le narrateur dans la débâcle de 1940.

C'est la loi de l'éternel retour (qu'indiquait déjà l'épigraphe du *Palace*: «Révolution: Mouvement d'un mobile qui, parcourant une courbe fermée, repasse successivement par les mêmes points. Dictionnaire Larousse.»). Les guerres, les révolutions se répètent et obéissent à une loi d'entropie.

Telle semble être la philosophie (assez désespérée) de l'Histoire chez Claude Simon. Elle s'exprime ouvertement dans une page des *Géorgiques* qui décrit la décomposition de l'esprit révolutionnaire de 1792 en une série de crimes, de manoeuvres et de procès sommaires: «L'Histoire se mettant à tournoyer sur place, sans avancer, avec de brusques retours en arrière, d'imprévisibles crochets, errant sans but, entraînant tout ce qui se trouvait à la portée de cette espèce de tourbillon, le happant lui-même au passage, par surprise, le projetant (ou le précipitant) au centre même du maelström...» (p. 387). Ou encore: «...simplement l'Histoire allait se détourner, suivre un cours où il n'y aurait plus de place pour ceux de son espèce...» (p. 436). Ces phrases ne s'appliquent-elles pas aussi bien à O. qu'à l'ancêtre conventionnel, ou au cavalier de 1940?

Il y a donc un cours de l'Histoire, non un sens. Les guerres succèdent aux guerres, les révolutions aux révolutions, comme les saisons reviennent et les heures au cadran des horloges. Ce rythme cyclique explique la disposition des récits et des épisodes dans le roman significativement intitulé *Les Géorgiques*. Car l'Histoire est fille de la Terre, de la Nature. Elle en a les hasards et les cycles réguliers. Et le narrateur rapporte comme faits analogues (ou analogiques) les impérieuses et précises instructions agricoles que donne l'ancêtre à la gouvernante Batti qui dirige sa ferme, et ses instructions aux généraux de la République qui se battent aux frontières. Le thème de la terre, en ses multiples variations, parcourt toute l'oeuvre, depuis la terre porteuse de récoltes à laquelle le Conventionnel régicide porte une passion surprenante et merveilleuse, jusqu'à la terre qu'étreignent les miliciens dans les tranchées d'Aragon (le champ de pommes de terre qu'ils disputent de nuit aux combattants adverses reprend le motif «agricole» sur un mode ironique), en passant par cette terre qui engloutit peu à peu les corps dans la tourmente de 1940.

Tout suggère que la terre est la matrice de la vie, de l'Histoire, et que tout se réduit à elle, pour finir (ainsi le thème de la tombe est souvent repris dans les parties I, III et V). En ce qui concerne l'Histoire, il semble bien qu'elle ne relève pas d'un ordre humain et autonome (cet ordre qui aurait ses lois ,accessibles à l'esprit) mais d'un ordre obscur, matériel, cosmique, qui nous échappe (ou qui n'a peut-être aucun sens). C'est ce que suggère, en tout cas, en plusieurs endroits, le texte des *Géorgiques*, et notamment dans sa 4è partie:

«Comme si seulement quelques phénomènes d'ordre pour ainsi dire cosmique, du genre des invasions, des famines, des guerres ou des révolutions, pouvait forcer des créatures humaine à s'accrocher à ces collines pierreuses...» (p. 344).

«Et il était en train de s'y employer [aller dans un secteur du front où il aurait des chances d'être tué] quand l'Histoire (ou le destin - ou quoi d'autre?: l'interne logique de la matière? ses implacables mécanismes?) en décida autrement.» (p. 352).

Vue à l'échelle humaine, «l'Histoire se manifeste (s'accomplit) par l'accumulation de faits insignifiants, sinon dérisoires, tels que ceux qu'il récapitula plus tard» (p. 304).

Dans une telle vision, le Hasard (ou ce que nous appelons ainsi, faute de comprendre les «implacables mécanismes» du Destin) tient une grande place. Il n'a tenu qu'à un hasard qu'O. se trouve dans le camp des persécutés et non dans celui des persécuteurs: «Quoiqu'il en soit, le fait est qu'il se trouva un jour précis, à l'endroit précis et à l'heure précise qui firent qu'à ce moment son destin bascula irrémédiablement, le précipitant dans l'épouvantable gâchis qui ne lui laisserait d'autre recours que la fuite...» (p. 354). L'Histoire, comme chez Malraux mais en un tout autre sens, devient motif tragique.

Que peut faire, dans ces conditions, celui qui écrit non pas l'histoire mais *son* histoire, à la manière d'Orwell ou de Cl. Simon? Comme le premier, il peut la falsifier en lui imposant le schéma rationnel du récit chronologique. Simon considère que cela revient à inventer une causalité factice, arbitraire, surimposée aux faits bruts de l'expérience vécue. Car le langage même est source de fausse logique, qui rassure l'esprit. Le «rassurant emploi des mots» vient alors se substituer à la «terrifiante somme de souffrances et de misères», nous dit le narrateur de l'épisode espagnol (p. 294). Raconter chronologiquement une aventure revient toujours à dégager un sens cohérent, tout en introduisant des «priorités affectives» involontaires, en censurant certains faits trop difficiles à regarder en face. Ainsi a fait Orwell: «Peut-être espère-t-il qu'en écrivant son aventure il s'en dégagera un sens cohérent. Tout d'abord le fait qu'il va énumérer dans leur ordre chronologique des événements qui se bousculent pêle-mêle dans sa mémoire ou se présentent selon des priorités d'ordre affectif devrait, dans une certaine mesure, les expliquer. Il pense aussi peut-être qu'à l'intérieur de cet ordre premier les obligations de la construction syntaxique feront ressortir des rapports de cause à effet» (pp. 310-311).

Telle est la procédure ordinaire, celle d'Orwell, de Malraux, de Sartre, de tous les romanciers dits «réalistes» qui, en fait, fabriquent le sens et l'imposent aux lecteurs. Cl. Simon refuse ce mode de récit; il choisit au contraire de construire le sien suivant le désordre apparent de la mémoire et des priorités affectives, c'est-à-dire suivant la seule continuité qui ne soit pas truquée, celle de la subjectivité. Renoncer à la prétention réaliste qui ne fait que suivre les automatismes logiques du langage et sa causalité artificielle, s'installer délibérément dans le seul ordre qui ne déforme pas le senti, le vécu, qui avoue ses lacunes et ses choix affectifs, l'ordre apparemment brisé mais profondément continu et homogène de la mémoire, tel est le choix de l'artiste. C'est celui de Claude Simon; c'était, avant lui, celui de Proust et de Faulkner. Le traitement romanesque de la guerre d'Espagne dans *Les Géorgiques* confirme et illustre ce que l'auteur n'a cessé de dire, ces dernières années, dans ses déclarations, conférences, dans son *Discours de Stokholm*, à savoir que le romancier n'a pas à délivrer de message idéologique ou philosophique, qu'il doit tourner le dos à tous les faiseurs de discours, et qu'à la réalité cruelle du monde, à l'apparente absurdité de l'Histoire, il n'a à opposer que la «protestation obstinée» de l'oeuvre d'art.

Maurice Rieuneau
Université de Grenoble

DE BERLÍN A TERUEL, MALRAUX À LA RECHERCHE
DE LUI-MÊME

La situation intellectuelle de Malraux est, en 1936, plus ambigué que ne le donne à croire une lecture linéaire de sa biographie. Il est vrai que de l'Indochine, sinon de la Chine à l'Espagne, des meetings antinazis de l'AEAR au *coronel* des Brigades, de la réflexion sur la Révolution à la pratique révolutionnaire, de l'équipée yéménite au bombardement de Medellin, la trajectoire est assurée et il n'est pas question de mettre en doute la sincérité de l'engagement de Malraux. Nul ne s'étonne donc de le trouver à Madrid au printemps 1936, à l'invitation de Bergamin, puis en juillet et à nouveau le 8 août, à la tête de l'escadrille España. L'obstination, la fébrilité même dont it fait preuve jusqu'en février 1937 —voyages, négociations pour l'achat d'avions, interviews, participation aux opérations militaires et... aux querelles intestines—, et même au delà, montrent assez à quel point il désire se consacrer à une cause qui lui tient à coeur. Et pourtant pendant cette même période le militant et l'écrivain sont en proie à une sourde inquiétude. Malraux est, en 1936, à la recherche du lui-même et la guerre d'Espagne va lui servir de révélateur. Ce qui précède laisse entendre assez clairement que notre intention n'est pas ici de nous faire l'historien de l'aventure espagnole de Malraux,[1] mais plutôt de le découvrir, si faire se peut, passant de «l'illusion lyrique» jusqu'à la prise de conscience de soi qu'il prête à Manuel:

1. V. à ce sujet «Aux sources de l'*Espoir*: Malraux et le début de la guerre civile en Espagne», de W. G. Langlois (*André Malraux 2, Revue des Lettres modernes*, 355-59, 1973, pp. 93-133).

Autrefois, Manuel se connaissait en réfléchissant sur lui-même; aujourd'hui, quand un hasard l'arrachait à l'action pour lui jeter son passé à la face. Et, comme lui et comme chacun de ces hommes, l'Espagne exsangue prenait enfin conscience d'elle-même, semblable à celui qui soudain s'interroge à l'heure de mourir. On ne découvre qu'une fois la guerre, mais on découvre plusieurs fois la vie. (*L'Espoir*, III, 6, *in fine*.)

Les problèmes qui se posent à Malraux entre 1934 et 1939 sont à la fois d'ordre esthétique, éthique et idéologique. En cinq années l'intellectuel exalté et confiant des meetings antifascistes devient le combattant obstiné et au fond désespéré de la Guerre d'Espagne, puis le soldat résolu mais sans illusions de 1939 («Quand on a écrit ce que j'ai écrit et qu'il y a une guerre en France, on la fait», confie-t-il à R. Stéphane); le romancier qui s'opposait orgueilleusement aux thèses janoviennes, instruit par l'échec du *Temps du mépris* (1935), s'éloigne définitivement du genre romanesque, auquel il préfère le récit-document de l'*Espoir* (1937), puis l'écriture cinématographique dont il a déjà découvert qu'elle est la véritable rivale du roman, la plus apte à assumer le rôle qu'il confiait naguère au roman, à révéler que «les hommes, malgré tout ce qui le sépare, malgré les plus graves conflits, communient sous un même ciel étoilé, dans quelques grands rêves fondamentaux» (Discours de clôture du Festival de Cannes, mai 1959, cité par D. Marion, *André Malraux*, Seghers, 1970, p. 91). Et il est significatif que, dès 1939, il se consacre à la *Psychologie de l'Art*, alors qu'il ne parviendra jamais à faire de la *Lutte avec l'Ange* autre chose qu'une suite de réflexions, philosophiques ou lyriques, les superbes ruines d'un roman non abouti. Parallèlement, les héros romanesque tend à s'effacer, de plus en plus dispensé du recours à l'Histoire —ou à *son* histoire—, sous la pression d'une société réelle qui, dans le tourbillon de la guerre, amène Malraux à découvrir la banalité de la «fraternité virile». Paradoxalement, c'est dans l'*Espoir* et dans *Sierra de Teruel* que l'Histoire vécue au quotidien est gommée en tant qu'Histoire et prend sa dimension de Destin. Nul besoin désormais de soutiens idéologiques ou de recours à un passé individuel ou historique pour que l'homme accède à la grandeur qu'il ignore en lui-même: la communion suffit à nourrir «ce par quoi l'homme est homme, ce par quoi il se dépasse, crée, invente ou se conçoit» (Préface du *Temps de Mépris*). La plus belle illustration de ce nouveau héros (ou anti-héros?) de Malraux se trouve dans la scène de *Sierra de Teruel* où chacun, dans la proximité de la mort et sans y attacher autrement d'importance, dit en deux mots les raisons de sa présence au combat, ou encore dans les personnages de Schreiner ou du paysan, bien éloignés pourtant —héros déchu ou héros inconscient—, de l'image traditionnelle du héros.

Cette évolution de Malraux correspond, bien évidemment, à son éloignement progressif du communisme. Déjà obscurément suggéré dans le *Temps du Mépris*, il sera idéologiquement —sinon encore affectivement—, assumé au moment de la signature du Pacte germano-soviétique. «La Révolution à ce prix là, non...» aurait dit Malraux. De l'*Espoir* où le choix est encore possible entre le faire des communistes et l'être des anarchistes, à *Sierra de Teruel*, qui bannit toute lecture politique de la condition humaine, toute référence au communisme et suggère l'existence de valeurs implicites plus élevées, le changement est significatif. Ce n'est pas un hasard si l'évolution de Malraux s'est précisée en Espagne, à l'occasion d'une guerre où s'affrontèrent le pragmatisme des engagements idéologiques et le besoin éperdu de dignité et de liberté, «la voix de ce qui est plus grand que le sang des hommes, plus inquétant que leur présence sur la terre—, la possibilité infinie de leur destin» (*L'Espoir, ibid.*).

L'examen des trois oeuvres, le *Temps du Mépris*, l'*Espoir* et *Sierra de Teruel*, témoignages littéraires de cette inquiétude de Malraux, permettra d'en dégager quelques composantes fondamentales et de préciser des correspondances significatives.

Le *Temps du Mépris* est un roman dont la trajectoire politique est apparemment irréprochable: expérience du camp de concencration d'où Kassner sort grâce au sacrifice d'un inconnu, retour en Tchécoslovaquie grâce à l'organisation clandestine du Parti, reprise du contact avec la douceur de «la toute petite vie des hommes» et du foyer, mais aussi avec la ferveur militante qui réconforte presque immédiatement Kassner; choisissant «l'éternité des vivants et non l'éternité des morts», il repartira pour le combat, en pleine conscience de la mor tqui l'attend. Mais cette trajectoire, en dépit des intentions de Malraux et de ceux qui lui avaient demandé une oeuvre édifiante, est celle d'un homme seul qui voudrait cesser de l'être; d'un homme dont le dialogue espéré et tonique avec les codétenus est brutalement interrompu et qui n'a d'autre solution pour échapper à la folie carcérale que de se livrer à cette autre forme de folie, la recours à peine cohérent à des souvenirs personnels ou collectifs, à la musique, à des fantasmes dialectiques, à l'acte de foi dans une Révolution qui, des trois cent mille adolescents défilant sur la Place Rouge, a su écarter «le temps du mépris». A son retour à Prague, aucune tentative de dialogue avec la foule anonyme indifférente (qui, d'ailleurs, dans la première version n'était même pas tchèque, mais berlinoise...), ni avec les militants réunis au Lucerna (il les entend, mais il cherche Anna), ni même avec Anna qui, symbo-

liquement, le laisse seul, à l'extrême fin du livre, en train de regarder
«les deux rues tojours désertes qu'un chat traverse très vite». Le
seul apport idéologiquement positif du meeting est l'accumulation
des mots d'ordre pratiques qui déjà annoncent ole fameux dialogue
de l'Espoir entre Guernico et Garcia:

> «—Les communistes ont toutes les vertus de l'action —et celles-
> là seules [...]
> —En ce moment, c'est d'action qu'il s'agit.»

Maus d'autres interlocuteurs ont restitué à Kassner cette «fertilité» qu'il attendait du communisme: l'orage, pendant le vol, qui,
comparable à un parcours initiatique, l'amène —avec l'expérience
de Malraux qui, notons-le bien, insère textuellement des souvenirs
perssonels—, à déchiffrer dans les lignes de la terre «la figure d'un
destin», «le rythme même de la vie et de la mort» et, au delà de
l'héroïsme, de la sainteté, «simplement la conscience»; Anna qui,
dans leur bref échange de paroles, se veut porteuse de joie («la joie
n'a pas de langage», répond-il agressivement) et avec laquelle s'ins-
taure, implicite, un dialogue qui n'est sans doute pas celui qu'aurait
souhaité Kassner:

> «—Et si cette nuit est une nuit du destin...
> Elle lui prit la main, la porta contre sa tempe, à l'envers; et
> caressant contre elle son visage:
> —... bénédiction sur elle jusqu'à l'apparition de l'aurore...
> —murmura-t-elle. [...] Un des instants qui font croire aux hom-
> mes qu'un dieu vient de naître baignait cette maison [...] et il
> semblait à Kassner qu'englué de tout le sang qu'il venait de traver-
> ser, le sens du monde naissait, et que la vie la plus secrète des
> choses allait être accomplie.

Kassner repart, certes, mais est-il «récupérable»? Malraux n'a-t-il
pas vu lui échapper le héros exemplaire sur lequel il comptait, peut-
être, pour étayer ses propres certitudes? Les difficultés qu'il a eues
à mettre au point le texte définitif témoignent assurément de son
embarras.[2]

Dans l'*Espoir*, la situation même de l'écrivain a changé: pour la
première fois depuis longtemps, Malraux parle de faits qu'il a

---

2. Voir, sur ce sujet, notre présentation du *Temps du Mépris* dans le t. I
des *Oeuvres* de Malraux, Bibl. de la Pléïade, sous presse.

personnellement vécus et le temps de l'écriture se confond presque avec le temps réel (rappelons que certains chapitres de la 2ème partie ont pu être datés de septembre 1937 et que le livre paraît en décembre). Lui qui regardait avec quelque dédain «l'ivresse banlieusarde» —l'expression est de J. Lacouture—, du Front populaire français, avait déjà pressenti, dès le début de 1936, et il comprit dès le premier instant que quelque chose de fondamental se passait: un affrontement dépassant l'Espagne même et engageant historiquement le destin du monde, certes, mais plus encore une sorte de mise à l'épreuve des idéologies, voire de l'idée de Révolution, de confrontation entre le besoin de dignité et la possession de cette dignité, entre l'individu et la collectivité, entre un faire forcément collectif, et un être nécessairement individuel. Les questions posées par la Guerre d'Espagne sont celles auxquelles le *Temps du Mépris* avait voulu répondre, à en croire la «Préface». Mais —l'a-t-on assez noté?—, cette préface est une postface, née des réactions des premiers lecteurs. Pour l'essentiel, elle est plus, mise à part le pétition de principes que «le communisme restitue à l'individu sa *fertilité*», une préface à l'*Espoir* qu'une introduction au *Temps du Mépris* dont, à notre avis, elle admet implicitement l'échez comme illustration de l'échange qui constitue la donnée fondamentale de «toute vie psychologique». Au moment où éclate la Guerre d'Espagne, Malraux est, si l'on en croit Nino Frank, plus proche de «l'anarcho-syndicalisme» que du communisme. Plutôt qu'une trajectoire historique, c'est un antagonisme dialectique qui donne une unité à ce livre qui a été voulu inorganisé par désir d'authenticité humaine. La chronologie et les allusions à des faits avérés (Medellin, l'Alcazar, Teruel, etc.) sont des leurres, utilisés avec une désinvolture significative. L'intérêt n'est pas dans la narration événementielle, mais dans la réalité d'un entrecroisement de vies communes, de mille misères ou espérances dont se nourrit le destin. «Que l'histoire est peu de chose en face de la chair vivante —encore vivante». Le personnage unique s'efface au profit d'une foule d'individus, protagonistes ou figurants, arrivant chacun avec son vécu, mais résolus à l'oublier pour affrenter le Mal —un mal volontairement laissé dans un flou historique presque surprenant («les fascistes», pourquoi pas «les autres»?)—, et, ce faissant, se situer par rapport à «la possibilité infinie de leur destin». Ainsi Malraux atteint-il l'objectif qu'il se fixait dans son discours du 21 juin 1936: «L'art, souvent étranger au bonheur et même au raffinement, ne l'est pas à l'effort obscur ou lucide des hommes pour accorder leur vie à leur valeur suprême, quelle qu'elle soit». De la juxtaposition des différences, jamais vraiment exploitée —et ceci est vrai même pour le grand débat idéologique—, naît le sentiment de la communion, «parce que le contraire d'être vexé, c'est la fraternité». Et le résultat de la fraternité, perçue dans le *Temps du Mépris*, comme fonctionnelle, est la fertilité, disons même l'espoir. De «l'espoir trouble, sans limites» du début du livre, on passe, dans ce récit désespérant, à l'affirmation d'une autre forme d'espoir: que l'homme parvienne pa rsa volonté à passer «d'un destin subi à un destin dominé». En ce sens, l'*Espoir* prologue et amplifie une suggestion faite par Anna dans le *Temps du Mépris*: «A certains moments [...] j'ai l'impression que ce n'est pas la souffrance qui change, c'est l'espoir». Un pas décisif a été franchi par Malraux, qu'illustre la place accordée à la musique dans les deux livres. Dans l'un, elle *possède* Kassner, au sens aliénant du terme, et il en garde une impression d'horreur; dans l'autre, elle est devenue traduction simultanée d'une promesse fragile et d'une menace inéluctable:

> Peut-être, comme le disait Ximénès, avait-il trouvé sa vie. Il était né à la guerre, né à la responsabilité de la mort. Comme le somnambule qui soudain s'éveille au bord du toit, ces notes descendantes et graves [il s'agit de la Symphonie des *Adieux* de Beethoven] lui jetaient dans l'esprit la conscience de son terrible équilibre —de l'équilibre d'où on ne tombe que dans le sang.

La référence musicale se poursuit dans *Sierra de Teruel* où, dans les dernières séquences —la descente des morts—, le chant sacré de Darius Milhaud vient s'associer, unique illustration musicale, au bruit des voix, des moteurs, des fusils-mitrailleurs et du vent qui, jusque là ont constitué les seuls éléments sonores du film, comme pour traduire le rythme de la procession, «ce rythme accordé à la douleur [qui] semblait emplir cette gorge immense où criaient là-haut les derniers oiseaux, comme l'eût emplie le battement solennel des tambours d'uhe marche funèbre. Mais ce n'était pas la mort qui, en ce moment s'accordait aux montagnes: c'était la volonté des hommes».[3]

La grandeur du film tient peut-être, en partie, aux conditions mêmes, hasardeuses et artisanales, de son tournage et de son montage. Sans entrer dans le détail anecdotique, ahondamment évoqué par Denis Marion (*op. cit.*), rappelons que la copie qui nous est miraculeusement parvenue ne donne probablement qu'une image inexacte du film conçu par Malraux, abandonné deux jours avant l'entrée des troupes franquistes à Barcelone et terminé, plus ou moins

---

3. Texte du livre et images du film, dans leur grandeur épique, font songer à la très belle et douloureuse assomption du héros d'Elytis dans son presque contemporain «Chant funèbre en l'honner d'un sous-lieutenent mort en Albanie».

approximativement, en France. Oeuvre imparfaite, à la manière de toute destinée humaine, il échappe totalement, autant par la force des choses que par le désir de Malraux, à cette «volonté de prouver» qui était à l'origine de l'entreprise (le but du film était de convaincre le public des USA de sortir de la neutralité) et qui, de l'aveu même de Malraux, «détruit l'oeuvre d'art». Il n'en demeure pas moins que ce cinéaste inexpérimenté, qui avait su *voir* les chefs-d'oeuvre d'Eisenstein et admirer son art du gros plan et des plans d'ensemble, a fait passer dans les images les enseignements d'une évolution de trois ans. Associant le dépouillement du récit et le grossissement du trait —ce qui est le propre du poème épique—, il ne garde plus, très fidèlement, que quelques épisodes symboliques et renonce à l'apparence de chronique du livre. Plus de trace des affrontements manichéens bien/mal, fascistes/miliciens, ni des antagonismes idéologiques. Une tâche s'impose, dans l'instant—, repérer un aéroport, détruire un pont, honorer des morts—, dont il serait vain de vouloir évaluer les lointains résultats ou les chances de succès par rapport à une entreprise les dépassant. «Nous ferons ce que nous pourrons», se contente de dire chacun des délégués paysans à Magnin enquête de voitures; tout ce que cette phrase banale contient de volonté résolue se trouve illustré, a posteriori, par la séquence où l'on voit tous les phares d'automobiles s'allumer presque simultanement en bout de piste, Malraux ayant par rapport au livre, fait l'économie des va-et-vient narratifs entre les préparatifs des pilotes et l'éclairage progressif des véhicules. On pourrait multiplier les exemples de situations où, ainsi, l'image dispense de la parole: gros plan sur le visage angoissé du paysan dans l'avion, envols d'oiseaux, gourde qui symboliquement s'écoule goutte à goutte, fourmi indifférente qui traverse le viseur de la mitrailleuse, boiteux grotesque qui s'évertue à suivre la troupe des miliciens, elle-même fort désordonné, angoissante traversée des nauges, pour ne rien dire de l'impressionnante descente des morts, dans la montagne, et des visages burinés des paysans qui «levèrent le poing en silence» devant le cortège. Dans ce dernier cas, par exemple, toute la différence entre le livre et le film tient au fait que, dans le premier, encore, c'est le geste «politique» qui compte, alors que, dans le second, ce sont les visages qui comptent, plus encore que le geste. Cette prédominance accordée à l'image, qu'il faudrait analyser en détail en confrontant les deux écritures, est, naturellement, associée à un dépouillement dans le récit lui-même. Le héros, déjà menacé dans l'*Espoir*, fait place à une foule de personnages qui, à quelques exceptions près, se différencient mal les uns des autres, sans pour autant cesser d'être ni héroïques ni différenciés (par un détail, une alliance, une intonation, un geste, un type ethnique).

Mais le passage de l'*Espoir* à *Sierra de Teruel* n'est pas seulement tributaire des contingences cinématographiques: Malraux sait déjà la puissance convaincante du cinéma qu'il tient pour «le plus puissant interprète du monde irréel, de ce qui depuis toujours paraît ressembler au réel mais à qui le réel ne ressemble pas». Il sait aussi qu'il peut lui demander de traduire ce qui participe de l'essentiel —l'humanisme éternel—, et non plus seulement des moyens d'accéder à l'essentiel —les affrontements historiques et idéologiques.

L'Espagne et la guerre civile lui avaient apporté le contact avec le monde de la souffrance et de la dignité au quotidien, que l'orateur de la Mutualité se bornait à évoquer d'après le témoignage des «camarades allemands qui ont tenu à me faire transmettre ce qu'ils avaient souffert et ce qu'ils avaient *maintenu*». Dans un deuxième temps, *Sierra de Teruel* lui a effectivement permis d'échapper à la pesanteur du réel, aux nécessités d'une fiction, d'une narration, d'une démonstration dans lesquelles ses propres incertitudes, ses solutions et son imaginaire trouvaient difficilement à s'intégrer. Grâce au film, il a pu accéder à ce que j'appellerai non l'irréel mais le réel sublimé, traduisant au coeur même du quotidien, au rythme de la vie et de la mort apprivoisées, ce qu'il aime à appeler le Destin.

Après cette expérience unique, la voie lui est ouverte vers une méditation sur l'homme qui, de la *Métamorphose des Dieux* aux *Antimémoires* et à *Lazare*, asociant l'imaginaire au réel, l'image au verbe, le métaphysique à l'éthique, l'éternel au contingent, lui permettra d'élever le regard porté sur l'histoire et sur la politique jusqu'à une perception de ce que l'une et l'autre portent en elles d'éternel. Est-ce un fait du hasard si, aboutissement d'une crise sourde, un tel changement de front s'est trouvé lié à l'Espagne, ce pays dans l'âme duquel sont portées au paroxysme les deux postulations complémentaires et contradictoires vers le réel et vers le spirituel?

ROBERT JOUANNY
Université de Val-de-Marne, Paris XII

TERCERA PARTE

LA POESÍA: CREADORES Y AMIGOS

REFLEXIONES EN TORNO A
«ESPAÑA, APARTA DE MÍ ESTE CÁLIZ»
DE CÉSAR VALLEJO

César Vallejo ofrece la perspectiva, siempre notable, de ser una figura interesada simultáneamente por dos culturas. Este escritor peruano de lengua castellana fue un enamorado de la cultura francesa y de su capital, en la que vivió buena parte de su existencia.

Las relaciones de Vallejo con la cultura francesa tienen un primer punto de contacto ya en Trujillo, donde fue a cursar la carrera de Letras; introducido muy pronto en el círculo de los jóvenes aficionados a la Literatura y a sus inquietudes, con ellos descubrió, y ello merece especial mención, la *Antología de la Poesía francesa moderna*, de Enrique Díez Canedo y Fernando Fortún. Según Larrea esta obra...

> «a Vallejo y a todos sus compañeros que ignoraban el francés, los familiarizó, sincréticamente, con algunos estilos de la lírica francesa, de Baudelaire en adelante, con el Parnaso, con el Simbolismo, con el Unanimismo».[1]

Jean Vayssiere,[2] en un artículo dedicado a Vallejo, da prueba de ello al hacer patente en la obra vallejiana influencias de Rimbaud. Recordemos, por otra parte, el poema «Los dados eternos»:

1. Larrea, J.: edición de Vallejo, C., *Poesía completa*, Barral editores, Barcelona, 1978, p. 22.
2. Vayssiere, J., «Symbolique chrétienne dans «Poemas Humanos», et «España, aparta de mí este cáliz», in *Les Poètes latino-américains devant la guerre d'Espagne*, L'Harmattan, París, 1986, p. 112.

podemos caer en la fácil tentación de imaginarlo inspirado en el poema de Mallarmé «Un coup de dés jamais n'abolira le hasard». Si bien esto es falso, pues como bien ha demostrado Larrea[3] la conexión no es directa, sí podemos afirmar que existen unas semblanzas entre ambos escritores, semblanzas basadas en la búsqueda del ser:

«El Ser del lenguaje o Verbo a que propendía en su aspiración al absoluto el poeta francés en su idioma.»[4]

Muy pronto el joven estudiante Vallejo se sintió impresionado por las cuestiones que se debatían a principios de siglo en el Viejo Mundo, cuestiones que París vivió con especial atención: nos referimos a la impactante realidad europea de entreguerras, con sus rompecabezas ideológicos, económicos y culturales. Los sentimientos que experimentaba en sí Vallejo se plasman en el deseo latente de ir a Europa, de escapar a una juventud triste, pobre y monótona como la vivida por él en Trujillo y así en 1923 Vallejo abandona Perú para radicarse en Francia. El viaje a París simboliza el adiós a lo viejo y caduco para buscar la liberación. Existen además otras razones: Vallejo marcha a París porque en su país es buscado por la justicia y vive con el temor de ser encarcelado, hecho que injustamente ya ha ocurrido. Por esta causa:

«Vallejo viaja prácticamente sin dinero y sin ocupación prevista, verdaderamente al Azar».[5]

Con tales premisas vive en la miseria durante dos años hasta que consigue una pequeña colocación estable en una agencia periodística, a la vez que una corresponsalía para una revista limeña. Las circunstancias adversas no disminuyeron su amor por París, así cuando consigue una beca en Madrid se las ingenia para cobrarla sin ir prácticamente allí. En opinión de Larrea, Vallejo...

«Viaja a Madrid para matricularse en la Universidad y oficializar el uso de su beca, regresando a París, ciudad de la que no quiere desprenderse».[6]

El viaje y la estancia en París le son esenciales para determinar sus convicciones acerca de la realidad: Vallejo comprende que la situación social en la que se encuentra, tan desvalida y mise-

3. Larrea, J., *op. cit.*, p. 68 y ss.
4. *Ibid.*, p. 71.
5. *Ibid.*, p. 78.
6. *Ibid.*, p. 76.

120

rable, no dista mucho, al contrario, es equivalente a la injusticia social que preside la vida de los indígenas en su país. El marxismo se le apareció como el remedio específico al problema, después superó —en palabras de Larrea— «el férreo cinturón de la mera economía»[7] para ofrecer, mediante su obra, el sentimiento de fraternidad universal, de igualdad, justicia y unión entre todos los hombres. En este sentido la guerra de España se le manifiesta como el destino de toda la humanidad, la guerra de España es una profecía que augura el reino de la concordia entre todos los hombres, la consecuencia de esta concordia será el triunfo sobre la muerte. Este es el mensaje último de *España, aparta de mi este cáliz.*

La obsesión constante de Vallejo, ya presente en su primera obra de madurez, *Los Heraldos negros,* es cómo luchar contra la muerte. En uno de los poemas de esta obra, «El tálamo eterno», ya formula la que será su doctrina, el deseo de llegar a la fraternidad universal a través de la muerte.

Cual nuevo profeta, Vallejo descubre en el amor fraterno la vida; al olvidarse de uno mismo en favor de los otros la existencia se hace dichosa, se liquida el dolor. Esta teoría tiene relación con la muerte del yo, con la disolución del egoísmo, para dar paso a la fraternidad. Encontrar la vida implica olvidarse de la propia en favor de la de los demás. La entrega a los otros salva de los límites humanos. La solidaridad es el más alto signo de la vida. En esta religión del amor fraterno el poeta asume el papel de Cristo. Cristo es el que muere por los otros y de esta forma da sentido a su vida. La característica del héroe es que muere por los otros, por amor. Vallejo quiere seguir este camino: se propone la experiencia de la muerte para fundirse en el yo universal. El punto culminante será amar tanto a los otros que el poeta morirá por ellos; en el poema «Ágape» llega a exclamar:

> «Hoy no ha venido nadie a preguntar;
> ni me han pedido en esta tarde nada.
> No he visto ni una flor de cementerio
> en tan alegre procesión de luces.
> ¡Perdóname, Señor: qué poco he muerto!»[8]

Vallejo tiene muy clara la cuestión de su muerte y la profetiza en diversas ocasiones. Rodríguez Padrón, al establecer las relaciones entre Alonso Quesada y César Vallejo, afirma efectivamente de este último:

7. *Ibid.,* p. 120.
8. Vallejo, C., *op. cit.,* p. 326.

«Vallejo es más rotundo: un profeta».[9]

Profetizar está unido al deseo de la experiencia del morir como algo más. Cambia el sentido de la muerte como cosa temida. Vallejo va evolucionando desde la evocación de la muerte de los seres queridos y el subsiguiente vacío del mundo infantil, a la soledad del hombre en el mundo (Vallejo entiende la vida como devenir constante y trágico hacia la muerte) hasta llegar al amor como solución a la carencia. Uno está aquí para amar. Esta es la sabiduría que llega con el amor. Beatriz Teleki afirma:

> Así como Jorge Guillén o Pedro Salinas buscan la salvación por la luz y sus búsquedas van hacia arriba, tanteando por esa ventana por la que pudiera entrar (aunque no en un sentido religioso) el ángel de la Anunciación o de la Enunciación, Vallejo hace lo opuesto, metiéndose hacia adentro, buceando en lo más recóndito de su ser, para dirigirse, al final de su experiencia, hacia una salvación colectiva, no individual, o en la que, por lo menos se subsume la individual».[10]

Cuando la gente se ama la muerte desaparece. No importa la muerte individual porque el yo ya no vive. Se trata de descubrir que la felicidad terrena —no hay otra— llega con la fraternidad; Vayssiere asegura:

> «grâce á l'humaine fraternité, tous les hommes pourraient être heureux. Mais il faut qu'ils croient ... en eux».[11]

De las consideraciones existenciales de Vallejo se desprende una idea clara: si hemos de morir, si es la muerte lo que nos aguarda, luchemos contra este absurdo a través del amor. El amor no es la superación, el triunfo sobre la muerte, pero sí el rebasamiento de la angustia ante la imperfección humana. Nelson Martínez afirma:

> «La justificación del sacrificio individual está sustentada entonces por la certidumbre de la existencia de otros hombres que poseen idéntica conciencia colectiva; por la continuidad de esos ideales y esa lucha en los seres por los que se muere.»[12]

9 Rodríguez Padrón, J., «Alonso Quesada y César Vallejo: la voz unánime», in *Insula*, núm. 386-387, enero/febrero 1979, p. 10.
10. Teleki, B., «Vallejo: una búsqueda de redención», in *Insula, op. cit.*, p. 3.
11. Vayssiere, J., art. cit., p. 120.
12. Martínez, N., «César Vallejo. El poeta y su época», in *Insula, op cit.*, p. 24.

Con estos principios, la implantación en España, por las elección de 1936, de la voluntad popular suponía la instauración pacífica del ideal fraterno vallejiano, ideal que remite, en última instancia, al Paraíso perdido de la infancia. El viaje de liberación a París también es el viaje de recuperación del hogar eterno, representado en la sociedad perfecta que se afianzaba en aquellos momentos en España. En palabras de Larrea, a Vallejo...

«El triunfo del Frente Popular en las elecciones españolas le permitió imaginar que por aquel rumbo se entreabría la puerta que hiciera practicables sus sueños de un mundo nuevo, de justicia y de amor para todos.» [13]

En suma, el hogar se transforma en la sociedad de todos que, como el centro familiar, se presenta con profunda eternidad, fuera del espacio y del tiempo. Toda la humanidad forma una sola familia. Así resuelve Vallejo el conflicto producido por la desaparición de su familia particular.

Sin embargo, la realización de la dicha en la tierra, que empezaba a esbozarse en España, se vio truncada por el ataque fascista; el hecho, que en sí podría parecer nefasto, tiene cualidades positivas: Vallejo vio en la resistencia del pueblo y en su victoria el factor superlativo de abolición de la muerte.

Desde el inicio de la contienda hasta el fin particular de Vallejo, sus poesías invocan a la muerte. Si en un principio darse a los otros era morir el ego y este morir era vivir, ahora se lleva a las máximas consecuencias este precepto. A fin de lograr una existencia dichosa para todos los españoles, los milicianos ofrecen su muerte física individual y lo hacen porque la maldad —entendida como muerte— se ha apoderado de España y la única forma de matar la maldad es matar a la muerte. En el «Himno a los voluntarios de la República» Vallejo ruega encarecidamente:

«¡Voluntarios,
por la vida, por los buenos, matad
a la muerte, matad a los malos!» [14]

Matar a la muerte supone, muchas veces, que muera el ente concreto para que renazca un mundo nuevo. La lucha de los milicianos es una agonía en el sentido etimológico y evangélico del término. Hay que señalar que, ante la tradición cristiana, Vallejo rehusa suprimirla —como hicieron los vanguardistas— y se inclina

13. Larrea, J., «César Vallejo y Alfonso Silva», in *Insula, op. cit.*, p. 20.
14. Vallejo, C., *op. cit.*, p. 726.

por transformarla (algo parecido hizo con el lenguaje erótico) en el sentido de que el vocabulario religioso de Vallejo emplaza en el rol de Dios al hombre, al hermano elevado a categoría divina, Jean Vayssiere opina de uno de los poemas:

> «Le "padre nuestro" qui suit "Padre polvo español" n'a plus de majuscule. La prière la plus traditionnelle des chrétiens est ainsi ramenée à un niveau humain; c'est peut-être, pour Vallejo, la voie qui conduit à l'avenir (...) Religion du peuple répétée à l'infini».[15]

Además Vallejo no acepta el concepto cristiano de la muerte como tránsito a otra vida. Su misticismo pasa por una reformulación de Dios consistente en matar el ego para que toda la comunidad sea una, sea Dios. España se define, según Larrea:

> «como una entidad trascendental perfecta, en cuyo seno se realice la conjunción y conciliación de los valores materiales y espirituale de quienes resignan las existencias de su egoísmo natural en favor de una conciencia social correspondiente a los compañeros, a todos».[16]

Los milicianos ofrecen sus vidas en sacrificio, son mártires voluntarios —no por deber— cuyo último fin es la vida eterna de los compañeros. Asumen el papel de Cristo porque su muerte da vida. La vida de los voluntarios, como la de Cristo, adquiere sentido con su muerte. Es la vida entendida a través de la aceptación gozosa de la muerte. Es la muerte intuida como victoria: si individualmente el miliciano es víctima, como colectividad es vencedor. El mismo sentido encontramos en el cristianismo cuando afirma que Cristo reina en la cruz. Bíblica asimismo es la noción de asignar unos valores a cada hombre concreto. Vallejo acepta y dignifica a todos los hombres: los hombres cuando aman son héroes. Y así sus héroes son, por igual, el extremeño, el ferroviario, el labrador... de ahí que los mendigos, los muertos de Guernica... sean tan eficaces como los milicianos porque, con su dolor, con su sacrificio, matan la maldad sin violencia...

> «Y atacan a gemidos, los mendigos
> matando con tan solo ser mendigos».[17]

La muerte se percibe como victoria porque tras su sacrificio por amor el hombre se hace inmortal:

15. Vayssiere, J., art. cit., p. 115.
16. Larrea, J., op. cit., p. 137.
17. Vallejo, C., op. cit., p. 736.

124

«Pedro Rojas, así, después de muerto,
se levantó, besó su catafalco ensangrentado,
lloró por España
y volvió a escribir con el dedo en el aire:
"Viban (sic) los compañeros! Pedro Rojas"
Su cadáver estaba lleno de mundo.»[18]

Por amor el miliciano Pedro Rojas se ha convertido en el hombre nuevo y se universaliza. Su soplo vital anida en los compañeros que continúan sus ideales de justicia: se instaura así lo eterno en el tiempo. La muerte conduce al renacer, es semilla de nueva vida. Los muertos pasan a ser muertos inmortales —no por gloria o fama— sino por sus virtudes amorosas.

Vallejo capta pues dos tipos de seres muertos: «los muertos muertos», los que en vida fueron egoístas, tristes, dañinos, injustos..., y «los muertos inmortales», los hombres altruistas, íntegros, los que amaron. Antes, el título de muerta inmortal, Vallejo sólo lo había concedido a la gran dadora de amor, su madre. Ahora ve a España como la nueva madre. La madre es símbolo de vida y de muerte: nacer es salir de la madre y morir es regresar a la madre. Vallejo ve en su madre la madre buena que da vida y en la muerte la madre mala. Pero su obra refleja la existencia de una muerte mala y de una muerte que da vida. La muerte que mata a la muerte es una nueva madre: España. De la madre del poeta se llega a la madre España, símbolo de la madre sabiduría entendida como amor. La nueva vida, donde, abolido el mal, no habrá muerte, será aquel estadio donde el hombre llegará a la verdadera sabiduría, allí el hambre de saber de Vallejo será saciado tal como en el hogar la madre saciaba el apetito.

El proceso culmina con la muerte real del poeta después de componer *España, aparte de mí este cáliz*. Vallejo no se conforma con escribir esta especie de nuevo evangelio. Él necesite convertirse en un ente activo en este fraguar la redención de la muerte para la humanidad. Se siente angustiado ante la grandeza de los milicianos porque no puede emularlos y además de dar vida a los poemas quiere sacrificarse, como Cristo; como él siente miedo —en este sentido entendemos el título del libro— y sufre por su Getsemaní particular. Él desea ser un héroe de la República y así se plasma en la obra:

«Un libro quedó al borde de su cintura muerta,
un libro retoñaba de su cadáver muerto.

18. *Ibid.*, p. 735.

Se llevaron al héroe,
y corpórea y aciaga entró su boca en nuestro aliento.» [19]

Sin posibilidad de realizar la muerte solidaria del miliciano, Vallejo ofrece su muerte en soledad un Viernes Santo, consciente de que lo único que le queda por hacer para los que ama es morir. El paralelismo con Cristo es evidente. Vallejo vive su experiencia poética en vida. Escribe por una necesidad poética de la mejor estirpe romántica. Dice Larrea al referirse a la muerte del poeta:

«estaba, aunque invisible para los demás, la Madre que en "el aire le alargaba la mano sonriente". Mas esa madre no era la suya natural, sino la Madre de su verbo castellano, la Madre España, en cuya mano él había rendido su espíritu».[20]

Pero antes de morir Vallejo ha logrado expresar poética y vitalmente el encuentro, la lucha y el triunfo sobre la muerte.

A veces se ha acusado a Vallejo de poseer un tono panfletario. Contra esta crítica desearíamos resaltar un detalle que nos sirve además de conclusión: nadie podrá negar que Vallejo tenía tal grandeza de espíritu que creyó a toda la humanidad capaz de un Amor con mayúsculas y en superlativo. Y no sólo eso: atisbando la derrota cercana, Vallejo creyó posible una nueva lucha por el Amor, por un mundo justo y dichoso (presagiaba la segunda guerra mundial). De ahí que las palabras de Vallejo exulten a la armonía y a la unión y adquieren valor testamentario:

«si la madre
España cae —digo, es un decir—
salid, niños del mundo; id a buscarla!...» [21]

MARTA GINÉ I JANER
Estudi General de Lleida
Universitat de Barcelona

19. *Ibid.*, p. 744.
20. *Ibid.*, p. 133.
21. *Ibid.*, p. 753.

«*C'EST UNE CHANSON QUI NOUS RESSEMBLE*»
(APUNTES SOBRE LA EDUCACIÓN SENTIMENTAL
DE LOS POETAS DEL MEDIO SIGLO)

Me van a perdonar ustedes que en una asamblea propiciada por un tema tan añejamente grave como la guerra civil, yo me proponga hablarles de la poesía como búsqueda de felicidad, como salida de la miseria general, que es, creo, una de las bases que sustentan la vocación literaria de algunos de los principales poetas del medio siglo. En su «Poema inacabat», Gabriel Ferrater afirmaba «que es de segundo orden la parte de vida que el país o cualquier instancia colectiva puede destrozar», opinión que, teniendo en cuenta las circunstancias en que se produce, revela una considerable valentía moral. Tal valentía, aplicada al quehacer poético, implica ejercerlo al margen, a la contra incluso, de la autocompasión que suelen ostentar los poetas vencidos. En este sentido, refiriéndose a Jaime Gil de Biedma, escribía Joan Ferraté, en 1969, que su poesía «tal vez se caracterice porque, habiéndose escrito en España en el curso de esos años de derrota, logra desasirse de ella desentendiéndose de la abyección, imponiendo al margen de ella las reglas de un juego donde la derrota deja de ser el factor determinante». Naturalmente, semejante proeza exige odiar la realidad, algo que, pese a ser tan fácil en aquellos momentos —y en todos—, les es difícil a los poetas que se inclinan a estar a favor de sí mismos. Por eso el realismo de la poesía utilitaria era más bien escasamente realista: los poetas sociales tendían a creer que odiar la realidad consistía en odiar a la dictadura, y eran realistas de una manera demasiado dulce: soñando libertades. Para los poetas del medio siglo, el odio bien entendido empieza por uno mismo. Oigamos a Gil de Biedma: «Hablar en nom-

127

bre de los obreros nos parecía no sólo un disparate, sino lo más asocial que se podía hacer. Nuestra intención era hacer una poesía de la experiencia social, el mismo tipo de experiencia que se puede recoger en la novelística o en la prosa. La alocución o la exhortación civil no nos interesaban. Nosotros queríamos hablar de la experiencia de ser burgués, por ejemplo». Es obvio que esta experiencia de ser burgués es muy acariciante, y que puede dejar bastante perplejo a un poeta en ciernes, sobre todo si se siente de izquierdas: ¿qué hago, se preguntará, con el mimo confortable que me ha llevado hasta donde estoy? La caricias de la vida son, como mínimo, tan obstinadas como las heridas, y parece bastante recomendable, incluso en tiempos entusiasmados por el remordimiento, resignarse a ellas: si uno es consciente de que la vida le ha mimado, también lo será de que un obrero no se improvisa, y mucho menos, claro está, un poeta obrero. Los poetas que me ocupan decidieron muy pronto aceptarse como hijos de unos «padres propicios», y pusieron en juego inteligentemente toda la temática que esa aceptación conlleva. Es algo que se observa en seguida en su manera de reflejar la experiencia de la guerra civil:

> Fueron posiblemente
> los años más felices de mi vida,

escribe Gil de Biedma, y Gabriel Ferrater nos dice, en «In memoriam»:

> ...Oloràvem la por
> que era l'aroma d'aquella tardor,
> però ens semblava bona. Era una por
> dels grans. Sortíem de la por infantil
> i teniem la sort que el món se'ns feia
> gairebé del tot fàcil. Com més por
> tenien ells, més lliures ens sentíem.
> Era el procés de sempre, i compreníem
> obscurament que amb nosaltres la roda
> s'accelerava molt. Érem feliços.
> Ho érem tots junts i ho érem sempre i molt.

Esta provocadora afirmación de felicidad se produce en contra del mundo familiar, ese mundo de los adultos que bien pronto inclina al niño a desolidarizarse de él, a ser su parásito. Desprecio y explotación de los propios orígenes serán ingredientes fundamentales en la configuración de la conciencia social de estos poetas. Una conciencia que literariamente se mostrará como *mala conciencia*, no en el fácil camino del remordimiento y el exorcismo, sino con intención testimonial, en el pleno sentido de la expresión: son poetas que en vez de mutilar su experiencia, extirpando de ella la faceta privilegiada, la ofrecen completa, desde la perspectiva de una conciencia que no se escamotea nada, que quiere conocerse hasta el fondo. Por ejemplo, Carlos Barral abre sus *19 figuras de mi historia civil* con estos versos:

> Resulta todo más claro si se puede
> decir como Brecht:
>> Cuando hube crecido y vi a mi alrededor
>> no me gustaron las gentes de mi clase
>> ni mandar ni ser servido,
> en el último tramo
> de una vida cumplida,
> rica y, en general,
> satisfactoria.
> Pero no es este mi caso,
> desde luego,
> y estoy sólo al principio
> y es demasiado pronto para poder contar.

Y Gil de Biedma escribe en «Barcelona ja no és bona»:

> Y a la nostalgia de una edad feliz
> y de dinero fácil, tal como la contaban,
> se mezcla un sentimiento bien distinto
> que aprendí de mayor,
>> este resentimiento
> contra la clase en que nací,
> y que se complace también al ver mordida,
> ensuciada la feria de sus vanidades
> por el tiempo y las manos del resto de los hombres.
>
> Oh mundo de mi infancia, cuya mitología
> se asocia —bien lo veo—
> con el capitalismo de empresa familiar!

Se trata de personajes poéticos que rechazan sus orígenes pero que no pueden evitar reconocerlos como base de muchas peculiaridades de su carácter y de su mitología personal. La «mala conciencia burguesa» que exhiben no consiste únicamente en el sentimiento que produce el estar disfrutando de las ventajas de una situación que se combate, sino, sobre todo, en no saber qué hacer con lo más profundo de la propia identidad, con la mitología en la que uno no puede dejar de reconocerse y que le distancia irremediablemente de los seres con los que se sienten solidario. Esa mala conciencia se configura, pues, desde la coexistencia de sentimientos contradictorios (remordimiento, añoranza, rencor), y el testimonio social de los poetas que nos ocupan consiste en mostrar la conciencia escindida de un poeta burgués en desacuerdo con su clase, y su realismo consistirá, sobre todo, en el tratamiento realista de esa experiencia, en no eludir, cuando sea preciso, el conflicto entre las vivencias y las ideas del personaje, en saber mostrar su contradicción sentimental. Es una poesía que bucea con frecuencia en la psicología del heredero poco convencido, o, si quieren ustedes, de alguien que se acepta como poeta y heredero a la vez, que sabe lo que paga, y lo que cobra, por permitirse el lujo de los versos. Poemas como «Las grandes esperanzas», de Gil de Biedma, o «Apellido industrial», de Carlos Barral, son muy ilustrativos al respecto. Veamos un fragmento de este último:

> Allí estaba mi nombre
> escrito, allí por las mañanas
> temprano terminaba la luz,
> el aire..., y todo cuanto hacía,
> todo estaba pagado, todo a crédito
> de libertad rendida, de conciencia
> confusa...
>   No, no quiero, dije
> mirando los montones
> de escombros,
> la tierra verde y negra de la calle futura,
> ...y una muchacha triste que pasó
> sin prisa...
>   Y era libre
> sólo para decidir lo que no importa.

En esa obsesión por el tiempo vendido encontramos un reflejo de la batalla que el retoño burgués libró contra los suyos durante la guerra. Ahora han terminado las vacaciones, la infancia y la juventud privilegiadas, y es el momento de empezar a devolver la inversión. Pero estos muchachos están irremediablemente estropeados y se interesan más por los paraísos prohibidos que por las empresas familiares. Se decidirán, desde luego, por el compromiso político, pero, significativamente, no es la política la rebeldía más interesante que practican nuestros personajes: como buenos descreídos que son, les urge la vida, y encuentran en «las noches de los sábados» buena parte de su paraíso. No se olvidan, como diría Gabriel Ferrater, «de ser feliços per instants». Creo que la «bohemia» de los poetas del medio siglo cobra mayor sentido desde este ángulo: el alcohol, la nocturnidad, los amores, los prostíbulos, todo el decorado que con no poco sentido del humor forma parte de los poemas, se entienden mejor si se contraponen a la vida diurna de nuestros personajes: son la búsqueda de una vida vivible y el alivio de la que se está viviendo, el desahogo de un pacto simulado, el rechazo sentimental de la sordidez de una época. Se ha dicho que a estos poetas les sucede lo que a ciertos actores norteamericanos de la vieja época, que sin el vaso y el cigarrillo no saben dónde poner las manos. Pero esto es sólo una apariencia: ellos saben perfectamente dónde tienen las manos, por eso fingen tan bien que se sostienen en los vasos y en los besos.

El poema que dio pie a estas notas ilustra con claridad cuanto vengo diciendo. Se trata de «Elegía y recuerdo de la canción francesa», de Jaime Gil de Biedma, donde se revisa el impacto emocional que en nuestros jóvenes poetas produjo la conocida canción «Les feuilles mortes» de Kosma y Prévert.[1]

En el prólogo a su última edición de *Salmos al viento*, escribía José Agustín Goytisolo que cualquier tiempo pasado siempre le pareció peor. Para el personaje de nuestro poema, yo creo que fue peor y mejor a la vez. Por razones personales evidentes (era mucho más joven) y por ciertos augurios históricos (la posible caída del franquismo), parecía mejor. Por las condiciones objetivas de vida, este pasado era, desde luego, pésimo. El poema está compuesto en 1962, año en que el régimen parecía tener ya una larga vida asegurada. Desde esta triste perspectiva, el personaje poético evoca, en palabras de Biedma, «un momento del año 45 en que parecía que iba a caer Franco, y no cayó, y se hizo un silencio en el país, y en vez de caerse Franco, llegó la canción francesa».

Los jóvenes que esperaban «algo definitivo y general», se dejan seducir por una canción de amor, y nuestro maduro protagonista lo evoca tierna e irónicamente a la vez. Todo un mundo de película —el chico y la chica entrelazados, de pie en un quicio oscuro—, de heroísmo sentimental, se superpone a la sordidez de los noticiarios, a la familiar Europa en ruinas. El mismo Gil de Biedma escribe en otra ocasión:

De mi pequeño reino afortunado
me quedó esta costumbre de calor
y una imposible propensión al mito.

Es esta propensión, herencia de una infancia afortunada, la que dispara la rebeldía en un sentido inesperado: de Francia sólo llega una canción (qué le vamos a hacer), pero en seguida se convierte en

1. Se adjunta el poema al final de este artículo.

131

un pequeño himno generacional para la guerra privada que nuestros jóvenes burgueses siguen manteniendo con los suyos. Naturalmente, Gil de Biedma no se engaña en lo más mínimo al contemplar el pequeño alboroto sentimental de la juventud, pero quizá por ello mismo le parece envidiable: de todos modos, la realidad del personaje, casi veinte años después, no parece preferible a aquella exaltación peliculera, y la misma canción que entonces le exaltaba hoy sólo le produce nostalgia. Desde este ángulo, el poema adquiere su verdadera dimensión elegíaca, y trasciende el simple comentario de un momento histórico. No es un poema sobre la perduración del franquismo (aunque también lo es), no es un poema sobre la juvenil frivolidad sentimental (aunque hable de ella), sino que es un poema sobre los efectos del paso del tiempo, sobre la degradación intelectual y emocional que el paso del tiempo nos trae. Por eso, es un poema que a los 25 años de ser compuesto, como reza la canción evocada, se nos parece.

Ha escrito Carlos Barral que su generación está «tan marcada por Sartre como por Juliette Greco». Puede que esa «Elegía y recuerdo de la canción francesa» dé la sensación de depender demasiado de los «reflejos frívolos del sartrismo», pero yo creo que se trata de algo deliberado. Porque los poetas del medio siglo aprendieron mucho del compromiso sartriano, pero, afortunadamente para ellos, aprendieron a entender la frivolidad en Baudelaire. Una frivolidad que quizá sea lo más auténticamente comprometido de sus obras. Ciertamente, los paraísos que nos ofrecen suelen durar una noche o un fin de semana, y casi siempre aparecen con la resaca incluida. Pero el suyo no es un paraíso de «grandes fincas», como diría Biedma, ni un sueño de expropiaciones que no se cumplirá... Más inteligentes, intentan rescatar la vida y devolverle cierta dignidad moral. Tal como siguen las cosas, y teniendo en cuenta los buenos poemas que escribieron, no me parece poco.

ELEGÍA Y RECUERDO DE LA CANCIÓN FRANCESA

> *C'est une chanson*
> *qui nous ressemble*
> Kosma y Prévert: *Les feuilles mortes*

Os acordáis: Europa estaba en ruinas.
Todo un mundo de imágenes me queda de aquel tiempo
descoloridas, hiriéndome los ojos

con los escombros de los bombardeos.
En España la gente se apretaba en los cines
y no existía la calefacción.

Era la paz —después de tanta sangre—
que llegaba harapienta, como la conocimos
los españoles durante cinco años.
Y todo un continente empobrecido,
carcomido de historia y de mercado negro,
de repente nos fue más familiar.

¡Estampas de la Europa de postguerra
que parecen mojadas en lluvia silenciosa,   -
ciudades grises adonde llega un tren
sucio de refugiados: cuántas cosas
de nuestra historia próxima trajisteis, despertando
la esperanza en España, y el temor!

Hasta el aire de entonces parecía
que estuviera suspenso, como si preguntara,
y en las viejas tabernas de barrio
los vencidos hablaban en voz baja...
Nosotros, los más jóvenes, como siempre esperábamos
algo definitivo y general.

Y fue en aquel momento, justamente
en aquellos momentos de miedo y esperanzas
—tan irreales, ay— que apareciste,
oh rosa de lo sórdido, manchada
creación de los hombres, arisca, vil y bella
canción francesa de mi juventud!

Eras lo no esperado que se impone
a la imaginación, porque es así la vida.
tú que cantabas la heroicidad canalla,
el estallido de las rebeldías
igual que llamaradas, y el miedo a dormir solo,
la intensidad que aflige al corazón.

Cuánto en seguida te quisimos todos!
En tu mundo de noches, con el chico y la chica
entrelazados, de pie en un quicio oscuro,
en la sordina de tus melodías,
un eco de nosotros resonaba exaltándonos
con la nostalgia de la rebelión.

133

Y todavía, en la alta noche, solo,
con el vaso en la mano, cuando pienso en mi vida,
otra vez más *sans faire du bruit* tus músicas
suenan en la memoria, como una despedida:
parece que fue ayer y algo ha cambiado.
Hoy no esperamos la revolución.

Desvencijada Europa de potguerra
con la luna asomando tras las ventanas rotas,
Europa anterior al milagro alemán,
imagen de mi vida, melancólica!
Nosotros, los de entonces, ya no somos los mismos,
aunque a veces nos guste una canción.

PERE ROVIRA
Estudi General de Lleida
Universitat de Barcelona

LA POESÍA ESPAÑOLA EN 1935-36

La guerra civil española no fue un mero accidente bélico. Fue el dramático enfrentamiento de dos concepciones del mundo. Durante los años de la contienda el proceso revolucionario, en la zona republicana, se manifestó principalmente en un arte de propaganda. Y la poesía de la zona nacionalista fue también un artefacto propagandístico. La primera reflexión que se nos propone es la de la posible consideración de la poesía, a partir de julio de 1936, como una ruptura. Serge Salaün en su estudio *La poesía de la guerra de España* (aunque para el autor parece que la guerra se dio en un solo bando, el republicano) se plantea también, a modo de conclusión, como «problemática de la ruptura». Viene a identificar poesía y Romancero y concluye: «el verso aparece como el instrumento o la metonimia de una revolución cultural que —paradójicamente— no llega a instaurarse como el nuevo orden del signo poético».[1] Pero, al margen la producción de los Romanceros, a los que aludiremos más adelante; la obra de los poetas-intelectuales tampoco, salvo excepciones, manifiesta un carácter de ruptura.

Los signos que pueden apreciarse en la poesía de los años de la guerra son anteriores a 1936. Restos de las vanguardias (especialmente del surrealismo) pueden advertirse en los entonces poetas jóvenes (que más adelante serán calificados como generación de 1936). Pero al filo de la guerra conviven los grandes maestros: el primero de ellos, Juan Ramón Jiménez; los Machado, Unamuno; poe-

1. Serge Salaün, *La poesía de la guerra de España*. Castalia. Madrid, 1985, p. 367.

135

tas inclasificados como León Felipe o José Moreno Villa y los de la generación de los años veinte. Todos ellos, en plena producción. En 1935, Juan Ramón había superado su concepción de «poesía pura». Sus *Hojas*, editadas con su exquisito y habitual cuidado eran prosa. Juan Ramón Jiménez seguía profundizando la aparente oposición poesía/prosa, en tanto escribía *La estación total*, iniciado en 1932 y publicado en 1946. También Antonio Machado publica en 1936 su edición (Espasa-Calpe) de *Juan de Mairena. Sentencias, donaires, apuntes y recuerdos de un profesor apócrifo*, el más bello ejercicio retórico-sofista del pensamiento español de este siglo. Allí no sólo se ironiza el marxismo («interpretación judaica de la Historia», p. 318), sino que Machado vuelve a atacar duramente a los gongoristas: «aunque el gongorismo sea una estupidez, Góngora era un poeta» (p. 317). El neo-gongorismo había muerto hacía algunos años. Su reinado (en Lorca, Alberti, Diego y pocos más) fue efímero. No tanto la atracción de los poetas de la generación de los años veinte hacia los clásicos. En 1936 se conmemoraba el centenario de Bécquer y el «nuevo romanticismo» (humanista y atraído por el señuelo revolucionario) había teñido la producción de algunos poetas y prosistas. José Díez Fernández había publicado ya en 1930 *El nuevo romanticismo* en la significativa editorial Zeus. Allí puede leerse, por ejemplo, que «el éxito de las literaturas *formales* constituye la prueba más convincente de la liquidación de un sistema social» (p. 39). Las literaturas *formales* eran las vanguardias, fruto de «señoritos insatisfechos», apropiación manifiesta de un calificativo de Ortega y Gasset. Ya en 1930, por consiguiente, Díaz Fernández identifica el «nuevo romanticismo» con la literatura soviética: «Las nuevas literaturas rusas... han tenido que inventar una nueva fe, tan alta y de tal calidad, que sólo la que movió el sacrificio de los primeros cristianos, puede compararse, a la suya» (p. 46). Aunque sectorial, el «nuevo romanticismo» venía a ser la certificación de que las estéticas encontradas durante la etapa de las vanguardias históricas se enfrentaba a un problema de fondo. El humanismo, bajo la enseña del «hombre nuevo» que reclamará también Antonio Machado, ya liberal y marxista a un tiempo, esconde un proyecto revolucionario. El arte ya no es un fin en sí mismo o por lo menos ha perdido su original pureza. Y a este propósito contribuye el juvenil empeño de los círculos comunistas, escasos en número pero eficaces y con unos pocos nombres ya valiosos: M.ª Teresa León, César Arconada, Rafael Alberti, Serrano Plaja, Sender, Prados, etc. Su influencia se deja sentir más allá de los estrechos límites de revistas como *Octubre* (junio de 1931-abril de 1934).

La confrontación ideológica, con los movimientos fascistas como avanzadilla de la agitación de las derechas, se dejaba sentir al filo de la guerra en poetas tan alejados de las circunstancias como Juan Ramón Jiménez. Convendrá aludir aquí a la conferencia del poeta, *Política poética*, leída el 15 de junio de 1936 por un lector vicario y que hoy da título a un libro de textos en prosa reunidos por Germán Bleiberg.[2] Más tarde sería sustituido por el de Unidad libre. Allí Juan Ramón señalaba que «una verdadera república de "trabajadores", un "comunismo posible" (economía colectiva, ideología individual), sería, para mí, aquél en que cada uno trabajase "sin prisa ni descanso" en su vocación fundamental, dándole a su esfuerzo todo su tiempo y su deseo, sin apremios de dinero ya que el estado subvenciona a todos equitativamente» (p. 16). Sin embargo, más adelante, el poeta se siente obligado a fijar su posición: «Yo no puedo ser un comunista en el sentido en que hoy se llama comunista a Rusia, porque soy un individualista moral. Yo no soy, insisto, comunista ni Stalin tampoco, por dos razones diferentes: Stalin es un imperiante, y yo no soy un imperialista ni un imperable ni un imperiado. Creo que la cosa está bien clara» (p. 17). Resulta harto significativo que J. R. J. en 1936 se vea obligado, íntimamente obligado, a plantearse una definición política por abstracta y personal que ésta sea. La aparición de la revista nerudiana *Caballo Verde Para la Poesía* con el significativo manifiesto de Pablo Neruda que la encabeza responde a una decidida «humanización» del texto poético.

El año 1936 desde el punto de vista de la creación poética había sido altamente significativo. Pedro Salinas publica *Razón de amor* en la editorial Cruz y Raya de José Bergamín. Es ésta la segunda entrega de su trilogía amorosa y los rasgos románticos son bien evidentes. Jorge Guillén da la segunda y definitiva edición de *Cántico*. Federico García Lorca lee a sus amigos *Sonetos de amor oscuro*, escribe *Diván de Tamarit* y otros cuatro libros. Pero en una de sus últimas declaraciones a Bagaría define su concepción estética en palabras que no ofrecen duda: «este concepto del arte por el arte es una cosa que sería cruel si no fuera afortunadamente cursi. Ningún hombre verdadero cree ya en esta zarandaja del arte puro, arte por el arte mismo. En este momento dramático del mundo, el artista debe llorar y reír con su pueblo. Hay que dejar el ramo de azucenas y meterse en el fango hasta la cintura para ayudar a los que buscan las azucenas».[3] Fruto de su viaje a Latinoamérica, Rafael Alberti publica *13 bandas y 48 estrellas*, requisitoria contra la política intervencionista norteamericana. Luis Cernuda, ofrece *La realidad y el deseo*, también en Cruz y Raya, donde reúne su obra anterior y

2. Juan Ramón Jiménez, *Política poética*. Alianza Tres. Madrid, 1982.
3. Federico García Lorca, *Obras completas, II*. Aguilar, 1975, p. 1020.

añade ahora *Invocaciones a las gracias del mundo*. Gerardo Diego escribe entre la primavera de 1935 y el verano de 1936 la última parte de *Alondra de verdad*, formada por nueve sonetos.[4] Emilio Prados escribe ya en la segunda mitad de 1936 los *Romances de la guerra civil* que publicará en 1937 en *Llanto en la sangre* en las Ediciones Españolas (sin año) prologado por Manuel Altolaguirre. Allí Altolaguirre sitúa la transformación que se opera en la estética de la poesía española como consecuencia de la represión de Asturias en 1934. Allí aparece ya una calificación que gravitará sobre la poesía española de postguerra como una auténtica losa: la «poesía social». Altolaguirre considera a Serrano Plaja, Gil-Albert, Pla y Beltrán, Petere..., etc., como poetas sociales y a la revista «Nueva Cultura» como influyente «entre los trabajadores». Prados ha desembocado también en el romance. De 1936 es *La lenta libertad*, de Manuel Altolaguirre y los *Romances y canciones*, de Rafael Porlán son también de 1936. Y, de entre los poetas más jóvenes, publican en este año Luis Felipe Vivanco, *Cantos de la primavera;* Germán Bleiberg, *Sonetos amorosos*; Gabriel Celaya, *La soledad cerrada* (su segundo libro); Arturo Serrano-Plaja, *Destierro infinito* y Juan Gil-Albert había ofrecido *Misteriosa presencia* (1934) y ahora *Candente horror*; en tanto que Dionisio Ridruejo había publicado el año 1935 *Plural*. Y también en 1936, Miguel Hernández edita *El rayo que no cesa*.

La situación de la poesía epañola al adentrarse en la década de los treinta había modificado sus planteamientos. Eran perceptibles: *a*) un retorno a la métrica clásica; *b*) el surrealismo y las vanguardias quedaban reducidas al mero tratamiento de la imagen; *c*) se producía un retorno al sentimiento (de raíz romántica); *d*) se profundizaba en el andalucismo (a través del redescubrimiento de las raíces árabes) y en su conjunto los poetas, influidos por la marea social revolucionaria se inclinaban hacia el «compromiso». Tales fenómenos no eran privativos de la poesía española. Un análisis de la situación de la poesía francesa nos llevaría —con las naturales distancias— a parecidas conclusiones. La crisis de las vanguardias constituye un fenómeno que nace del seno de la radicalización ideológica y política de la Europa de entreguerras. El radicalismo que se opera en la sociedad española y que conducirá a la guerra civil anticipará una batalla ideológica que en Europa reviste características nacionales (de naciones enfrentadas); en tanto que en España dos mentalidades van a traducir los graves desajustes del país: demócratas y antidemócratas van a convertirse en rojos y nacionales.

4.   Francisco Javier Díez de Revenga, prólogo a Gerardo Diego, *Ángeles de Compostela* y *Alondra de verdad*. Castalia, Madrid, 1986, p. 32.

Política y poesía

La poesía que se publica y escribe durante la guerra civil, ¿constituye ya una ruptura? ¿Prolonga las estéticas de preguerra? ¿Debe entenderse como un salto cualitativo o por el contrario se empobrece considerablemente? Quienes se han enfrentado, sin excesiva fortuna, hasta hoy con la poesía de la guerra civil y han emitido sus dictámenes, en la mayoría de los casos, han partido de dogmas previos. En la guerra civil española, tras el heroísmo, la sangre y la muerte, se entrecruzaban motivos y concepciones del mundo muy diversas, arraigadas secularmente en el corazón no sólo de los españoles, sino de los europeos: religión, lucha de clases, democracia, totalitarismo, conservadurismos de toda clase, sentido revolucionario, constituían un confuso magma ideológico que se identificará y convertirá rápidamente en dos bandos contendientes.

¿Qué papel vino a reservársele a la poesía? Para Serge Salaün en el libro ya mencionado «La poesía de la guerra de España» es exclusivamente la poesía producida en la zona republicana y, principalmente, en los romanceros. Entiende que «sólo se comprenderá la *naturaleza* de la poesía española (y en particular sólo se apreciarán sus mayores joyas) cuando se pueda abarcar todo el edificio, cuando se vea hasta qué punto la poesía más culta nace de un «humus» vivo y fértil que es el de la cultura popular, con su lenguaje, sus formas, sus reflejos culturales e incluso su inmovilismo conservador».[5] Es la suya una concepción romántica, atenta a la valoración de un colectivo creador. No cabe duda de las relaciones que existieron entre poesía popular y culta en los pasados siglos. Pero parece difícil plantearse seriamente que la poesía culta, creadora, renovadora, nazca de este «humus» popular. La poesía popular, desde el siglo XVI, constituye una más o menos feliz reproducción de hallazgos de poetas cultos. Los romances de la guerra civil, ¿cuánto no le deben al *Romancero gitano*, a los romances de Prados, a la poesía de Alberti? Salaün llega a afirmar que con la desaparición de las revistas poéticas, las formas de comunicación de la literatura tradicional «agotada e incapaz de responder a las exigencias ideológicas y culturales nuevas.hubiera dejado paso a otra literatura, más vigorosa y mejor adaptada. En este sector (el de las revistas) no cabe la menor duda de que la guerra provocó una *ruptura* radical».[6]

Lamentablemente no sólo las revistas literarias desaparecen durante la guerra. Apenas si se publican libros y los poetas (a la vez intelectuales y propagandistas) son zarandeados. Enrique Líster en su

5. *Ob. cit.*, p. 11.
6. *Ob. cit.*, p. 17.

libro *Nuestra guerra* manifiesta con claridad la utilidad de los poetas: «Yo que no entiendo nada de poética, les estoy profundamente agradecidos a los poetas por el importante papel que la poesía ha desempeñado durante la guerra. He sido siempre partidario de los discursos cortos, directos, que lleguen al corazón, calienten la sangre y dejen en el cerebro de los que escuchan materia de reflexión. Por eso, una buena poesía es para mí algo así como varias horas de discursos resumidos en unos pocos minutos».[7] La poesía para Líster era, pues, un «discurso corto» que servía para reforzar «la moral de combate y de confianza en la victoria, de impulso para la realización de retos heroicos individuales y colectivos». Esta poesía instrumental, didáctica ¿no venía a significar un empobrecimiento de la función estética que la gran poesía española desde el Modernismo se había planteado? Con un 40 % de analfabetismo absoluto en 1936, la prensa republicana fichada exhaustivamente por Salaün consigna 8.500 composiciones. 110 periódicos dependen de una sección poética fija. En el *Romancero General de la Guerra de España*, prologado por Rodríguez Moñino se compilan 900 poemas procedentes en su mayoría de *El Mono Azul*. Pero sólo 60 libros en castellano y 6 en catalán (más diez colecciones de canciones e himnos) ha podido identificar el estudioso francés. 22 de ellas contienen menos de 10 poemas. La conclusión de Salaün es que la poesía debe buscarse en la prensa o que la poesía ha recobrado el papel oral. La poesía oral manifiesta registros tradicionales. Plantea soluciones que habían sido superadas desde hacía siglos. Retorna al romance escasamente creativo. De los 3.400 autores catalogados en la zona republicana, 3.212 aparecen en las páginas de los periódicos. La atracción por la forma del romance no es exclusiva de la zona republicana. Algunos títulos publicados en zona nacionalista son significativos: *Romancero popular navarro* (1937), de Baldomero Barón Rada; *Romances azules* (1937), de Juan Gómez Málaga; *Romancero de la Reconquista* (1938), de Nicomedes Sanz y Ruiz de la Peña. Y, principalmente, dos réplicas tardías a publicaciones republicanas son, la *Antología poética del Alzamiento, 1936-1939* (1939), de Jorge Villén, al *Romancero*; y la *Corona de sonetos en honor de José Antonio Primo de Rivera* (1939), al *Homenaje al poeta García Lorca contra su muerte* (Valencia-Barcelona, 1937) reunido por Emilio Prados. La *Antología* contiene 79 poemas (la tercera parte son romances). Algunos de los sonetos dedicados a José Antonio están firmados por los intelectuales nacionalistas: E. d'Ors, G. Diego, Laín Entralgo, Pérez de Urbel, Ridruejo y Félix Ros. Entre el romance (la fórmula tradicional narrativa) y la copla, el género más simple y popular, se debate una ver-

7. Editorial Ebro. París, 1966, p. 65.

dadera batalla propagandística en la que priva la poesía, por razones de prestigio, de arraigo en las masas (predominantemente campesinas) todavía en 1936, por su carácter oral y por consiguiente, fácilmente memorizable e incluso, en el caso del romance y de muchas canciones, musicable; por adecuarse al medio caliente de la radio (la eficacia de la radiodifusión en la guerra civil como instrumento de propaganda ha sido ya puesto en evidencia). La poesía es favorecida como un medio eficaz de comunicación. El anarquista Antonio Agraz (1905 o 1906-1956) escribe un romance que relata el entierro de Buenaventura Durruti (Barcelona, 23 de noviembre de 1936): [8]

>   de nuestro hermano Durruti
>   el de la sonrisa franca,
>   el de corazón entero,
>   el de la mirada clara.
>   Miles de pupilas rielan
>   por la Vía Layetana,
>   que desde hoy, para su gloria
>   Vía Durruti se llama.

Ni la figura de Durruti, determinada mediante tres tópicos encadenados de escasa eficacia, ni las pupilas que «rielan» constituyen un logro poético, no tanto por el tema, que conmocionó a la España republicana, cuanto por la manifiesta impericia poética del autor.

La poesía, otra víctima de la contienda

No hay razones objetivas que impidan que un poeta utilice en desdoro de la calidad temas políticos. La poesía política no es intrínsecamente perversa. Parte de la crítica ha apreciado el *corpus* de los romances de la guerra civil en la zona republicana como una epopeya. Sin embago, pocas obras auténticamente renovadoras en el ámbito de la poesía elaborada por los poetas profesionales (si podemos identificarlos así) ha producido la contienda. El proyecto más ambicioso, en tanto que proyecto unitario, es el *Poema de la Bestia y el Ángel* (1938), de José M.ª Pemán, iniciado en noviembre de 1936. En este mediocre esfuerzo compositivo, mediocre por sus resultados, Pemán consigue cristalizar en verso la oposición entre el Bien y el Mal identificando a los bandos contendientes. La poesía de la guerra de Rafael Alberti, prolongación de su etapa comprome-

---

8. *Romancero libertario, 1.* Presentación y selección de Serge Salaün. Ruedo Ibérico, Alençon, 1971; p. 44.

tida o el libro de Miguel Hernández *Viento del pueblo* (Valencia, verano de 1937; publicado por las ediciones del Socorro Rojo); escasamente renovador, aunque admirable en otros sentidos, constituyen una excepción. Como excepcionales son los libros de algunos poetas latinoamericanos, testigos de privilegio. Pero *España, aparta de mí este cáliz*, de César Vallejo resulta el más profundo, serio y renovador esfuerzo para poetizar no sólo la anécdota de la guerra, sino su esencia misma. Volveremos a ello más adelante. Uno de los muchos dramas familiares que revelan el carácter fratricida de la guerra es el compromiso político y poético de los hermanos Antonio y Manuel Machado. Nacida su obra en el Modernismo, la colaboración de ambos poetas en obras teatrales revela una compenetración que va más allá de los lazos de sangre. A raíz de la guerra una poesía de compromiso viene a hacerles coincidir incluso en la forma elegida, aunque desde posiciones antagónicas.

En el libro (en parte antológico) de Manuel Machado *Horas de oro* *(Devocionario poético),* Ediciones Reconquista, 1938, III Año Triunfal, encontramos un soneto que abre la segunda parte del libro *(Hoy)* dedicado a Francisco Franco. El poema forma parte de un grupo de sonetos y poemas dedicados a la tradición, al general Moscardó comparado a Guzmán el Bueno, a la Pilarica, a las «margaritas» navarras, a Emilio Mola, a Marcelino Menéndez y Pelayo, a Serafín Álvarez Quintero. Algunos de los tópicos pasarán a formar parte de la «mitología» nacionalista y otros serán puramente circunstanciales. Puesto que era de sobras conocida la íntima relación existente entre ambos hermanos, la posición de Manuel no sería fácil, ya que el nombre de Antonio Machado aparecía con extraordinaria frecuencia en las publicaciones más significativas de la zona republicana. Pero vamos a prescindir aquí de consideraciones biográficas.

FRANCISCO FRANCO

Caudillo de la nueva Reconquista,
Señor de España, que en su fe renace,
sabe vencer y sonreír, y hace
campo de pan la tierra de conquista.
sabe vencer y sonreír... Su ingenio
militar campa en la guerrera gloria
seguro y fiel. Y para hacer historia
Dios quiso darle mucho más: el genio.

Inspira fe y amor. Doquiera llega
el prestigio triunfal que le acompaña

mientras la Patria ante su impulso crece
para un mañana, que el ayer no niega,
para una España más y más España
la sonrisa de Franco resplandece.

El soneto, bien conocido, dedicado a Franco resalta su función de caudillo. Franco es designado como tal el 19 de abril de 1937. El poeta identifica guerra civil y Reconquista y le designa como «señor de España», como si ésta se tratara de un predio familiar. En dos ocasiones reitera dos características que permiten definir al personaje: «sabe vencer y sonreír». También Antonio Agraz resaltaba la sonrisa de Durruti. Esta legión de héroes sonrientes enmascara el rictus doloroso de los soldados en la contienda. Aquí, el héroe, el genio hace la Historia. Ésta se presenta, por tanto, como consecuencia de la acción individual. Los dos tercetos iniciados con la observación de la recepción del Caudillo en el pueblo: «inspira fe y amor», constituye una petición para el mañana. Ésta se contempla vinculada a la tradición (tema que aparecerá también en Pemán y que constituye posiblemente un velado reproche al aventurismo falangista). Es un mañana que no niega el ayer. La sonrisa de Franco servía «para una España más y más España», pobre recurso intensificativo que poco aporta a un soneto de inspiración circunstancial en el que el «héroe-genio-militar» es exaltado de forma irracional.

Uno de los últimos poemas que salieron de la pluma de Antonio Machado fue el soneto dedicado a Líster: *A Líster, Jefe de los Ejércitos del Ebro*. Fue escrito posiblemente durante la estancia del poeta en Barcelona primero en el Hotel Majestic y más tarde, en una quinta de San Gervasio, cuando la ofensiva en el Ebro parecía ofrecer una ligera esperanza sobre la suerte de la guerra civil: 24-25 de julio-18 de noviembre de 1938.

A Líster

Jefe en los ejércitos del Ebro

Tu carta —oh noble corazón en vela,
español indomable, puño fuerte—,
tu carta, heroico Líster, me consuela
de esta, que pesa en mí carne de muerte.
Fragores en tu carta me han llegado
de lucha santa sobre el campo ibero;
también mi corazón ha despertado
entre olores de pólvora y romero.
Donde anuncia marina caracola
que llega el Ebro, y en la peña fría

donde brota esa rúbrica española,
  de monte a mar, esta palabra mía:
«Si mi pluma valiera tu pistola
de capitán, contento moriría».

Machado se encontraba ya gravemente enfermo según testimonian las memorias de Ilya Ehremburg. «Pesa en mí carne de muerte», escribe en un tono de dramática confesión personal que coincide con los acontecimientos en los que discurre la suerte de la república. También aquí Antonio Machado se sirve del calificativo «lucha santa». Podemos apreciar el culto desmedido del «héroe», porque Líster se define como «noble corazón en vela», «español indomable», «puño fuerte», «heroico Líster» y, finalmente, «capitán». Pero los versos finales constituyen una muestra del irracionalismo épico. Resultan casi contradictorios con la ética e irónica filosofía que destilan al mismo tiempo las páginas de su Juan de Mairena. Éste jamás hubiera admitido que una pluma valiera una pistola.

Aunque la poesía —o más bien, el verso— florece en la España de la guerra civil; la cantidad de producción poética no implica precisamente la calidad. No aparece en el panorama poético renovación de ningún tipo; puede hablarse en todo caso de un humanitarismo que destruye definitivamente los restos de la «poesía pura» e incluso de las vanguardias. El empobrecimiento temático coincide con el retorno a fórmulas de la poesía oral, ya escasamente creativas. Se afianzan los metros (el octosílabo, el heptasílabo, el endecasílabo) y la renuncia al verso libre contribuye a un cierto uniformismo. Resultado de ello serán los registros de la poesía española de la generación joven (la llamada del 36) que permanecerá en España ofreciendo en la década de los cuarenta una penuria creadora que contrasta con la poesía de la década anterior. Tal vez los versos de Miguel Hernández «Cantando me defiendo/y defiendo a mi pueblo» constituyen razones éticas harto sobradas que justificarían la naturaleza de la poesía española de estos años. No resulta difícil entender que para los poetas revolucionarios la poesía se equipare a la tierra y su destino sea el pueblo. Así se plantea en la dedicatoria de Miguel Hernández y V. Aleixandre en su libro Viento del pueblo. Tales equivalencias de tanta resonancia romántica implican la identificación de la poesía misma con las «formas» más populares: el romance y la copla en primer lugar.

Los «años estériles»

¿Puede hablarse de «años estériles» al aludir a los de la guerra civil? Así los califica al estudiar la novela del período José M.ª Martínez Cachero.[9] Dadas las realizaciones estéticas de la poesía en los años inmediatamente anteriores puede resultar exageradamente contundente considerar estéril tanto entusiasmo, dedicación y fervor por la palabra. Serge Salaün considera que la crítica resulta «incapaz de liberarse de toda una serie de valores burgueses por no decir francamente reaccionarios».[10] En este caso el crítico resulta una víctima más de una grave confusión. En el prolífico —y también dramático— corpus estudiado el volumen de la impresión (y los recursos utilizados para su difusión) vienen a confundirse. Durante los casi tres largos años en los que los españoles lucharon entre sí se intentó, a la vez, combatir el fascismo en nombre de las libertades y culminar un proceso revolucionario. Las fuerzas anarquistas creyeron que era posible; los socialistas revolucionarios y comunistas actuaron con mayor lucidez. El resto de las fuerzas republicanas quedaron marginadas. La poesía española fue incapaz de entender que su «revolución» podía acomodarse a los nuevos tiempos por breves que éstos fueran. Esta alternativa revolucionaria fue superada por el retorno a un clasicismo, cuya eficacia formal estaba consolidada por la tradición. Si establecemos un paralelismo entre los poetas de la guerra civil y la «generación de Maiakovski» (la generación rusa de 1910) podremos observar algunas y sustanciosas coincidencias. Como observa lúcidamente Roman Jakobson: «la actual desunión, la contradicción entre la construcción concreta y la poesía, "la delicada cuestión del lugar del poeta en el sistema obrero" es uno de los problemas más agudos para Maiakovski. ¿Quién necesita, decía, que la literatura ocupe un sitio especial? O bien ocupará todo el periódico cada día, estará en cada página, o bien no es en absoluto necesaria. Váyase al diablo toda esta literatura que se sirve como postre"».[11]

Ni siquiera Maiakovski logró superar una contradicción que invade la subjetividad. Posiblemente su suicidio constituya una prueba irrefutable. Pero esta capacidad revolucionaria debía plantearse desde el lenguaje poético. No tan sólo desde sus temas. El folletín decimonónico había ya expuesto a la luz los sentimentales héroes proletarios. La poesía revolucionaria se había producido en *Con los zapatos puestos tengo que morir*, fechado el 1 de enero de 1930, de Rafael Alberti; en *Poeta en Nueva York*, de F. García Lorca, en *Drop a Star*, de León Felipe; en *Residencia en la tierra*, de Pablo Neruda.

¿Cómo apoyar la causa de la revolución en España desde un

9. José M.ª Martínez Cachero, *Historia de la novela española entre 1936 y 1975*. Castalia, Madrid, 1979².
10. *Ob. cit.*, p. 369.
11. Roman Jakobson, *El caso Maiakovski*. Icaria. Barcelona, 1977, p. 26.

nuevo lenguaje? Porque *España en el corazón*, de Pablo Neruda es, una vez más, un libro descriptivo. Quizás una de las muestras más evidentes de que ello era posible se encuentre en *España, aparta de mí este cáliz*, de César Vallejo; es decir fuera de la literatura española; aunque tan cerca que resulta difícil precisar las fronteras. Vallejo se había planteado ya muy seriamente la problemática que enfrenta el arte y la revolución.[12] Su admiración por Trotsky ha sido puesta de manifiesto y su conocimiento directo de las ideas estéticas de la URSS en los años 20 y 30 contribuyó a que el poeta formalizara sus planteamientos al respecto. Pero no son sus teorías más o menos originales lo que constituye su mayor aportación, sino la serie de poemas que integran el libro. En él Vallejo produce una cadena de rupturas con el realismo socialista oficializado, con la tradición lógico-poética, con su conciencia política militante, con el medio intelectual que le rodeaba, con la concepción de la poesía esquemática maniqueísta y descriptiva. De otro modo versos como

¡Cúidate España, de tu propia España!
¡Cúidate de la hoz sin el martillo!
¡Cúidate del martillo sin la hoz!
¡Cúidate de la víctima a pesar suyo,
del verdugo a pesar suyo
y del indiferente a pesar suyo!
¡Cúidate del que antes de que cante el gallo,
negárate tres veces!
¡Cúidate de las calaveras sin las tibias,
y de las tibias sin las calaveras!
¡Cúidate de los nuevos poderosos!
¡Cúidate del que come tus cadáveres
del que devora muertos a tus vivos!
¡Cúidate del leal ciento por ciento!
....

Desde la zona nacionalista, cualquier posibilidad renovadora desaparece. El anquilosamiento creativo de los intelectuales y poetas de la derecha española se había ya manifestado con anterioridad a la guerra y la resurrección del garcilasismo, de la poesía religiosa y de la poesía heroica ya en la postguerra van a ser los frutos de un marasmo poético que muy tímidamente comenzará a resquebrajarse hacia 1944. Pero esto será ya parte de otra historia.

JOAQUÍN MARCO
Universidad de Barcelona

12. En César Vallejo, *El arte y la revolución*. Mosca Azul Editores. Lima, 1973.

146

DRIEU LA ROCHELLE EN ESPAÑA: HISTORIA DE UNA EXCUSA

Nacido en pleno realismo, heredero del romanticismo ideológico y a caballo entre ambos, Drieu la Rochelle resulta el personaje más adecuado para lanzarse de lleno a una aventura que promete cambiar la caótica situación material, y sobre todo psicológica, de su generación. Sumido en un mar de luchas entre el pathos que domina su ser y el ethos que subyuga a la humanidad, la obra y la vida de Drieu la Rochelle se presentan fuertemente imbuidas del voluntarismo de Schopenhauer, y de Nietzsche, en lucha permanente contra el materialismo alicorto y mezquino, incapaz de satisfacer las aspiraciones superiores del individuo.

Ante tal situación, la ACCIÓN llevada a su grado álgido, esto es: la GUERRA, se ofrece a Drieu como el único camino posible para autorrealizarse y, al tiempo, crear las bases de una humanidad sana y superior. Son innumerables las ocasiones en las que Drieu afirma que los únicos momentos en los que vive de verdad, están en medio del combate, en el límite de la vida con la muerte compartido con los compañeros. El riesgo y el compartir de la amistad viril, constituyen para él los dos objetivos básicos del ser:

«Quand un homme fait un mouvement d'amitié vers un autre homme, ou bien il s'engage jusqu'à ce dernier, ce geste suprême, qui est seul patent, seul concluant: la preuve par le sang, se faire tuer ou tuer, ou bien cet homme s'arrête à mi-chemin, s'en tient à une réticence mentale, et alors il se dérobe dans le néant, n'existe pas.» [1]

1. P. Drieu La Rochelle, *Etat civil*. Ed. Gallimard, col. L'Imaginaire. Paris 1980, p. 22.

Casi todos los «héroes» (o antihéroes) de sus obras presentarán esta misma característica: para ellos, como para su autor, la mejor manera de comunicarse será el ACTO y no la PALABRA.

No debe pues sorprendernos la auténtica mistificación de la guerra a la que asistimos en sus obras, y de manera muy especial en lo tocante a la guerra civil española. Si bien es cierto que Drieu la Rochelle no ha escrito mucho sobre España, lo poco que nos ha dejado resulta ampliamente suficiente para permitirnos entrever su pensamiento. Sin duda, entre los documentos más significativos a este respecto destacan *Gilles*, publicado a finales de 1936, *Drôle de Voyage* (1933); y un artículo aparecido en N.R.F. de noviembre de 1936 bajo el título «Ce qui meurt en Espagne». En las dos novelas, asistimos a episodios que tienen como marco España, pero en ellas el decorado es simplemente, como afirma la Dra. Angels Santa, una excusa que le permite desarrollar su filosofía del ser y de la vida.[2]

Ante todo, cabe remarcar que el Drieu que asiste a la guerra civil es un hombre de 43 años, testigo decepcionado de una guerra mundial en la que el sacrificio de miles de vidas, no bastó para mejorar a los hombres, víctima de una organización social aburrida, involutiva y de cortas miras: la sociedad urbana de su época. Gilles, símbolo de Drieu, viene pues a España bastante quemado: «Son intérêt pour les autres individus était mort avec son intérêt pour son propre individu».[3] Pese a ello Drieu, que asistió a la contienda española como mero espectador desde su puesto de reportero, halla aquí un final a su *Gilles*, novela marcadamente autobiográfica cuyo protagonista, tras un largo tiempo de aburrimiento y búsqueda vana, como su autor, acaba participando activamente en la lucha. He aquí sin duda un detalle fuertemente significativo del estado interno del autor: Gilles, o Drieu, viene a España sin ilusión, pero con una vaga esperanza, esperanza que va tomando cuerpo a medida que profundiza y se integra en la realidad del país y en la idiosincrasia de sus gentes. En efecto, resulta eminentemente interesante observar la evolución del libro: las primeras imágenes que nos pinta son negativas, y participan marcadamente de ese clima decadente y angustioso del París de la época. Son las imágenes del Barrio

2. «Si l'on s'attendait à trouver dans *Gilles* une reflexion detaillée et profonde sur les événements espagnols, on serait deçu. Les quelques scènes vécues par Gilles au front ne constituent pas un développement sérieux. (...) Il n'aime pas parler de l'Espagne (...). En le faisant, il résumera le fondement de sa pensée fasciste.»

A. Santa, «Deux visions différentes de la guerre d'Espagne: *L'Espoir* de Malraux et *Gilles* de Drieu la Rochelle. Leur repercussion en Espagne.» Ds. *De la guerre du Rif à la guerre d'Espagne*. Presses univ. Reims 1.9.

3. P. Drieu la Rochelle, *Gilles*. Ed. Gallimard, col. Folio. Paris 1980, p. 64.

Chino barcelonés, descrito como un lugar inhóspito, santuario del crimen y la inhumanidad, símbolo de la muerte absurda. Allí se concentra la escoria social, los burdeles y las prostitutas, elementos los dos últimos, omnipresentes a lo largo de todas sus obras, símbolos de la decrepitud de una sociedad sin ideales, y premoniciones de un futuro no menos deprimente. En este tipo de marco, es importantísimo destacar el rol adjudicado a la mujer; observemos que todas responden a un mismo modelo, el de la «Sybil aux dents noirs» de *Dirk Raspe*, auténtica profecía viviente del abismo fatal por el que se precipita la sociedad urbana. Sin duda la homonimia de las «Sybil» de Drieu con las «Sybille» griegas no es casual. La divinización de la mujer resulta pues evidente, entendida, claro está, en su sentido más negativo, maléfico, nocturno.

Pero tras este cuadro inicial, la genuinidad del panorama español se impone, y la crudeza del Barrio Chino deja paso a una paulatina idealización del entorno; así, tras la escala de Barcelona, se nos presenta el paisaje relajante de San Antonio (Ibiza), con sus casitas blancas al borde del mar y su pequeño puerto de pescadores.[4] Pasamos del imperio del negro al dominio de lo blanco-azul, con todas sus connotaciones de pureza y espiritualidad por un lado, pero sin olvidar el aspecto de primitivismo e indefinición que conlleva al mismo tiempo. Esta especie de paraíso perdido es el marco ideal para el desarrollo de personajes como Pedro Saron, el primer guerrero español con el que Gilles entra en contacto. Se trata de un hombre de apariencia noble, de grandes ojos negros y ardientes, y cuya mano transmite, al estrechar la de Gilles, una corriente de calor y amistad:

«Ils se séparèrent avec une de ces poignées de main sauvages où passe la seule amitié vraie: celle des hommes en danger.»[5]

Estas palabras nos revelan por sí solas un apartado importante del pensamiento de Gilles, y de Drieu. Por una parte toda la descripción de Pedro Saron coincide plenamente con el ideal de guerrero que Drieu ha trazado y mantenido a lo largo de toda su obra:[6] es un hombre alto, bien proporcionado, de aspecto resuelto y mirada segura y profunda. Como todos los buenos guerreros de Drieu, Saron destaca con facilidad de entre el gentío gris y anónimo que se aglomera en el puerto, y Gilles no deja de notar su presencia. Sin embargo ésta es, creo, la primera ocasión en la que nuestro protago-

---

4. *Ibid.*, p. 641.
5. *Ibid.*, p. 651.
6. M. Balvet, *Itinéraire d'un intellectuel vers le fascisme: Drieu la Rochelle.* Ed. P.U.F. Vendôme, 1984, p. 80.

nista tarda en reconocer a un guerrero. Recordemos que a lo largo de toda su obra no se cansa de repetir, ya sea a través de situaciones o en forma de reflexión, que un guerrero es reconocido en seguida por otro guerrero. Es obvio que el desánimo y la pérdida de confianza en sí que sufre Gilles se plasman muy claramente en esta ocasión.

Por otro lado, el acto de unir las manos, la percepción de los momentos de peligro como los únicos en los que la amistad es posible, revela otra de las grandes obsesiones de su autor. Para él las situaciones-límite son momentos en los que el hombre es especialmente capaz de superar sus pequeños egoísmos y solidarizarse con los demás. Es entonces cuando se pone de relieve su verdadera naturaleza, su humanidad. Drieu sueña con una sociedad nueva, basada en este sentimiento.

He aquí una primera aproximación al mito del Buen Salvaje, idea con la que Drieu asociará continuamente al pueblo español, y de la cual nos había ofrecido ya una primera versión en el personaje de Pauline, una chica también de ojos negros y ardientes, simbolizadores, como en Saron, de fecundidad, de fuerza vital y de primitivismo. El resto de la descripción física de ambos personajes corrobora este primer dato: los dos son fuertes, ágiles, activos, y sobre todo nobles. En sus actuaciones juegan un papel importante los dictados del corazón, pero ahí concluye toda semejanza posible. Y ya es mucho que una mujer participe, en Drieu, de algunas de las características definitorias de sus héroes. Recordemos que el sexo femenino juega, salvo raras excepciones, un papel muy negativo en las obras de nuestro autor. La mujer es presentada siempre como un ser inferior, portador de una importante dosis de animalidad, de la que el hombre, según él, se ha liberado ya. La mujer es además escasamente inteligente, piensa poco, es excesivamente impulsiva e incapaz de percibir visiones globales de las cosas. Lo suyo es lo individual, el tú a tú monótono de la relación primaria del hogar. Pero en la mayoría de los casos la mujer es aún mucho peor: aparece íntimamente ligada a la ciudad, con toda la carga negativa que ello conlleva. Es la «Sybil aux dents noirs» que hemos comentado al describir el Barrio Chino barcelonés.

Resulta curioso observar que entre las excepciones a esa mujer-fatal que predomina en sus obras, aparecen dos españolas. La primera, cronológicamente hablando, es Béatrix en *Drôle de Voyage*. Aunque no es epañola de nacimiento, sí lo es de adopción; vive habitualmente en Granada y ama esta tierra, pero no participa, ni física ni psicológicamente, de las cualidades que Drieu atribuye al pueblo español. Es simplemente una inglesa afincada en Andalucía. Sin embargo, se trata ya de una mujer muy diferente de las que el protagonista, Gille, acostumbra a frecuentar en París. Carece de la bajeza de aquéllas, es culta, inocente, dulce y bondadosa, pero le falta mundología, fuerza, viveza intelectual, energía y además persiste todavía en ella la actitud artificiosa de la gran ciudad. Por ello no logra atraer a *Gille*. Pauline en cambio, en *Gilles*, nos es descrita de forma muy diferente, como hemos visto ya. Pauline no puede asociarse en absoluto al medio urbano, es visceralmente opuesta a él. Por eso Gilles se enamora de ella. Pese a todo, tampoco ella escapa a las limitaciones que Drieu impone al bello sexo. Pauline se nos pinta como el prototipo de hembra dotada de una gran dosis de intuición y de poco raciocinio. Sólo le interesa vivir la vida, amar y ser amada. No le preocupa demasiado el dinero, pero sí la estabilidad: desea con todas sus fuerzas crear un hogar, una familia. A través de Pauline, Gilles pasa de la dominación de la mujer-fatal a la de la mujer-madre, del antinatural refinamiento parisino a la sumisión completa a las fuerzas de la naturaleza, hasta el punto de entender la ligereza de Pauline como un gesto «natural», el mismo que en París asociaba a decadencia y degeneración. Sin embargo, tampoco esta mujer será capaz de aportar la felicidad a Gilles; en el momento en que él parecía estabilizarse y sentía por primera vez el deseo de perpetuarse a través de una familia, resulta que Pauline no puede ni podrá darle hijos. A partir de este momento se inicia el declive en las relaciones mutuas. Asistimos progresivamente a la infidelidad del protagonista, la incomunicación, y al fin la reacción de Gilles ante la muerte de la muchacha, condensa a la vez dos lecturas antagónicas: por una parte su inmediata venida a España es susceptible de entenderse como la búsqueda desesperada de un relevo, de otra Pauline capaz de materializar la ilusión del protagonista. Por otra, el nuevo fracaso amoroso que acaba de sufrir parece confirmar una fatalidad ante la cual nuestro personaje se revela definitivamente impotente: su incapacidad de amar.

La razón del viaje a España de Gilles conjuga sin duda ambos elementos, y se confirma tal vez como la única salida posible del círculo asfixiante en el que andaba sumido. España aparece pues como un balón de oxígeno en medio de una Europa cerrada y atrófica, que le produce sensaciones claustrofóbicas. En España, Gilles no encontrará un nuevo amor, pero lo que sí hallará es un descanso para su mente atormentada a través de la ACCIÓN. Una acción que en principio parece tan monótona e inútil como la que él ha vivido antes:

«La guerre civile c'est comme l'autre guerre. On a beau massacrer, il reste toujours des ennemis.» [7]

7. P. Drieu la Rochelle, op. cit., p. 644.

Pero poco a poco nuestro personaje va descubriendo que esta guerra es al mismo tiempo igual y diferente. Igual en los mecanismos, en la estrategia, en la violencia. Diferente en la idiosincrasia de las personas que la llevan a cabo y en la de quienes la sufren.

Hemos asistido a un avance de esas diferencias a través del contraste paisajístico entre Barcelona, la urbe, e Ibiza, la naturaleza. Ahora, a lo largo del desarrollo de la acción, tales antagonismos se revelan aún mucho más intensamente, y se ponen de manifiesto desde la primera acción de Gilles, ya en tierras ibicencas. Así cuando Gilles decide huir de los republicanos bordeando los acantilados de la playa para no ser visto, notamos que su indumentaria es la menos adecuada para tal empresa: Drieu nos lo presenta ataviado con unos zapatos «de ciudad» [8] pesados, y que hacían un ruido enorme al chocar contra las rocas. Gilles no tuvo más remedio que quitárselos, atárselos al cuello y andar descalzo. Pero las rocas eran por momentos demasiado abruptas y se vio en la obligación de seguir a nado. Nueva incomodidad: su americana mojada le cohibía y pesaba demasiado. Tuvo que abandonarla enterrándola en la arena. Ambos elementos son eminentemente urbanos. Al descalzarse y despojarse de sus ropas, Gilles renuncia simbólicamente a la fatuidad de su «civilización». Este acto constituye un primer paso hacia el descubrimiento del yo-espiritual, del yo-íntimo. Sin embargo, jamás logrará alcanzarlo porque su yo-social permanecerá siempre atado a su cuello y acabará ahogándole. La presencia del mar chocando contra las rocas como telón de fondo, eleva al rango de lo sublime esta lucha interna entre lo social y lo humano del ser, a la vez que ejerce un efecto minimizador sobre la persona como tal:

> «Je suis un petit enfant de riches qui s'est échappé de la ridicule station balnéaire. Ou encore un pauvre pêcheur qui cherche ses filets.» [9]

Este marco infinitamente abierto y superior al hombre, constituye por sí solo un radical contraste con el mundo cerrado de la ciudad: muros, bloques de casas... y como estrella principal el hombre con su evidente pequeñez. Esta oposición se repetirá más adelante, cuando, tras el ataque al puerto de Santa Eulalia, Gilles da una vuelta por el pueblo y descubre, en el interior de una casa, un montón de cadáveres apelotonados. Fuera, luce un espléndido sol:

> «La campagne était riante et calme, occupée à ses propres révolutions, dont celle-ci, sans doute, était la moindre.» [10]

8. *Ibid.*, p. 652.
9. *Ibid.*, p. 652.
10. *Ibid.*, p. 663.

Hasta ahora habíamos asistido siempre en Drieu, a la visión de la casa como un lugar de refugio, intimidad, vida, rotundamente opuesto a la ciudad. En España esta relación se invierte. Aquí se vive integrado en la naturaleza. Los ambientes cerrados son sinónimos de muerte. Gilles lo comprenderá en seguida, y ello constituirá para él uno de los grandes atractivos del país.

Otro síntoma importante de esta integración tiene lugar en el campo de los olores, omnipresentes en las obras de Drieu; mientras en París asistíamos a una gran profusión de humo, de olor a tabaco, etc., aquí Gilles insiste con frecuencia en el olor penetrante de los hombres, de la sangre. Pasamos, en definitiva, de una atmósfera artificial, confusa y patógena, a otra plenamente natural y humana. El contraste de olores es en principio común a la mayoría de los ambientes campestres de Drieu, pero los dos anteriormente citados son exclusivos de España, y tan sólo reaparecen en *L'homme à cheval*, asociados a Jaime Torrijos, un personaje descendiente de hispanos que evoluciona en un ambiente muy similar al español por su pureza y primitivismo: Bolivia, y que participa además de los rasgos físicos y morales que Drieu atribuye al héroe guerrero. Pero si bien los héroes presentan unas diferencias físicas apreciables respecto al resto de los hombres, tales diferencias, que ya hemos estudiado, se observan paralelamente, aunque por supuesto en grado notoriamente inferior, en gran parte de los personajes masculinos descritos como españoles: todos son morenos, fuertes, sanos, ágiles y jóvenes. Apreciamos aquí una mitificación de lo negro como símbolo de fecundidad, de fuerza, de vida. Ello es corroborado por el otro color dominante en España, el rojo, color de sangre, de fuego. Ambos se oponen a lo rubio, aquí signo de degradación, de decrepitud y muerte que tanto aterrorizaba a Drieu. Estas descripciones se aplican también a los personajes sudamericanos de *L'homme à cheval*, puesto que existe, según Drieu, una enorme similitud entre ambos pueblos; los dos viven más o menos apartados de la «civilización» y ofrecen una geografía desolada y abrupta que marca el carácter de sus gentes. Incluso sus religiones comparten el culto a la muerte y a la violencia del sacrificio [11] como medio de ascesis. Todo este ambiente apasiona al autor. Él mismo lo declara, bajo el personaje de Gilles, en *Gilles*, aprovechando un viaje a Extremadura en el que conoce a un cura rural. Se trata de un hombre que responde perfectamente al tipo por él descrito como español, y que

---

11. Drieu se refiere aquí a la fama de absoluto y violencia que adquirió la España de la Inquisición. Ver D. la R. *L'homme à cheval*. Ed. Gallimard, col. Folio. Paris 1973, p.229.

«...tenait le calice avec un poing énorme».[12] La asociación del primitivismo de esa mano ruda pero pura a la espiritualidad suprema del cáliz, explica por sí misma el modelo de cristianismo con el que Drieu sueña. Este es el único sacerdote con el que Gilles, o Drieu, accedería a confesarse, él que tanto criticó a la iglesia por su aburguesamiento y su hipocresía.

Los contrastes son pues constantes e irreconciliables. Con ellos Drieu la Rochelle ha simbolizado a la perfección su pensamiento respecto a este país, tan diferente, según él, de la Europa cansada y decrépita en la que vive. País de juventud, en el que la energía vital se siente y se huele (el olor de la sangre, de los hombres, del mar...), España junto con Rusia e Italia constituye para él, la última esperanza de una renovación, o mejor dicho de una revolución social capaz de establecer las bases de unas nuevas relaciones entre los pueblos y los hombres. Ello es posible aquí porque la gente aún no se ha aburguesado como en los demás países. Aquí la fuerza de lo natural prima todavía sobre lo social y lo económico:

> «L' Espagne est vide et pleine. Des lieues de solitude et puis de gros villages grouillants d'enfants et d'adolescents. C'est un pays de pauvreté, de jeunesse et d'ingénuité comme la Russie et l'Italie; ce n'est pas un pays de vieillards cossus et narquois comme la France.» [13]

Todo este ser diferenciado y particular queda resumido para Drieu en el espectáculo de los toros:

> «...Pays de sang, de volupté et de mort; pays où la course de taureaux n'est pas une reminiscence, mais un rite vivant, pays où la vie primitive baigne encore à plein corps dans la terreur et la fascination de tuer et d'être tué.» [14]

No es casualidad que la aparición de este tema coincida en *Gilles* con el desarrollo del combate más duro, sangriento e importante de toda la obra. La contienda tiene lugar en Extremadura, en el interior de una plaza de toros. Gilles, que observa el inicio del combate desde un lugar alejado, se resiste en principio a participar, pero el ambiente de la lucha, la familiaridad de la situación y el ejemplo de los contendientes van venciendo paulatinamente el desánimo o el escepticismo con los que llegó. En medio de este marco especial

12. D. la Rochelle, op. cit., p. 668.
13. D. la Rochelle, op. cit., «Ce qui meurt en Espagne». Ds. *NRF* novembre, 1936.
14. *Ibid.*

asistimos al rejuvenecimiento moral de Gilles. Sus ideales casi abandonados despiertan de nuevo. La esperanza es aún posible aquí. Si hasta ahora nuestro protagonista se había quedado más o menos al margen de la guerra, la reunión de tres elementos clave hará finalmente posible que vuelva a participar en la acción, antes principio básico de su existencia: por una parte la plaza de toros constituye un lugar privilegiado, capaz de ennoblecer sensiblemente el acto. Hasta este momento Gilles seguía estableciendo un cierto paralelismo entre la guerra española y la europea, aunque reconociese las importantes diferencias existentes. Pero a partir de ahora se da cuenta por vez primera del verdadero alcance de tales diferencias. Este lugar, el lugar de los toros, contiene un elevado grado de espiritualidad para Gilles y para Drieu, que ya había expresado en *Drôle de voyage.* Allí el protagonista, Gille, afirmaba que «la corrida» le recordaba el Paraíso perdido y los antiguos ritos religiosos en los que se practicaba el sacrificio de víctimas, gracias a lo cual se establecía una relación directa entre los dioses y los hombres. Gille pensaba que la corrida constituye «una fiesta para el espíritu».[15] Nuetro Gilles experimentará ahora idéntico sentimiento y además será testigo de la transfiguración que la lucha opera en sus protagonistas, y que queda perfectamente simbolizada en la mutación que presencia en el rostro del joven lugarteniente que dirigía la batalla:[16] su rostro adolescente se había tornado plenamente viril.

Pero existe además otra razón impulsora en favor del citado heroísmo o formación viril: el miedo. Contrariamente a lo tradicional, aquí el miedo posee connotaciones positivas. Entre los guerreros españoles el miedo no hace cobardes como les ocurría a los soldados de *Les chiens de paille,* sino que les empuja aún con mayor fuerza hacia la acción. Es un miedo ancestral, violento, inmenso, connatural al hombre sano, y le empuja a lo absoluto: vencer o morir. Se trata en definitiva, de un miedo heroico, el mismo que da valor al torero y transforma, para él, la corrida en un acto casi sagrado.

Así pues en principio será la conjunción de todos estos elementos la que posibilitará la integración de Gilles en esta guerra, así como la recuperación de sus ideales. Y en este punto concluye *Gilles,* una de sus pocas novelas con final feliz, entendiendo por felicidad la reconciliación más o menos total del ser consigo mismo y con su entorno. Este desenlace se contrapone abiertamente con el final ra-

15. *D. la Rochelle, Drôle de voyage.* Ed. Gallimard, col. NRF. Paris, 1977. pp. 122-123.
16. D. la Rochelle, *Gilles.* Ed. Gallimard, col. Folio. Paris, 1980, p. 682.

ciniano de un Dirk Raspe, de un Jaime Torrijos en *L'homme à cheval*, o del protagonista de *La comédie de Charleroi*. Efectivamente, tanto Gilles como Alain, en *Le feu follet*, triunfan porque son capaces de romper definitivamente con el aburrido círculo vicioso de la llamada «civilización». El primero lo hará a través de la acción y el riesgo supremos, y el segundo recurrirá al acto de valor definitivo: la muerte voluntaria. Al contrario, seres como Dirk Raspe, Torrijos, etc., quedan irremediablemente atrapados por la fatalidad humana: la monotonía de una vida sin aliciente y la decadencia progresiva de la raza humana. Es por ello por lo que estos personajes pueden considerarse héroes racinianos, impotentes ante un destino que les domina y contra el cual nada pueden.

Es un hecho destacable que las obras más representativas y con mayor contenido autobiográfico de Drieu la Rochelle, concluyen en el momento de máxima acción. *Gilles*, por ejemplo, lo hace en medio de la gran batalla. *Le feu follet* finaliza con el suicidio de Alain, el «acto supremamente viril» [17] para Drieu. También *Rêveuse bourgeoisie* acaba con la muerte de Yves en un combate, como única escapatoria posible a la fatalidad de la herencia paterna. Paralelamente, en *Les chiens de paille* todos perecen en plena acción, etc. Y es que en Drieu la acción es lo único que puede salvar al hombre, un hombre que anda siempre sumido en una búsqueda frenética del yo auténtico, de lo bueno que puede haber en uno mismo y en los demás. Pero este acto disfraza una realidad mucho más profunda: la huida. Bajo la pretendida lucha en pro de la evolución social, se oculta un tremendo aferramiento de los héroes de Drieu a la acción, como refugio para no pensar y poder liberar los fantasmas creados por el terrible sentimiento de culpabilidad que atormenta a la mayoría de los protagonistas, así como a su mismo autor, y que tiene su origen en una infancia desdichada.[18] Así lo entiende también F. Grover cuando afirma, refiriéndose a Gilles:

> «Sa violence reprimée devait trouver une issue ou, se tournant contre lui-même, le détruirait.» [19]

Indudablemente, la violencia contenida de Gilles es también la de Drieu. Ambos precisan imperiosamente de una actividad intensa como única posibilidad de vida. Gilles e Yves, entre otros, lograrán encontrarla y podrán morir como seres realizados. Alain y el mismo

17. F. J. Grover, *Drieu la Rochelle*. Ed. Gallimard, col. Idées. Paris, 1979, p. 114.
18. J. Desnoyers, *Etude médico-psychologique sur P. Drieu la Rochelle*. Paris, imp. Foulon, 1965.
19. F. J. Grover, op. cit., p. 114.

Drieu fracasarán en el empeño al no hallar un marco adecuado para el desahogo, y recurrirán a la misma muerte como acto plenamente vital. Aquí es, nos parece, donde podemos buscar la clave de su admiración por España; en ella vio Drieu un refugio donde lo ideal y lo generoso tenían aún cabida, y donde además, las enormes diferencias en la idiosincrasia de sus gentes con respecto a su país, constituyeron un bálsamo para sus heridas.

CRISTINA SOLÉ
Estudi General de Lleida
Universitat de Barcelona

ARAGON, LA GUERRE CIVILE ET L'ESPAGNE

Dès le début de la guerre civile espagnole, Aragon a pris le parti de la République. Il l'a fait en tant que communiste et dirigeant d'organisations d'intellectuels antifascistes mais son engagement n'est pas seulement d'ordre politique; Aragon est attaché à l'Espagne par des liens personnels très étroits.

Son nom d'abord. Le père naturel d'Aragon, Louis Andrieux, a transmiş à son fils ses initiales et son prénom mais pas son nom; il l'a fait appeler Aragon peut-être en souvenir d'un voyage qu'il fit dans le nord de l'Espagne. C'est d'ailleurs un nom qui est assez bien attesté dans le midi de la France où l'on trouve aussi des Lombard, des Catalan, des Navarre car de nombreuses familles françaises portent le nom de la province d'où un ancêtre était originaire, même s'il s'agit d'une province étrangère. Comme Aragon avait une ascendance italienne du côté de sa mère, il a pu dire:

«J'ai dans mes veines l'Italie
et dans mon nom le raisin d'Espagne» [1]

Ce nom de hasard ne pouvait être mieux choisi car le caractère d'Aragon, toute sa personnalité sont marqués par ce que Stendhal —qui se situait lui aussi au carrefour de l'Italie et de l'Espagne— appela l'*espagnolisme*.[2] Comment définir cette notion? C'est une façon de sentir très vive, passionnée et c'est, en même temps, une façon de se conduire, de se tenir dans la vie qui prouve un sens aigu de l'honneur et une grande générosité. L'espagnolisme ce n'est évi-

1. *Le Roman inachevé*, Gallimard, col. poésie, 1966, p. 120.
2. Dans *Oeuvres intimes de Stendhal, Vie de Henry Brulard*, Gallimard, Bibliothèque de la Pléiade, 1956, pp. 213, 214, 215, 216, etc.

demment ni Sancho Pança, ni même Don Juan, c'est le Cid qui l'incarne le mieux.

Pour nous Français, c'est une forme de romantisme qui apparaît périodiquement dans l'histoire de notre littérature. Si l'on veut en comprendre l'importance, il suffit de rappeler que deux de nos plus beaux poèmes tragiques *Le Cid* (1636) et *Hernani* (1830) ont été écrits d'une plume espagnole. C'est dans cette tradition bien française de l'espagnolisme que se situe Aragon, après Corneille, Stendhal, V. Hugo et Barrès.

Aragon a soutenu de toutes ses forces la lutte des Républicains espagnols parce qu'il a vu immédiatement les conséquences tragiques qu'aurait une victoire du franquisme en Espagne et aussi en France et en Europe; mais il s'est engagé dans ce combat avec toute la passion d'un homme qui se sent personnellement très proche de la culture et du peuple espagnols.

De 1936 jusqu'à ses dernières années, Aragon n'a jamais cessé de penser à l'Espagne et d'en parler; dans toutes ses oeuvres importantes, romans ou poésies, l'Espagne est présente; elle est au centre même de son plus beau poème, *Le Fou d'Elsa*.

On pourrait cependant distinguer deux sortes de textes, correspondant à deux moments de l'histoire, et de la vie d'Aragon. Pendant la guerre civile, Aragon intervient en tant que journaliste communiste ou en tant que responsable d'organisations d'écrivains anti-fascistes. Il écrit des textes politiques, directement inspirés par l'actualité. Par exemple, les articles qu'il publie dans *Ce soir* le quotidien communiste dont il devient co-directeur avec J.-R. Bloch en mars 1937.

Après la victoire de Franco, Aragon ne cesse pas d'évoquer la guerre civile. Voici une simple énumération des oeuvres où il écrit sur l'Espagne: son roman, *Les Voyageurs de l'Impériale*, achevé en septembre 1939, contient une critique de la non-intervention; en mars 1940 il écrit un poème *La Santa Espina* qui sera publié dans *Le Crève-Coeur*; l'épilogue d'*Aurélien*, terminé en 1944, évoque la fin de la guerre civile; le prologue des *Communistes*, en 1949, raconte l'exode des Républicains à travers les Pyrénées, dix ans plus tôt; dans *Les yeux et la mémoire* se trouve un poème écrit à la frontière d'Espagne, *Le 19 juin 1954*; dans *Le Roman inachevé*, en 1956, deux poèmes nous parlent de l'Espagne; dans *Les Poètes*, en 1960, c'est Machado et Lorca qui sont, une fois de plus, évoqués; *Le Fou d'Elsa*, en 1963, est centré sur Grenade, une ville qui l'a toujours fasciné; en 1965, dans *La mise à mort* (chap. 2), il raconte son séjour à Moscou en juin 1936 et ses premières inquiétudes au sujet de la République espagnole. Il faudrait aussi citer les articles et les poèmes qu'il a consacrés à ses amis Picasso et Miro: quand il parle de l'un et de l'autre, il parle aussi de l'Espagne.

Donc, à partir de la guerre civile, la place de l'Espagne dans l'oeuvre d'Aragon est vraiment considérable. Et, soit dit entre parenthèses, on peut s'étonner de ne pas trouver dans les biographies d'Aragon des informations plus précises sur son action pendant la guerre civile.

Quant à moi, je ne pourrai pas traiter ici ce sujet comme il conviendrait: les textes que j'ai cités sont trop nombreux pour qu'on puisse les examiner sérieusement dans le cadre d'une conférence. J'essaierai pourtant au moins l'importance du sujet. Auparavant, je tiens à remercier Suzanne Ravis et Edouard Beguin qui connaissent beaucoup mieux que moi l'oeuvre d'Aragon et m'ont aidé de leurs conseils dans ce travail.

*　　*　　*

Aragon est allé pour la première fois en Espagne en 1925; le 18 avril, il a fait une conférence à la maison des étudiants de Madrid qui est publiée en juillet dans *Révolution surréaliste*; Aragon a violemment dénoncé la guerre de la France contre les Marocains soulevés dans le Rif. Il retourne en Espagne à l'automne 1927 avec Nancy Cunard; il visite plusieurs villes, notamment Grenade où il passe trois jours puis revient à Madrid, où, au début de 1928, il brûle la plus grande partie du manuscrit d'un énorme roman *La défense de l'infini* dont on vient de publier il y a quelques semaines les chapitres qui ont échappé au feu.[3]

En 1936, la situation d'Aragon a beaucoup changé. Il milite activement dans le milieu des écrivains et des intellectuels de gauche qui, après la prise du pouvoir par Hitler, ont voulu se rassembler pour combattre la menace du fascisme. En 1933 est créée l'Association des écrivains et artistes révolutionnaires dont la revue *Commune* est animée par des communistes, Paul Vaillant-Couturier et Aragon. Deux ans plus tard, un regroupement beaucoup plus large s'opère: en juin 1935, se tient à Paris le premier congrès mondial de l'Association internationale des écrivains pour la défense de la cul-

---

3. Sur ce point, voir l'introduction et les notes d'Edouard Ruiz à *La défense de l'infini*, Gallimard, 1986, sur les dates de ses voyages en Espagne avec Nancy Cunard, Aragon n'est pas toujours d'accord avec lui-même. Dans son introduction au *Fou d'Elsa* (Gallimard, 1963), il écrit: «J'ai été à Grenade à la fin de l'automne 1926» (p. 14). Mais, au tome IV de *L'oeuvre poétique*, il dit avoir détruit son roman à son retour d'Andalousie, à la fin de 1927. P. Daix avait déjà noté ces problèmes de chronologie dans *Aragon, une vie à changer*, Seuil, 1975, p. 221.

ture; [4] au secrétariat de la section française de cette Association se trouvent J.-R. Bloch, A. Chamson, A. Malraux et Aragon.

En 1936, après la double victoire du Frente popular en Espagne, au mois de février, puis du Front populaire en France, en avril-mai, le rapport des forces en Europe semble nettement plus favorable à la gauche. Le 4 juin, Léon Blum devient premier ministre. Peu après, Aragon et Elsa Triolet, répondant à une invitation de Gorki, prennent le bateau à Londres pour gagner Léningrad. Pendant le voyage, le 10 juin exactement, Aragon termine *Les Beaux Quartiers*, à quoi il ajoutera une postface pendant son séjour à Moscou. Gorki meurt avant qu'Aragon ait pu le revoir; il assiste à son enterrement le 18 juin, en compagnie de Gide et E. Dabit.[5] Il reste encore plusieurs semaines en U.R.S.S. et ne revient en France qu'à la fin août. Il dit lui-même qu'il a été très mal informé par la presse soviétique sur les événements d'Espagne dont il ne comprend la gravité que sur le chemin du retour. Fin août-début septembre la situation s'est aggravée pour la République espagnole qui n'a pas encore de véritable armée pour combattre les rebelles qui reçoivent, eux, un soutien important de l'Italie, de l'Allemagne et du Portugal — notamment une centaine d'avions rien que pendant le mois d'août. Cependant la France et l'Angleterre préconisent la non-intervention et une conférence se tient à Londres le 9 septembre pour faire respecter cette décision.

A peine arrivé à Paris, Aragon rencontre Malraux et tous les deux préparent une manifestation de solidarité avec les intellectuels espagnols: l'Association internationale des écrivains décide d'envoyer à leurs camarades espagnols un poste de secours aux blessés et un appareil de cinéma avec des films «pour soutenir le moral des combattants». Au début d'octobre, Elsa Triolet et Aragon partent livrer ce matériel à Madrid, accompagnés de deux écrivains allemands Gustav Regler et Alfred Kantorowicz. A Madrid, Aragon et Elsa sont accueillis par Rafael Alberti et sa femme Maria Teresa Leon; ils vont sur le front, tout proche, se rendent aussi à Valence puis reviennent à Madrid à la fin octobre. Ils sont de retour à Paris le 3 ou le 4 novembre. Or c'est seulement quarante ans plus tard qu'Aragon fera de ce voyage un récit, d'ailleurs très fragmentaire; [5] au lieu d'un compte rendu suivi, il ne livre que des impressions, ne raconte que

---

4. C'est à ce Congrès qu'un grave incident éclata entre A. Breton et la délégation soviétique ce qui amena la rupture du groupe des surréalistes.

5. Voir *Oeuvres Croisées*, Robert Laffont, 1965, tome XI, p. 11, et *La Mise à mort*, Gallimard, 1965, ch. 2.

6. Dans *L'oeuvre poétique*, tome VII, 1977, p. 201

quelques épisodes — dont certains ont déjà été évoqués dans ses poèmes ou ses romans, évidemment sous une autre forme.

Je n'examinerai pas ce récit de près mais je citerai au moins le passage auquel Aragon accorde le plus d'importance.

A la fin d'octobre 1936, la situation des Républicains semble désespérée; tout le monde est persuadé que Madrid va tomber. Un soir où, comme d'habitude, Aragon et Elsa retrouvent dans un café des intellectuels espagnols et étrangers, la conversation tourne autour de l'attitude de l'Union soviétique. Depuis le 25 août les relations diplomatiques sont rétablies entre Moscou et Madrid qui espère obtenir une aide des Soviétiques. Or, peu de temps après, l'U.R.S.S. adhère au comité de non-intervention. A ses amis qui voyaient là une trahison, Aragon répond qu'il ne faut pas se «hâter de juger» mais il ne convainc personne, la discussion devient de plus en plus violente et finalement Aragon s'emporte et déclare, je le cite: «Eh bien! s'il fallait choisir entre la perte de l'U.R.S.S. ou celle de l'Espagne, j'étais pour que survive ce grand pays en qui se résumait l'espoir du monde entier, l'espoir des peuples, et bien! je le leur disais, et si douloureux que ce fût, je ne pouvais hésiter à choisir, et que périsse l'Espagne, et vous tous, mais que survive le grand pays de l'avenir!» Et Aragon ajoute: «Il n'est pas besoin de décrire la colère que j'avais déchaînée, et pas que des Espagnols... Il n'y avait à cette heure plus rien qui pût se dire après cet impardonnable éclat de ma part.»[7]

Rentré chez lui, Aragon ne peut pas dormir. Au matin, il retourne au café et alors, à sa grande suprise, tout le monde l'entoure pour le féliciter: «Je compris —dit-il— l'incroyable: cette nuit-là, sur la route de Valence, s'était engagé un train de camions apportant le début de l'aide soviétique, dont les premiers venaient d'arriver à Madrid».[8]

Cette histoire, personne n'en avait jamais plus parlé. Mais Aragon, lui, n'a pas pu se taire. Il donne là une sorte de document pour montrer jusqu'où pouvait aller ce qu'il a lui-même appelé ailleurs «le vertige soviétique». Mais il veut dire aussi *sa honte*, ses remords qui quarante ans après, ne se sont pas apaisés.

Il se trouve qu'un de mes amis a rencontré Aragon au moment même où il écrivait ses pages; il m'a dit qu'Aragon lui a raconté la scène avec une émotion extraordinaire, comme s'il l'avait vécue un jour auparavant: il ressentait encore de façon insupportable l'offense qu'il avait faite à ses amis espagnols.

Revenons à novembre 1936. Rentré à Pais, Aragon multiplie les

7. *Ibid.*, p. 213.
8. *Ibid.*, p. 214.

initiatives pour aider l'Espagne. Le 6 novembre, au moment où commence une puissante offensive des rebelles contre Madrid, il va, avec J.-R. Bloch —qui était alors responsable de la S.F.I.O.— demander une entrevue à Léon Blum pour le persuader de porter secours aux Républicains. Mais Jules Moch qui les reçoit leur fait comprendre que leur démarche est inutile. Cependant Aragon écrit en quelques jours plusieurs articles pour différents journaux.[9] Que dit-il de l'Espagne aux Français?

Dans un très beau poème en prose que publie la revue *Europe*, le 15 novembre, *Ne rêvez plus qu'à l'Espagne*, Aragon rappelle «les siècles d'échange» entre la France et l'Espagne, puis il évoque la figure de la Pasionaria et il ajoute: «J'ai parcouru l'Espagne et j'en ai remporté une image de misère et de beauté. Nulle part, on ne sent avec tant d'âpreté la grandeur et la dignité d'un peuple, nulle part le génie d'un peuple n'est immédiatement sensible, la richesse prodigieuse de l'art de ce peuple, comme dans la malheureuse Espagne». Et, s'adressant aux artistes et poètes français il leur demande de faire aimer l'Espagne aux Français, «l'Espagne pour qui nous nous réveillons la nuit, comme si nous pouvions entendre au loin les obus du fascisme».[10] Plus nettement encore, le manifeste *La culture en danger*, diffusé par l'Association des Ecrivains, souligne l'enracinement populaire de la culture espagnole: «L'héritage culturel que le peuple espagnol défend au prix de sa vie est ce qui correspond au plus profond des sentiments et des valeurs de l'Espagne. Toutes les civilisations modernes s'abreuvent de cette culture qui toujours est vivifiée par la sève populaire la plus pure [...] Nous tenons à le proclamer: vouloir détruire le peuple espagnol c'est vouloir détruire le passé culturel de l'Espagne, sa vie présente, son magnifique avenir, c'est détruire l'une des bases de la culture universelle qui, pendant des siècles, s'est enrichie des apports de la culture espagnole».[11]

Dans cette façon d'exalter le caractère populaire de la culture espagnole, on pourrait voir une sorte de cliché, à peu près inévitable sous la plume d'un écrivain communiste. Mais ces déclarations sont approuvées par des centaines d'intellectuels qui sont loin d'être tous communistes. Et surtout, il faut bien voir qu'Aragon transmet ici l'expérience qu'il vient d'avoir de la guerre d'Espagne. Lui-même rapporte cette anecdote qui est tellement exem-

9. Dans *Regards*, le 5 novembre; dans *L'Humanité*, le 11; dans *Europe*, le 15, etc.
10. *Oeuvre poétique*, tome VII, p. 246, 249-250.
11. *Ibid.*, p. 267 et 268.

plaire qu'on la croirait inventée pour les besoins de la démonstration. Aragon raconte dans un article écrit au début de novembre mais publié dans *Commune* en décembre seulement sous le titre *Pour la défense de la culture*, qu'il a aidé des miliciens de Madrid à proteger des oeuvres d'art dans le palais abandonné par le duc et la duchesse d'Albe: «*Comment protéger tout cela?*» C'est la question que se posent ces hommes pauvres, ces révolutionnaires qui n'ont jamais rien possédé et qui sont aujourd'hui par une ironie du sort, mais aussi par la logique de l'histoire, les défenseurs de ces trésors contre ceux-là même qui les ont longuement entassés».[12] Or, à peine ces lignes étaient-elles écrites, que le duc d'Albe lui-même, qui commandait alors l'aviation franquiste, ordonnait à ses aviateurs qui bombardaient Madrid de ne pas épargner son propre palais; c'est ainsi que fut détruit le palais ducal avec une grande partie des oeuvres d'art qui n'avaient pu être évacuées.[13] Etait-il alors excessif de dire qu'en Espagne c'est le peuple qui prenait en main la défense de la culture?

D'autre part, en novembre et décembre 1936, Aragon accompagne à travers la France la «cobla» de Barcelone qui est accueillie avec un grand succès dans les maisons de la culture.

A partir de là, Aragon ne cessera plus d'écrire des articles, de lancer des appels. Le 1er mars 1937 il est nommé directeur, avec son ami, J.-R. Bloch, du quotidien *Ce soir* que vient de fonder le Parti communiste. Dans ce journal, Aragon tient lui-même une chronique intitulée: «Un jour du monde», qui sera très souvent consacrée à l'Espagne. Il est impossible de citer toutes ses interventions en faveur de l'Espagne. Je voudrais seulement rappeler en quelques mots son action aux derniers jours de la guerre. Le 13 janvier 1939 Négrin déclare la Catalogne en danger, le 1er février Barcelone est prise, Manuel Azaña et Juan Negrin se réfugient en France; le 10 février le gouvernement républicain se réinstalle à Madrid mais le 27 février le gouvernement français reconnaît Franco auprès de qui Pétain est nommé ambassadeur le 2 mars; le 1er avril Franco est à Madrid.

En ce terrible hiver 1939, Aragon, dans *Ce soir*, multiplie les appels à l'aide, plus particulièrement pour sauver les enfants abandonnés et pour soutenir les intellectuels.[14] Il appuie la campagne de

12. *Ibid.*, p. 255.
13. *Ibid.*, pp. 205-206. Par une extraordinaire ironie du sort, T. Tzara, qui visite les ruines de ce palais après le bombardement trouve un seul livre à peu près intact et «c'était ce *Mouvement perpétuel* /qu'Aragon/ avait signé au Zelli's «pour la duchesse d'Albe elle-même, un soir de 1927 ou 1928!
14. Ces articles sont publiés *Ce soir* les 25 janvier, 3, 4 et 5 février, 11 février, 12 février, 22 février, 24 et 25 février, 24 et 25 février, 1938.

solidarité qui s'est développée pour que des familles françaises accueillent les enfants espagnols qui ont perdu leurs parents; grâce à cette initiative, on a pu éviter à de nombreux enfants d'être parqués dans des camps. Aragon va aussi sur place, au col du Perthus, et raconte, dans trois articles de *Ce soir* (3, 4 et 5 février 1939), la tragédie de l'exode des républicains dont il reparlera dans le prologue des *Communistes*. Il est bouleversé par la mort d'Antonio Machado à qui il rend un hommage particulier avec Jean Cassou et J.-R. Bloch le 24 février. La guerre civile avait commencé avec l'assassinat de Lorca, elle s'achève avec la mort de Machado...

Bien entendu, même après la victoire de Franco, Aragon continuera de soutenir les Républicains. Par exemple, le 16 juillet 1939, il prononce un important discours *Pour la culture espagnole*, à la Conférence internationale d'aide aux réfugiés espagnols. Mais bientôt c'est au tour de la France d'affronter la guerre. Le 27 août 1939, *Ce soir* est saisi par la police à cause d'un article de la veille où Aragon justifiait le pacte germano-soviétique. La guerre est déclarée le 3 septembre, le P.C.F. est interdit le 26 septembre. Aragon est mobilisé comme médecin militaire, d'abord dans un régiment de travailleurs puis envoyé dans une division blindée. Une autre période commence pour Aragon et pour la France.

* * *

Comme je l'ai dit tout à l'heure, la référence à l'Espagne est largement présente dans les trois derniers romans d'Aragon qui font partie du cycle du «monde réel», *Les Voyageurs de l'impériale*, *Aurélien*, *Les Communistes*. Mais puisqu'il me faut faire un choix, permettez-moi de citer seulement quelques poèmes, comme des jalons qui marquent, tout au long de sa vie, l'admirable fidélité d'Aragon à l'Espagne.

En mars 1949, Aragon écrit un poème, composé de neuf strophes de quatre alexandrins, qu'il intitule *La Santa Espina*. Ce poème est chargé d'une très grande émotion que l'on ressent à première lecture mais pour bien en comprendre le sens il faut connaître les circonstances de son écriture. Il faut se rappeler que depuis plusieurs mois les communites subissent la répression. En mars 1940, justement, le ministère de l'intérieur fait un bilan de cette répression: 11.000 perquisitions ont eu lieu, 3.400 communistes ont été arrêtés; le 20 mars s'ouvre le procès des députés communistes qui étaient internés depuis octobre 1939; en avril, un décret de Sérol, ministre de la justice, prévoit la peine de mort contre les auteurs de «menées communistes». A l'armée, Aragon est surveillé de près, ce qui n'empêchera pas les officiers avec qui il se bat de le décorer deux fois, en mai et en juin 1940, pour son courage pendant les batailles que livre sa division. Comme écrivain, il fait l'apprentissage de l'illégalité et dès la fin de 1939, il commence à écrire des poème codés où, à mots couverts, pour tromper la censure, il s'adresse à ses amis. C'est le début de ce qu'il appellera lui-même une littérature de contrebande. *La Santa Espina* est un bel exemple de cette sorte de poésie. Voici la première strophe qui est sans doute la plus connue:

> «Je me souviens d'un air qu'on ne pouvait entendre
> Sans que le coeur battît et le sang fût en feu
> Sans que le feu reprît comme un coeur sous la cendre
> Et l'on savait enfin pourquoi le ciel est bleu.»

Et voici les trois dernières strophes:

> «O Sainte Epine ô Sainte Epine recommence
> On t'écoutait debout jadis t'en souviens-tu
> Qui saurait aujourd'hui rénover ta romance
> Rendre la voix aux bois chanteurs qui se sont tus
>
> Je veux croire qu'il est encore des musiques
> Au coeur mystérieux du pays que voilà
> Les muets parleront et les paralytiques
> Marcheront un beau jour au son de la cobla
>
> Et l'on verra tomber du front du Fils de l'Homme
> La couronne de sang symbole du malheur
> Et l'Homme chantera tout haut cette fois comme
> Si la vie était belle et l'aubépine en fleurs.» [15]

Ce poème n'est vraiment compréhensible que pour ceux qui se rappellent la tournée de la cobla de Barcelone à la fin de 1936 dont j'ai parlé plus haut. En 1976, Aragon évoque le spectacle donné par la cobla et écrit: «Chaque fois qu'éclate *La Santa Espina*, c'est comme le coeur de la France qui répond à ce chant catalan, que je devais reprendre pour thème deux ans plus tard, aux jours de la «drôle de guerre» dans un poème qu'on retrouvera en 1941 dans *Le Crève-Coeur*, paru à Paris aux jours hitlériens... ainsi mêlant nos tragédies et nos périls».[16] Mais l'allusion d'Aragon a-t-elle été comprise? Son message fut-il entendu? G. Sadoul, qui a vu Aragon au moment où il écrivait ce poème, en est persuadé: «Cette *Santa Es-*

15. *Le Crève-Coeur et le nouveau-crève-coeur*, Gallimard, coll. poésie, 1980, pp. 31-32.
16. *Oeuvre poétique*, tome VIII, p. 334.

pina était une "contrebande" très typique. Son message, incompréhensible pour beaucoup, était fort direct pour ceux qui, en 1937-1938, avaient entendu dans les meetings pour la République espagnole la cobla *La Bisbal* jouer un air de sardane qui porte ce titre, et qui avait été assez largement diffusé par les disques».[17]

On voit donc comment, de façon assez inattendue, la chanson catalane inspirée par la tradition chrétienne, était devenue un chant de ralliement des antifascistes. Un an après la victoire de Franco, trois mois avant la défaite de la France, Aragon transcrit en poème français la chanson catalane, qui était devenue un chant de combat et il s'en sert pour ranimer le feu qui hésitait à reprendre sous la cendre, pour appeler ses amis à la lutte et à l'espoir.

Mais l'histoire de la *Santa Espina* ne s'arrête pas là. Dans un poème de 1954, dédié à l'Espagne, dont je reparlerai, Aragon écrit ce distique:

> «C'est une ville d'eaux où je suis par hasard
> Les coblas des ruisseaux bruissent de toute part.» [18]

Comme il aime la faire, Aragon explique ces deux vers dans une note assez longue où il donne une définition très précise des coblas puis il ajoute:

> «L'auteur (Aragon) a retrouvé [la musique des Coblas] avec une grande émotion, lors de la venue à Paris, dans l'Hiver de 1937-1938, de la cobla de Barcelone, qu'il présenta lui-même à Paris et dans diverses villes de province. Un poème du *Crève-Coeur* (Santa Espina) en fut plus tard l'écho. Il se trouva, en 1942, je crois, qu'un conférencier français, avec la garantie de Vichy, fit applaudir ce poème à Barcelone et à Madrid, sous le régime de Franco.» [19]

Je n'en sais pas plus sur ce conférencier français qui a pratiqué une contrebande au second degré, en quelque sorte. Ainsi le poème français rapporte en Espagne le message de la chanson catalane qui l'avait inspiré. Le chant, la poésie de Catalogne et de France se sont croisées comme le destin de deux peuples dans le malheur et l'espoir.

En octobre 1954, paraît *Les yeux et la mémoire* un recueil de quinze poèmes parmi lesquels se trouve une pièce intitulée *Le 19 juin 1954*, d'où sont extraits les deux vers que je viens de citer. Ce jour-là Aragon qui se trouve à Amélie les Bains, ville d'eaux des

17. G. Sadoul, *Aragon*, P. Seghers, coll. Poètes d'aujourd'hui 1967, pp. 28-29.
18. *Les yeux et la mémoire*, Gallimard, 1954, p. 105
19. *Ibid.*, p. 189.

Pyrénées Orientals, apprend par la radio qu'un colonel vient d'organiser un coup d'état contre le pouvoir légal du président Arbenz au Guatémala; les rebelles s'étaient organisés au Honduras, avec l'aide des Américains qui avaient notamment fourni des aviateurs. Aragon fait immédiatement le rapprochement entre la rébellion des généraux espagnols en juillet 1936. La première partie de son poème, écrite le jour même où il apprend la nouvelle, est consacrée à l'Espagne; dans les deux autres parties, Aragon condamne avec violence le coup de force organisé par les Etats-Unis contre un petit pays d'Amérique Centrale. Cette première partie est composée de 33 distiques et 12 syllabes; voici seulement le passage où le poète s'adresse directement à l'Espagne:

«O prochaine et lointaine Espagne mon souci
Je suis donc revenu pour t'écouter d'ici

N'es-tu pas ma limite et ma leçon première
Avons-nous deux amours avons-nous deux lumières

N'es-tu pas le miroir torride et le matin
Où mon peuple aperçoit le soir et son destin

Tu nous appris la mort et ses étranges modes
Et nous pensions à toi sur les routes d'exode

Et nous pensions à toi quand on mangeait si peu
O pays des yeux noirs et des ouvriers bleus

Et nous pensions à toi quand il fallut apprendre
A ranimer les feux en soufflant sur les cendres

Et nous pensions à toi quand saignait la patrie
Et nous pensions à vous mineurs des Asturies

Quand aux soldats tués on reprenait les armes
Et vous étiez présents pour la joie et les larmes

Et dans ceux qui tombaient frappés par trahison
Et le jour tout d'un coup qu'on ouvrit les prisons

Musique déchirante Espagne soeur du Sud
Fille de longue attente et chère inquiétude

Ma captive sans qui sont tristes les étés
Et les amours amers sombre la liberté

Je suis comme un parent qui te crie au parloir
Par les grilles des mots insensés sans savoir

Si l'entendre aujourd'hui te peut être donné
A travers les barreaux que sont les Pyrénées

Vois Je suis revenu comme les hirondelles
Le croyais-tu vraiment que j'étais infidèle

Tu chantes et ta voix s'égare en me cherchant
Que ne puis-je passer vers toi ce mur du chant

Que tu saches enfin quelle moisson se lève
Combien de jeunes gens au bout du monde rêvent

Entre eux parlant de toi comme font les amants
Qui portent des rubans au lieu de diamants.» [20]

Aragon rappelle ici que l'Espagne fut la première à affronter le fascisme et apprit aux autres à le combattre. Ces deux vers: «*Et nous pensions à toi quand il fallut apprendre / A ranimer les feux en soufflant sur les cendres*» sont une reprise, un écho direct du début de *La Santa Espina*. Ainsi, à quinze ans de distance, le fil des souvenirs relie étroitement un poème à l'autre. Mais quand Aragon dit de l'Espagne: «*N'es-tu pas ma leçon première*», je ne crois pas qu'il pense seulement à la leçon politique qu'il a tirée de la tragédie espagnole. De façon plus générale, il veut souligner le rôle déterminant que l'Espagne a joué et continuera à jouer dans sa vie.

*   *   *

Aragon publie en septembre 1956, un recueil de poèmes intitulé *Le Roman inachevé*. Ce petit livre marque un tournant considérable dans l'oeuvre et la vie d'Aragon: il a été écrit après le choc provoqué par le XXe congrès du parti communiste soviétique.

Ce congrès qui eut lieu à Moscou en février 1956 était celui de la déstalinisation; mais, pour des raisons tactiques, Khroutchev a attendu la fin des travaux officiels pour présenter aux seuls communistes soviétiques un rapport secret où il dénonçait avec une gran de force les crimes de Staline. Peu de temps après, le contenu de ce rapport était connu de tous; en France, sa traduction était publiée dans *Le Monde*.[21] Pourtant la direction du P.C.F. refusait de reconnaître l'existence de ce rapport et donc écartait toute discussion à ce sujet.

20. *Ibid.*, pp. 107-109.
21. Voir Branko Lazitch, *Le rapport Khroutchev et son histoire*, Seuil, Coll. Points, 1976.

170

Aragon, lui, est profondément bouleversé. Sans doute ni le XXe Congrès, ni le rapport secret ne lui ont-ils pas apporté beaucoup d'informations nouvelles, plutôt la confirmation de ce qu'il savait déjà. Il faut d'ailleurs préciser qu'Aragon, si étonnant que cela paraisse, n'a commencé à se faire une idée exacte des crimes de Staline qu'à la fin de la vie du dictateur.[22] Après la mort de celui-ci de profonds changements politiques ont lieu en U.R.S.S. mais c'est seulement au Congrès de 1956 que la critique de Staline prend toute son importance.

Le débat ne se limite pas à une condamnation du culte de la personnalité de Staline; il conduit nécessairement à une condamnation de la conception stalinienne de la politique qui a orienté la pensée et l'action de millions d'hommes, en U.R.S.S. et au-delà, pendant plus d'un quart de siècle. On voit l'ampleur des discussions qui s'ouvraient ainsi; et l'on comprend pourquoi la direction du P.C.F., très attachée au stalinisme, a préféré limiter les débats.

Aragon n'entre pas en conflit avec cette direction mais il ne reste pas silencieux non plus. Si l'examen critique de la politique de son parti est bloqué, il peut au moins revenir sur son propre passé. En quelques semaines, il écrit une suite de poèmes étonnants à plus d'un titre. Jamais encore il n'a montré une telle virtuosité; il utilise à peu près toutes les formes possibles de strophes et de vers, sans parler des poèmes en prose. Mais ces exploits techniques n'ont rien de gratuit: Aragon est lui-même le sujet de ses poèmes; son recueil nous livre des fragments de sa vie; dans leur extrême variété, les poèmes évoquent les bonheurs et les échecs, les illusions brisées et les espoirs vaincus. Certains vers sont déchirants par exemple la fin de l'avant-dernier poème intitulé *La nuit de Moscou*:

«Quoi je me suis trompé cent mille fois de route
Vous chantez les vertus négatives du doute
Vous vantez les chemins que la prudence suit
Eh bien j'ai donc perdu ma vie et mes chaussures
Je suis dans le fossé je compte mes blessures
Je n'arriverai pas jusqu'au bout de la nuit

Qu'importe si la nuit à la fin se déchire
Et si l'aube en surgit qui la verra blanchir
Au plus noir du malheur j'entends le coq chanter
Je porte la victoire au coeur de mon désastre
Auriez-vous crevé les yeux de tous les astres
Je porte le soleil dans mon obscurité.»[23]

22. Sur ce point voir P. Daix, *Aragon, une vie à changer*, Seuil, 1975, p. 377 et sq.
23. ?

Il va sans dire que l'Espagne ne pouvait pas être absente de ce livre. Dans un poème sans titre de la deuxième partie du recueil,[24] Aragon évoque son voyage en Espagne avec Nancy Cunard, en 1927-1928. Ce n'est pas un récit mais une succession d'images, d'impressions où revient comme une obsession le nom de Primo de Rivera. Et au début du poème il s'agit bien de l'époque où Primo de Rivera exerçait sa dictature. Quand il écrit:

> «Dans les premiers froids de Madrid
> J'habitais la Puerta del Sol»

il pense à l'hôtel où il habitait avec Nancy Cunard en janvier-février 1928 et où il brûla la plus grande partie de *La défense de l'infini*.[25] Mais ensuite se surajoutent des souvenirs plus récents, ceux de la guerre civile, sans que rien n'indique le passage de 1928 à 1936. Je ne citerai que deux strophes qui font allusion à des événements de 1936:

> «Primo de Rivera
>
> Une halte de chemin de fer à mi-route entre l'hiver et l'été
> Entre la Castille et l'Andalousie
> A l'échine des monts à la charnière sarrasine
>
> Un jeune aveugle a chanté
>
> D'où se peut-il qu'un enfant tire
> Ce terrible et long crescendo
> C'est la plainte qu'on ne peut dire
> Qui des entrailles doit sortir
> La nuit arrachant son bandeau
> C'est le cri du peuple martyr
> Qui vous enfonce dans le dos
> le poignard du *cante jondo*.» [26]

Ces vers rappellent directement un passage du poème en prose de novembre 1936, *Ne rêvez plus qu'à l'Espagne*. Voici ce passage:

> «Je me souviens à la frontière d'Andalousie du chant d'un enfant qui marchait le long du train: ce gamin mendiant chantait comme ne chantent pas ceux que l'on fête dans les théâtres du vaste monde, ceux à qui l'on donne tout l'or du monde pour

24. *Ibid.*, pp. 128-132.
25. Voir, dans l'introduction à ce livre, un poème de janvier (ou février) 1928 intitulé *Chant de la Puerta del Sol*, p. 21.
26. *Le Roman inachevé, op. cit.*, p. 130-131.

chanter. La poignante mélopée de cette voix enfantine "donnait" avec toute la générosité de la misère tout ce qui ne peut se vendre et qui n'a point de prix, aux voyageurs qui n'imaginaient rien en échange que de misérables piécettes. Cet enfant était aveugle, en haillons, couvert de poux. Le froid tombait sur les montagnes, on était à l'entrée de l'hiver: il avait les lèvres bleues et les mains tremblantes. Le train partit et la voix de l'enfant s'éleva encore: à ce moment, j'entendis cette chose étrange, la voix de l'aveugle était gaie au départ...» [27]

Ici encore, on voit comment Aragon reprend ses propres textes, cette fois à vingt ans d'écart, comment demeure la mémoire de ce que ses yeux ont vu.

Les derniers vers sont consacrés à Lorca:

«Primo de Rivera

Le verre est par terre Un sang coule coule
Dommage le vin Du bon vin Lorca
Lorquito Lorca c'était du vin rouge
Du bon vin gitan
Qui vivra verra le temps roule roule
Qui vivra verra quel sang coulera
Quand il sera temps
Sans parler du verre
Qui vivra verra

Il se fait soudain dans Grenade
Que saoule une nuit de sang lourd
Une terrible promenade

Il se fait soudain dans Grenade
Un grand silence de tambours.» [28]

En jouant sur les sonorités du nom de Primo de Rivera, Aragon relie la mort de Lorca à la dictature du général, comme si les événements de 1936 avaient été préparés par Primo de Rivera.

L'Espagne est encore présente dans un autre poème de la troisième partie, intitulé *Les pages lacérées*.[29] Ce poème, construit en douze strophes de quatre vers de seize syllabes, est tout entier consacré à la guerre civile. Dans les premières strophes on trouve des allusions à des épisodes précis du séjour d'Aragon et Elsa à Ma-

27. *Oeuvre poétique*, tome VII, pp. 246-247.
28. *Le Roman inachevé*, op. cit., p. 132.
29. *Ibid.*, pp. 199-201.

drid en octobre 1936 dont j'ai parlé tout à l'heure.[30] Le poème se termine par cette vision de l'exode de février 1939:

«C'est l'hiver l'exode et le froid ni demeure ni cimetière
Peuple et soldats mêlant leurs pas femmes portant leurs nouveau·
Nous les avons vus remonter comme un sanglot aux Pyrénées   [nés
Et tout ce grand piétinement de guenilles à la frontière
ne voyez-vous pas que c'est nous déjà qu'on parque pauvres fous
Ne sentez-vous pas dans vos bras ce faix d'ombre et de lassitude
C'est à toi qu'on prend les fusils ô ma patrie au vent du sud
A Collioures Machado n'a qu'une pierre sur un trou

Le Vernet Gurs le Barcarès des barbelés au bout de compte
Les grands mots que vous employez à qui serviront-ils demain
Vous qui parliez de liberté tendez à votre tour les mains
On dit ce que l'on veut en vers l'amour la mort
                                        mais pas la honte

... ...

La pourpre le roseau l'épine il faut aux crucifixions
Tout l'ancien cérémonial quand c'est l'Homme qu'on exécute
Ici commencent le calvaire et les stations et les chutes
Je ne remettrai pas mes pas dans les pas de la Passion.» [31]

... ...

C'est la première fois, je crois, qu'Aragon dit ce mot terrible, *la honte*. Mais il devait le dire.

Car c'est la honte qui est au coeur de tous ceux qui, comme lui, n'ont pas pu empêcher que meure la République en Espagne, qui n'ont pu éviter la non-intervention, qui ont vu les combattants et les civils espagnols attendus comme des criminels à la frontière française. On peut toujours dire que le gouvernement de Daladier n'engageait que lui mais quand un gouvernement se conduit honteusement, le déshonneur est pour tout le pays. C'est du moins le sentiment d'Aragon.

Dans *Les Poètes*, en 1960, il consacre un poème à la mort de Machado, intitulé *Halte à Collioure*.[32]

Et le sort de Lorca est de nouveau évoqué.

Mais c'est évidemment dans *Le fou d'Elsa* que l'Espagne tient toute la place. Il m'est impossible ici d'examiner ce long poème, ni

30. Cf. *Oeuvre Poètique*, tome VII, pp. 204-205.
31. *Le Roman inachevé*, op. cit., pp. 200-201.
32. *Les Poètes*, Gallimard, 1960, pp. 98-100.

même de commencer une analyse. Vous connaissez le sujet et vous savez que le point de départ ce fut la guerre d'Algérie. Aragon ne jugeait pas suffisant de lutter contre la guerre d'Algérie; il voulait étudier de plus près la culture arabe, comprendre ce que l'Europe devait à cette culture. En même temps, le poème est un nouveau chant d'amour à Elsa. Aragon le précise bien: «Deux thèmes se croisent [...] le premier thème est l'histoire de la chute de Grenade qui se situe à quelques semaines du moment où Christophe Colomb débarque en Amérique. Le second, c'est l'histoire du Fou (en arabe Medjnoun) que transpose, dans un poème populaire un chanteur des rues de la cité aux abois, l'histoire célèbre de Medjnoûn et Leila...».[33]

Mais dans ce poème historique, Aragon relie étroitement le passé au présent, comme il l'avait déjà fait dans *La semaine sainte* ou dans *La mise à mort*; ses souvenirs personnels, les événements qu'il a vécus viennent en surimpression s'ajouter au récit des temps passés. Et puisqu'ici tout se passe à Grenade, Aragon pense une fois de plus à Lorca. Ce sera la dernière citation que je ferai:

«Tout ce que l'homme fut de grand et de sublime
Sa protestation ses chants et ses héros
Au dessus de ce corps et contre ces bourreaux
A Grenade aujourd'hui surgit devant le crime

Et cette bouche absente et Lorca qui s'est tu
Emplissant tout à coup l'univers de silence
Contre les violents tournent la violence
Dieu le fracas que fait un poète qu'on tue

Ah je désespérais de mes frères sauvages
Je voyais je voyais l'avenir à genoux
La Bête triomphante et la pierre sur nous
Et le feu des soldats porté sur nos rivages

Quoi toujours ce serait par atroce marché
Un partage incessant que se font la terre
Entre eux ces assassins que craignent les panthères
Et dont tremble un poignard quand leur main l'a touché

Quoi toujours ce serait la guerre la querelle
Des manières de rois et des fronts prosternés
Et l'enfant de la femme inutilement né
Les blés déchiquetés toujours des sauterelles

33. Texte inèdit publié par DHIA YOUSIF YAACOUB, dans sa thèse sur *L'affrontament des cultures dans «Le Fou d'Elsa» de L. Aragon*, 1986, p. 99.

Quoi les bagnes toujours et la chair sous la roue
Le massacre toujours justifié d'idoles
Aux cadavres jeté ce manteau de paroles
Le baillon pour la bouche et pour la main le clou

Un jour pourtant un jour viendra couleur d'orange
Un jour de palme un jour de feuillages au front
Un jour d'épaule nue où les gens s'aimeront
Un jour comme un oiseau sur la plus haute branche

Et le plus simplement du monde il y aura
La jeunesse d'aimer et les yeux des pervenches
Des parfums plus profonds et des aubes plus blanches
Et le tendre infini dont m'entourent tes bras

… … … … … … … … … … … … … … … … … …

Où t'en vas —tu mon coeur à cette heure des larmes.» [34]

J'aimerais m'arrêter là, après ces vers apaisés où l'espoir en l'a-venir semble l'emporter sur les cauchemars de la haine et de la mort. Mais nous savons qu'après ces textes de 1973, Aragon a eu d'autres occasions de douter, de s'indigner. Par exemple, en 1968, quand, pour la deuxième fois en trente ans, la Tchécoslovaquie a perdu son indépendance. Son amertume, sa colère à ce moment-là font penser aux chants les plus douloureux du *Roman inachevé*.

Aragon aurait sans doute moins souffert s'il était resté à l'écart. Mais à chacun sa vie, son aventure. Aragon n'était pas fait pour re-garder la vie passer. Il ne savait que s'engager à fond et prendre tous les risques de celui qui s'avance à découvert. Il dit lui-même: «J'ai déchiré ma vie et mes poèmes». Mais, dans son dernier entre-tien, avec un journaliste italien, il a dit aussi que la seule vie digne d'être vécue était la vie de celui qui s'était déchiré aux ronces du chemin.

Est-ce là un trait de l'espagnolisme d'Aragon? Je le crois. Si Ara-gon est resté toute sa vie avec «l'Espagne au coeur», c'est que dans les rêves et les déchirements du peuple espagnol il voyait comme en un miroir l'image de son propre destin. Sa fidélité exemplaire à l'Es-pagne, c'est peut-être l'une des formes les plus hautes que prend sa fidélité à lui-même.

ANDRÉ DASPRE
Université de Nice

34. *Le Fou d'Elsa*, Gallimard, 1963, pp. 376-377.

CUARTA PARTE

VALORACIONES DIVERSAS

«*LE PONT DES SORTS*»

DE JOSEPH PEYRE: UNE REFLEXION SUR LE TEMPS ET L'ESPACE SOUS LE SIGNE DE LA GUERRE CIVILE

Dans une oeuvre romanesque très fournie et principalement inspirée par l'Espagne, comme en témoignent les titres: *Guadalquivir, La Tour de l'Or, Sang et Lumières, Une fille de Saragosse*, se détachent deux romans de Joseph Peyré, concernant la guerre civile espagnole: *Roc Gibraltar*, paru en 1937 et *Le Pont des Sorts* en 1959. Dans ce dernier je m'attacherai à montrer comment le temps et l'espace, empruntés à l'histoire, sont investis d'un symbolisme particulier qui incide sur l'évolution du personnage et sur sa conception de l'homme et de l'univers.

En choisissant pour son roman le cadre de la guerre civile espagnole, l'auteur recourt à un événement historique des plus controversés et qui a suscité les milieux intellectuels et littéraires français un intérêt tout spécial, dû à sa proximité, à sa nature et à ses circonstances.

Ainsi, dans *Le Pont des Sorts*, apparaît un fond de document véridique sur lequel s'appuient les données spatiales —lieux où se déroulent certaines actions guerrières—, les données temporelles —succession chronologique des faits au long des trois années de guerre civile—, et la description de quelques opérations militaires —soulèvements ou répressions— connus de tous. Ces données historiques, bien que fragmentaires et arbitrairement choisies par l'auteur, contribuent à renforcer dans le roman ce que Roland Barthes a appelé l'effet de réel[2] et elles constituent la référence essentielle du récit.

1. Roland Barthes, «L'effet de réel», dans *Littérature et réalité*, coll. Points, 142, ed. Seuil, 1982, pp. 81-89.

Tels sont les éléments empruntés à l'histoire, fondement de la vraisemblance et de la réalité du récit, qui autorisent le romancier à donner pour vraie sa fiction. Toutefois, la vision historique qui se manifeste à travers le roman est forcément subjective et incomplète: le personnage principal, Jean Olçomendy, raconte à la première personne une expérience vécue pendant le période de la guerre civile. Il procède à la reconstruction de faits déjà éloignés dans le temps, soumise aux caprices de la mémoire qui privilégie arbitrairement les souvenirs. Ce recul de plusieurs années, favorable à l'élaboration d'un jugement personnel, surdétermine le caractère lacunaire de l'évocation rétrospective et falsifie la reconstitution historique. D'autre part, le conteur n'est qu'un témoin plus ou moins proche de la guerre qu'il évoque puisqu'il n'y participe pas activement. Naturalisé espagnol, il a vécu à Madrid et connaît bien l'Espagne qu'il aime profondément, mais c'est au Pays Basque Français qu'il passe les trois ans fatidiques. Son information provient des réfugiés, des communiqués radiophoniques et journalistiques, des contacts qu'il maintient avec ses amis espagnols et par tant, elle ne peut avoir la portée du témoignage direct, pris sur le vif, des combattants de Teruel ou de la Sierra de Guadarrama. Par ailleurs, cette distance entre le narrateur et les événements, qui semblerait favoriser l'impartialité du critère et son objectivité, se voit contrebalancée par une sympathie affichée envers les défenseurs de la République et les basques opprimés. Enfin, les personnages du roman ne sont pas les acteurs réels de l'histoire mais des êtres de fiction conditionnés par un temps et un espace figés dans un cadre historique donné. C'est pourquoi, dans *Le Pont des Sorts*, il faut transcender les limites de l'histoire, qui sert d'élément organisateur du texte, et dépasser le stade des réalités objectives pour découvrir la dimension symbolique du temps et de l'espace, selon la vision du personnage principal, Jean Olçomendy, narrateur de sa propre histoire.

Suivant l'ordre chronologique d'occurrence des faits, le temps global du récit est soumis à un mouvement cyclique qui se traduit par l'alternance de trois périodes heureuses et de deux périodes malheureuses. En effet, dès le début de la narration, Jean évoque la première phase de bonheur complet qui a laissé en lui une empreinte indélébile. Celle-ci correspond à l'époque paradisiaque de la jeunesset et de l'amitié idéale avec Mattin, son compagnon de jeux et d'études. Plusieurs éléments se conjuguent dans cette première expérience du bonheur: à la force physique se joint la fougue des sentiments et la vision optimiste de la vie propre à l'adolescent qui s'adonne librement aux plaisirs de l'exercice physique, de la fête, de l'amitié et de l'amour: «Au coeur de ces fêtes rayonnait le vrai soleil qu'était

Mattin».[2] «Il me fallait Mattin pour le bousculer, le boxer (...) pour le battre à la pelote et le faire enrager, pour le traîner de fête en fête, danser les fandangos et emmener les filles, écouter sa guitare (...) le charger de secrets...»[3] Ces images appartiennent à un temps heureux mais déjà lointain et relégué dans le passé. Une deuxième étape de bonheur correspond au séjour madrilène et plus particulièrement aux quelques mois qui précèdent l'Alzamiento du 18 juillet. On peut observer une répétition du schéma antérieur: le bonheur retrouvé est dû à une amélioration de la santé de Jean et à l'amitié de Ramiro qui comble le vide sentimental causé par la mort de Mattin. Mais il s'agit bien d'une nouvelle vie qui affecte le personnage dans son identité. Naturalisé espagnol, il a changé de pays, de coutumes et de nom: «Juan était devenu mon nom, mon seul nom. Je crois que je n'aurais plus répondu au prénom français de Jean, et je n'avais plus de nom de famille. J'étais "Juan". J'avais même oublié mon âge».[4] Enfin, une troisième époque heureuse ferme le cycle temporel qui charpente le récit. Comme les deux premières, elle correspond à un temps de paix, de santé et de plénitude sentimentale puisque Jean Olçomendy jouit maintenant, en compagnie d'Hispana, d'un paisible bonheur conjugal. Cette troisième période coincide surtout avec le temps de l'écriture pendant lequel le protagoniste se laisse envahir par la nostalgie des moments heureux qu'il revit dans sa mémoire.

Si ces périodes heureuses correspondent aux intervalles de paix, aux états de santé physique et morale et à l'épanouissement de l'amitié ou de l'amour, les époques malheureuses ont pour dénominateur commun la guerre et ses conséquences: le souffrances physiques et morales, l'expérience de la solitude et de la mort. En effet, c'est tout d'abord la guerre de 14-18 qui a marqué douloureusement le personnage. A la mutilation provoquée par l'ypérite qui a brûlé ses poumons, se joint le déchirement causé par la mort absurde de Mattin.

A partir de cette mort, sentie comme «l'inacceptable anéantissement d'un être»,[5] toute mort devient révoltante, incompréhensible, insupportable pour celui qui a combattu sur les champs de bataille: «Pour moi, c'était la mort de Mattin qui avait donné leur sens aux morts indénombrables (...). C'est ainsi qu'une mort d'homme avait pris pour moi un poids insigne. C'était pourquoi, ancien acteur de

2. Joseph Peyré, *Le Point des Sorts*, Flammarion, París, 1959, p. 22.
3. *Ibid.*, pp. 24-25.
4. *Ibid.*, p. 13.
5. *Ibid.*, p. 68.

tueries, je ne pouvais plus souffrir la vue d'un seul cadavre».[6] D'où un rejet instinctif de la guerre que Jean Olçomendy considère comme un drame irréparable, comme un fléau générateur de tous les maux, réaction qui justifie sa seconde étape douloureuse, face à la guerre civile espagnole. Cette guerre fratricide déclenche chez lui une crise de désespoir qui commence avec la mort de Paco, pour culminer avec celle de Ramiro et la contemplation de la misère et de la souffrance des émigrés espagnols qui affluent sur le pont des sorts. L'enchaînement immédiat de la deuxième guerre mondiale ne fait qu'exacerber dans la conscience du personnage, l'inhumanité de la guerre civile, inhumanité d'autant plus inacceptable qu'elle s'exerce sur un peuple qui requiert toute sa sympathie. Ces deux moments malheureux jouent un rôle fondamental dans l'évolution du protagoniste qui s'affirme dans le refus de la guerre pour se réaliser dans la quête du bonheur, à partir des postulats de sauvegarde de la vie, de paix et d'amour. C'est ainsi que se dessine le mouvement sémantique du texte, à travers le cycle alternatif des périodes de bonheur et de malheur qui ponctuent la trajectoire vitale du héros.

Cette structure cyclique est mise en relief par l'expression du passage du temps qui se présente au long du récit sous la forme d'une notation régulière du renouvellement des saisons. C'est au rythme des équinoxes, caractérisées par le mouvement des marées et des vents, que se découpent les tranches de temps: «Mon histoire commence à l'équinoxe du printemps de 1936, à la saison des hautes mers».[7] «C'était le temps de l'équinoxe et des vents ennemis».[8] «Avec l'équinoxe de printemps, les hautes mers battaient de nouveau les jetées».[9] Les dates précises de l'histoire sont substituées par le cycle naturel des équinoxes —époques de grands changements et de perturbations— mesure universelle du temps qui en atteste sa dimension cosmique. Et la guerre, que le personnage lui-même considère comme «un phénomène cosmique»[10] semble se reproduire périodiquement, suivant le rythme d'un temps cyclique qui dépasse les mesures temporelles arbitrairement, conçues par les hommes.

De même, à l'image du renouvellement des saisons, les événements se répètent régulièrement: à l'amitié de Mattin succède celle de Ramiro, à la mort de Mattin fait écho la mort de Ramiro, l'exode de 1936 se reproduit en 1940. D'autre part, dans sa conception cyclique du temps, le personnage établit une relation de similitude entre

6. *Ibid.*, p. 68.
7. *Ibid.*, p. 10.
8. *Ibid.*, p. 128.
9. *Ibid.*, p. 227.
10. *Ibid.*, p. 222.

les diverses situations, actualisant les moments du passé par média-
tion du souvenir. Par exemple, les nuits de Saint Jean de Luz semblent ressusciter celles de Madrid, la tertulia du «Café de la Nivelle»
n'est qu'une reproduction de celle du «Café de Bilbao», les promena-
des ensoleillées sur le cours Gambetta, en compagnie d'Hispana, sont
assimilées aux «paseos» dans la rue d'Alcalà, et la corrida de Mont
de Marsan fait renaître l'image de la Feria de Séville. Le temps de
Jean Olçomendy apparaît donc comme un temps polycyclique durant
lequel tout passe mais pour revenir et se renouveler, selon des fré-
quences différentes. Comme le dit G. Poulet, «dans l'expérience (...)
de la continuité personnelle se découvre une analogie inattendue entre le temps humain et le temps cosmique».[11]

Aux diverses manifiestations du temps se trouvent indissociable-
ment liées celles de l'éspace qui, s'il apparaît tout d'abord comme un
espace matériel, n'en est pas moins porteur de nombreuses valences
symboliques. L'espace dans *Le Pont des Sorts* offre une structure bi-
naire: la vie du personnage se déroule successivement dans deux
pays, deux macrocosmes qui s'opposent, tout en assumant des fonctions similaires: l'Espagne d'avant-guerre représente pour Juan le
pays d'adoption, la nation-mère qui remplace son pays natal. Par un
processus d'identification, il se sent intégré au peuple espagnol et considère l'Espagne comme un espace maternel et protecteur qui le
préserve de tout danger extérieur. «Enfin, je me sentais chez moi,
abrité de l'Europe et du monde».[12] Toutefois, pendant la guerre civile, c'est la France qui devient l'espace du refuge pour Jean et Hispana, qui s'y installeront définitivement après leur mariage. Mais
l'Espagne et la France, tantôt espaces bénéfiques, tantôt théâtre de
destruction et de mort, n'en sont pas moins deux mondes étanches
et opposés l'un à l'autre. Les malheurs de l'Espagne ravagée par la
guerre n'affecte en rien la France qui poursuit sa vie insouciante et
heureuse; la division géographique et politique de la frontière qui
les délimite n'est que le symbole de la distance morale qui sépare
les deux pays.

Dans ces deux macrocosmes, il apparaît une atomisation de l'espace: l'Espagne, c'est surtout Madrid, la cité capitale, le centre de
tout, la ville chaleureuse où Jean aime à se perdre, submergé dans
le torrent de la foule, et où il ne se sent jamais seul: la ville se
charge donc de connotations affectives qui inspirent au personnage
une certaine nostalgie du paradis: «Si j'avais à choisir le lieu de
mon paradis, je demanderais le fleuve tumultueux de lumière et de

11. G. Poulet, *Etudes sur le Temps Humain*, ed. du Rocher, Plon, 1952,
p. 38.
12. J. Peyré, *op. cit.*, p. 17.

vie qui (...) unissait les courants d'Alcalà et de Gran Vía sous les feux au néon...».[13] Suivant une disposition concentrique, à l'intérieur de la ville se trouve le quartier de Chamberi, auquel Jean se sent affectivement lié, et dans le quartier, la maison où il habite un appartement surélevé, qui domine «les terrasses et les jardins suspendus de la ville».[14] Aux notions de hauteur et de verticalité, la maison joint celles de clarté et de luminosité, autant de caractéristiques qui traduisent chez le héros un désir de bonheur.[15] A l'intérieur de la maison, la chambre et le bureau surdéterminent une intimité déjà exprimée par la ville et la maison, qui facilite le développement de la vie intérieure du personnage.

A ces espaces intimes, séparés du monde extérieur, donc protecteurs et protégés tout à la fois, s'opposent deux autres microcosmes, lieu de divergence et de rupture, qui symbolisent la détérioration de la situation psychologique de l'Espagne, à la veille de la guerre civile. En premier lieu, le«café de Bilbao», où s'accomplit quotidiennement le rite de la tertulia, constitue l'espace idéologique où s'affrontent dialectiquement les tendances politiques qui sous-tendent la guerre civile —le comunisme, le socialisme, la fédération anarchiste et les défenseurs de la République—.[16] Cet «îlot de raison», longtemps préservé du climat de violence et d'émeutes qui se propage dans tout le pays, se voit menacé par la discorde et manifeste les symptômes prémonitoires de la guerre fratricide. De la même manière, les arènes de la place Monumental sont le théâtre d'une émeute populaire provoquée par les esprits surchauffés. Le rituel de la corrida s'en trouve inversé, Valeriano le torero, devenant la victime du public et du taureau. L'évolution négative que subissent ces deux espaces est sentie par le personnage comme un envahissement progressif des forces destructrices qui viennent anéantir une atmosphere première d'entente et d'amitié.

Quant à la France, elle se limite, pour Jean Olçomendy, au Pays Basque Français et plus spécialement aux villes jumelles de Saint Jean de Luz et Ciboure où il s'établit à son retour. On peut observer le même phénomène d'éclatement de l'espace, la même division de macrocosmes en une série de microcosmes tels que la ville, le quartier, la maison, le «café de la Nivelle» qui se superposent aux espa-

13. *Ibid.*, p. 41.
14. *Ibid.*, p. 67.
15. Voir l'étude de Proust à ce sujet: «Notes sur Stendhal», dans «Essais et articles» dans *Contre Sainte Beuve.*
16. Joseph Peyré, *op. cit.*, p. 49: «Pour représenter dans notre tertulia l'éventail politique de ce temps-là, seule manquait, avec celle d'un phalangiste, la couleur de Saturio, l'ancien camarade de Paco. Affilié à la F.A.I., la Fédération Anarchiste...».

ces de la vie antérieure. La France, toutefois, ne représente plus pour
Jean l'espace mythique de la nation-mère, respectée et aimée, pour
laquelle il a combattu à Verdun, et à laquelle il a sacrifié sa jeunesse
et sa santé. «Elle n'était plus pour moi, comme elle avait été avant 14,
une réalité charnelle, objet de dévotion, d'amour».[17] Le retour en
France, qui signifie avant tout la rentrée au pays natal, ne réveille en
lui aucune nostalgie, aucun sentiment de bonheur. D'où son isolement volontaire et le choix d'une maison séparée de la ville et de sa
famille, dans une recherche d'individuation. En conséquence, la distance qui le sépare de Saint Jean de Luz et la surélévation de sa maison —qui lui rappelle, en cela, l'appartement madrilène— lui permettent de faire abstraction de l'espace physique dans lequel il se
trouve, pour le transposer en un espace mental, dispensateur de bien-
être et de satisfaction.

Finalement, l'espace idéal de l'intimité se matérialise dans la petite maison d'Eyheralde, maison du temps de la paix et du bonheur,
dont l'aspect extérieur, typiquement basque est déjà tout un symbole.
Demeure accueillante qui rayonne l'humanité et la fraternité, ce
«nouveau foyer d'amitié» [18] est révélateur de l'état d'âme particulier
de celui qui l'habite. Son isolement n'implique pas la séparation, sinon la paix et le repos, ses murs garantissent la protection et l'intimité désirées, et son site, en pleine campagne, indique un désir de
retour à la nature et d'intégration parfaite à l'univers. —Espace sé-
curisant et heureux—, la maison d'Eyheralde représente pour le personnage comme une sorte de paradis terrestre retrouvé. Mais c'est
au «Café de la Nivelle», point de convergence d'un groupe d'espagnols et de basques exilés que se cristallise le désir de réintégration
de Jean au peuple basque et à son pays. Cet espace propice aux contacts et aux échanges, n'est pas seulement le siège de discussions sans
nombre sur l'évolution de la guerre civile: autour des tables du café
renaît le sentiment de l'unité des Pays Basques. A travers les chansons euskariennes et l'évocation des mythes basques, Jean reprend
conscience de son appartenance à ce peuple marin et guerrier, maître des montagnes et de l'ocean, et découvre un nationalisme «tout
imprégné de poésie et de légendes».[19] Le «café de la Nivelle», comme
antérieurement le «café de Bilbao», arrache le personnage à sa solitude et devient l'espace de l'amitié et de l'identité retrouvée.

Enfin, unissant et délimitant les deux macrocosmes se dresse le
pont, le pont d'Hendaye que l'auteur nomme le Pont des Sorts. L'importance du pont, mise en évidence par le titre du livre, est justifiée

17. *Ibid.*, p. 222.
18. *Ibid.*, p. 254.
19. *Ibid.*, p. 176.

par le rôle qu'il joue dans l'histoire racontée, et la place de choix que l'auteur lui réserve, à la charnière de la première et de la deuxième partie. Dans le roman, la figure du pont se charge d'une ambivalence de symboles... Il est avant tout pont frontière, qui marque une altérité, et qui sépare deux espaces opposés, l'un malheureux, ravagé par la guerre l'autre heureux, opulent et allègre. Cette séparation est matérialisée par la herse rouge et blanche, qui s'ouvre et se referme implacablement, interrompant tout passage. D'autre part, la police qui surveille le pont et la présence des drapeaux à chaque extrémité soulignent le sens politique de la frontière entre les pays et les hommes, et rappelle leur différence: «Le Pont, qui portait aux deux bouts les couleurs espagnoles et les nôtres, demeurait toujours condamné, signifiant qu'entre les deux rives, entre les deux pays, aucune osmose n'était possible».[20] En outre, le Pont des Sorts est devenu pour le personnage-témoin, un espace tragique: le spectacle désolant des réfugiés en fuite, comme un «flot de peur et de misère», et la mort des miliciens tombés sous les salves des Navarrais avant d'atteindre l'autre rive sont autant de manifestations de la douleur, qui investissent le pont de valences négatives. Lieu de l'épreuve et de la mort, porte étroite et dangereuse que tous ne parviennent pas à franchir, il est le passage périlleux qu'il faut traverser pour survivre. Le pont des sorts est le pont des exodes, ceux de la guerre civile et de la guerre mondiale, images de l'éternel exode humain à la recherche d'un lieu de bonheur et de paix.

C'est aussi sur le pont que le personnage écoute l'annonce de la guerre future et des fléaux qui s'abattront sur son pays. Le pont se transforme alors en espace prophétique. Cette révélation opère un changement chez Jean Olçomendy qui, par le truchement du pont, découvre la ignification de la guerre et l'«inévitable acomplissement des destins». De là le nom de «Pont des Sorts», car le pont sur la Bidassoa est devenu l'instrument du destin qui sauve ou qui condamne: «Pour connaître l'accomplissement des destins, il fallait avoir assité au prélude, avoir vu les réfugiés, leurs enfants et leurs hardes passer le pont de la Bidassoa (...), il fallait, comme je l'avais fait, avoir accompagné jusqu'à la herse rouge et blanche la masse de lazaret (...) et vu passer le Christ descendu de la croix. Il fallait avoir reçu en plein visage, avec le souffle du malheur, l'avertissement: «Vous aussi, vous aussi, ce sera bientôt votre tour».[21]

Mais le pont exerce aussi une fonction positive, qui met en relief l'une de ses premières valences symboliques, à savoir la réunion, l'unification. Il établit le lien entre les différentes province basques,

20. *Ibid.*, p. 241.
21. *Ibid.*, p. 245.

186

séparées par une frontière politique, mais qui découvrent, à partir de la guerre civile, le sentiment de leur communauté. C'est l'oppression soufferte par le peuple basque, et la vision des souffrance de celui-ci qui catalysent chez le personnage cette prise de conscience, faisant naître en lui le sentiment nationaliste. «Malgré le voisinage de Saint Sébastien (...) je n'avais jamais eu le sentiment réel de l'unité de notre peuple, coupé en deux par la frontière franco-espagnole Pour me la révéler, il avait fallu le spectacle pitoyable des réfugiés (...) tous basques comme moi, et que j'avais recueillis».[22] C'est pourquoi le pont des sorts, facteur de séparation et théâtre de la souffran ce pendant la guerre civile, devient, une fois la paix rétablie, lien dé finitif et symbole d'une unité finalement retrouvée.

CLAUDE BENOÎT
Universitat de València

22. *Ibid.*, p. 136.

«*CHANT FUNÈBRE POUR LES CADETS DE L'ALCAZAR*»:
UN CONFLICT PAR SES SIGNES

Chant funèbre pour les Cadets de l'Alcazar: un titre qui nous place d'emblée dans la littérature partisane, militante. A peu près six-cents vers d'offrande aux morts, qui dressent un vaste panégyrique du camp national et tentent de légitimer le soulèvement contre la République, tout en augurant l'imminente victoire. Si l'idéologie qui soustend l'oeuvre et sa vision du conflit n'offrent aucune surprise, il en est autrement des ressources poétiques qu'elle exploite afin de provoquer l'adhésion du lecteur. En effet, le *Chant funèbre* révèle une profonde manipulation du matériel littéraire qui vise à un double acquiescement de la part du récepteur: acquiescement à la valeur esthétique du l'oeuvre et acquiescement à l'idéologie défendue. Dans cet ouvrage écrit en 1938, le poète contribue ainsi à la lutte et, au risque de ne pas gagner de nouveaux partisans, il se réaffirme du moins dans ses principes.

Le *Chant funèbre* s'ouvre par un éloge des cadets au milieu de la bataille; en même temps, le poète invoque un vague ensemble de divinités pour soutenir les siens dans leur résistance héroïque. Viennent ensuite les deux personnages fondamentaux: en premier lieu, un aigle —allégorie des temps nouveaux que conjure le poète— descend des cieux pour mener les Nationaux dans le combat; ensuite, le général des assiégés prononce un long discours du haut des murailles, où se trouve condensée l'exposition la plus directe de l'idéologie de l'oeuvre. Finalement, l'éloge des cadets reprend, mais cette fois-ci à partir de la victoire. Le *Chant funèbre* s'achève par l'annonce d'une sorte de vengeance apocalyptique, cosmique, qui aura lieu lors de la résurrection des corps, et par le défilé triomphal des Nationaux.

C'est surtout le matériel métaphorique de l'oeuvre, son vaste arsenal d'images, qui est déterminé par la position que prend l'auteur vis-à-vis du conflit. L'exaltation continuelle de l'Alcazar donne lieu à une profusion métaphorique où se révèle un réseau symbolique qui sert de support, plus ou moins dissimulé, à certains postulats. L'exclusion foncière des deux factions qui rend impossible toute réconciliation sans vaincu, le mythe de la croisade et la sacralisation résultante du conflit, la légitimation du soulèvement et, par conséquent, de la mort comme unique moyen de réparer l'agression subie, sont solidaires des processus métaphoriques qui se succèdent presque ininterrompus. De plus, la République est présentée comme un outrage aux signes sacrés, aux emblèmes dont s'approprie le camp national: une sorte de sacrilège qui entraîne la nécessité d'un rite purificatoire particuliar. Finalement, un bref support narratif et descriptif complète cette stratégie multiple à la recherche d'une adhésion du lecteur.

Images, emblèmes, symboles, allégories: c'est principalement par ces signes que nous nous proposons de pénétrer dans le *Chant funèbre*. L'enjeu étant l'acceptation possible de l'idéologie soutenue, il semblerait qu'il y aura partie gagnée ou partie perdue en fonction du rapport qu'établira finalement le lecteur avec l'esthétique particulière de l'oeuvre, et plus précisément avec son réseau métaphorique.

*   *   *

L'affrontement total de deux camps se manifeste dans la profonde dichotomie que les expansions métaphoriques mettent constamment en évidence. Autrement dit, l'exclusion foncière des Nationaux et des Républicains dans le conflit réel se traduit sur le plan de l'image par l'exclusion elle aussi foncière des réalités imaginaires qui se rapportent à chaque camp. Tolède donne lieu à un déferlement d'images mettant en oeuvre des plans symboliques qui coïncident dans une positivité générale et révèlent une esthétique qui veut éblouir par la beauté. Rien de cela pour les Républicains; lors de leurs brèves apparitions il donneront lieu non pas à une profusion mais à un quasi total dénuement d'images qui nous placeront face à des réalités imaginaires dévalorisantes, faisant apparaître toute sorte de traits et d'associations négatifs dans la réalité de référence.

La positivité générale accordée à l'Alcazar et à Tolède s'exprime par une constante utilisation de plans imaginaires qui répondent à une symbolique de la hauteur et de la lumière:

190

«Or, dans le vent, Tolède, assise au fond du ciel,
Miroir lavé de pleurs, cratère plein de miel,
Sur le désert étincelant de la Castille,
Plain d'églises, de tours, de cloches: Toi qui brilles
Comme une lampe au poing des morts!
Tolède, sur ton Roc, Graal du Rosier d'or
Entre le feu de Dieu et les douves du Tage;» [1]

Luminosité de cette ville qui brille tel un Graal, élévation de ce qu'on nous place au fond du ciel. Cette première strophe du *Chant funèbre* nous permet de saisir deux véhicules différents du symbolique: les images, fondées sur des rapprochements, des attributions découlant d'une vision subjective du poète, et la notation de faits réels mais qui ont été choisis par une virtualité symbolique parallèle. Ainsi, la localisation imaginaire de Tolède au fond du ciel est aussi symbolique que son élévation réelle sur un roc. De même, la luminosité réelle de la Castille est aussi symbolique que celle du Graal, audacieusement identifié à la ville.

Jour, matin, été, cieux, empyrées, soleils: une longue série de symboles essaime l'éclat et l'élévation consubstanciels pour la poète à Tolède, qui du début à la fin «éclate et brille»: [2]

«Douaire de l'Eté, Feu sacré du Matin,
Toi dont le coeur jaloux s'égale aux empyrées,
(...) Toi, le Berceau de notre Jour» [3]

A la lumière, à l'ascension de Tolède ou de l'aigle qui vient des cieux pour mener les Nationaux à la victoire s'oppose un monde déchu, parce qu'il est encore dominé —du moins, en partie— par les autres, symboliquement dévalorisé par la chute et la noirceur:

«Voilà que la nuée ensevelit tes cris
Et que la nuit s'enferme en ses portes sans nombre!
Voilà que sur la terre où te chasse l'esprit
Tourne comme une croix lumineuse ton ombre.» [4]

Le conflit est donc présenté dans sa plus grande généralité, comme un affrontement de puissances irréconciliables; lumière et ténèbres, jour et nuit, élévation et chute, toutes ces oppositions révèlent une conception duelle, antithétique du monde.

1. Pierre Pascal, *Chant funèbre pour les Cadets de l'Alcazar*, s/l, s/d, collection «Eurydice», Editions Fernand Sorlot, p. 9.
2. *Ibid.*, p. 11.
3. *Ibid.*, p. 15.
4. *Ibid.*, p. 23. Cette citation fiat référence à l'aigle qui descend des cieux pour maner les Nationaux à la victoire.

Mais qui sont les êtres humains impliqués dans cette lutte? Aucune désignation directe: républicain, national, communiste, phalangiste sont des mots bannis de l'oeuvre. L'option du poète ne se cache cependant pas: les êtres qui vont représenter les deux camps révèlent d'emblée le parti pris. Comme si le désir de vaincre les opposants se manifestait par l'acte même de l'écriture, face au déferlement d'appellations laudatives pour les cadets de l'Alcazar, il n'y a que quelques allusions indirectes aux assiégeants. Il s'agit parfois d'allégories animales qui, par un effet de revers, font du camp contraire une vaste abstraction. Ainsi, le poète retrouve dans le conflit:

> «parmi les arsenaux des anges et des preux
> l'odeur de ma vengeance et l'odeur de la Louve»[5]

C'est encore face aux loups que tombera l'Empereur des assiégés, donnant sa vie pour la défense de l'Alcazar.[6] A Tolède, «la Gloire enchaîne le Taureau» et le sang de celui-ci baptise les élus dans une sorte de vengeance divine.[7] Ces allégories présentent des animaux dont la virtualité maléfique est mise en évidence par le contexte antithétique où ils s'insèrent, et qui, du même coup, semblent escamoter le statut humain de l'adversaire. Finalement, les Républicains sont désignés, au moyen du procédé de l'antonomase, par un être mi-humain, par une puissance maléfique et unique: le Minotaure, dont le poète fête la mise à mort.[8] Caïn,[9] l'enfer,[10] le Golgotha,[11] Héliogabale:[12] les personnages concrets du passé ou de la légende, les lieux précis où s'incarnent les Républicains ne peuvent être que dévalorisants; ils correspondent toujours au lieu ou à la personne qui, dans un univers moralement duel, a véhiculé le mal.

Et qui trouve-t-on face à ce musée du maléfice humain, mythique ou animal? Des chevaliers blancs,[13] «les porteurs des flambeaux du

---

5. *Ibid.*, p. 10.
6. «Où l'Empereur tombé debout
Nu dans sa gloire, face aux loups», *ibid.*, p. 26.
7. «C'est ici que la Gloire enchaîne le Taureau
Et qu'Elle, dévoilant ses beaux flancs économes,
    En va presser à pleines mains
    La sève écarlate où, demain,
La vengeance de Dieu baptisera les hommes!» *Ibid.*, p. 38.
8. «Fêtant à sourde voix la fin du Minotaure», *ibid.*, p. 16.
9. *Ibid.*, p. 22.
10. *Ibid.*, p. 31.
11. *Ibid.*, p. 22.
12. *Ibid.*, p. 18.
13. *Ibid.*, p. 13.

soleil»,[14] des êtres purs qui se défendent des assiégeants par une symbolique élévation de leurs murailles jusqu'aux cieux:

«(...) Là sont couchés les chevaliers
Qui, de leurs pauvres corps sanglants et fusillés
Voulaient jusqu'au zénith créneler cette enceinte» [15]

L'absence de désignation concrète des humains impliqués dans le conflit est solidaire d'une détemporalisation et d'une universalisation simultanées de celui-ci: la guerre civile n'apparaît que comme un épisode de l'éternel affrontement entre la lumière et les ténèbres, entre le bien et le mal. La non-référence aux circonstances vécues qui ont provoqué et qui déroulent le conflit se justifie ainsi dans l'économie particulière de l'oeuvre: ce ne sont que des accidents secondaires d'une même antithèse essentielle, de l'affrontement entre la race d'Abel et celle de Caïn. L'aigle allégorique qui descend des cieux ne verse pas son sang pour l'homme, pour obtenir une paix sans signe, mais pour la race de Dieu.[17] Race de Dieu où les cadets de l'Alcazar sont placés au même niveau que des héros de la légende tels que le Cid ou les Dioscures, tandis que l'Archange Michel crée l'échelon indispensable pour les unir à la divinité.[18] La volonté d'incarner les cadets dans la quasi totalité des héros de la culture occidentale aboutit a l'étrange fusion du Cid et du Christ dans ce «Jésus Campeador» qui ceint son front métaphoriquement de l'enceinte de l'Alcazar.[19]

Cette dualité symbolique est renforcée par un bref support descriptif des deux camps qui met en évidence leur dissymétrie. Cela n'est pourtant pas le corollaire de tout affrontement absolu: une oeuvre épique telle que la *Chanson de Roland* où luttent deux mondes radicalement opposés —le mahométan et le chrétien— révèle une sensibilité bien différente vis-à-vis de l'adversaire. Le parti pris du pongleur n'empêche pas la perception de traits negatifs chez les Francs et de certains traits positifs chez les Musulmans. Ainsi, c'est Ganelon, le traître, qui provoque l'embuscade de Ronceveaux; Roland lui-même n'est pas dépourvu d'un orqueil excessif quand il refuse de sonner le cor pour appeler les Francs à la rescousse. Quant

14. *Ibid.*, p. 14.
15. *Ibid.*, p. 16.
16. *Ibid.*, p. 22.
17. «Tu ne cesseras plus d'offrir en sacrifice
    Pour la race de Dieu le fleuve de ton sang», pp. 23-24.
18. *Ibid.*, p. 34; p. 39; p. 40; p. 35.
19. «Tu couronnes enfin Jésus Campéador
    Saint Alcazar, béant sous la lune écroulée», *ibid.*, p. 26.

aux Musulmans malgré la supériorité de leur nombre, ils ne manquent pas de courage; leurs armes sont aussi nobles que celles des Francs. Finalement, chaque camp se configure de façon parallèle: au centre Charlemagne ou Marsille, puis autour d'eux leurs barons. Cette parenthèse nous permet de saisir à quel point la dévalorisation des contraires est absolue dans le *Chant funèbre*: le camp républicain n'y partage aucun attribut, aucune configuration interne avec le camp national. D'un côté les héros, de fortes individualités —le Cid, Roland, l'aigle allégorique, le Général, etc...—, de l'autre un anonymat fourmillant, une masse amorphe qui ne fait preuve d'aucune prouesse, une supériorité de nombre qui sera pourtant fatale:

> «Et ceux qui déchiraient la robe de l'Esprit
> Seront anéantis sous le poids de leur nombre» [20]

Les armes mêmes qui apparaissent symboliquement des deux côtés sont diamétralement opposées: les chevaliers blancs, tels des héros épiques, offrent leurs glaives à Dieu quand ils meurent,[21] tandis que Tolède est identifiée à une armure qui jugule «l'opprobre et la fureur des harpons barbelés».[22] Le fer d'épée brille d'une saisissante noblesse face à ces harpons, armes de jet qu'on peut lancer sans s'exposer.

La conduite même des êtres de chaque camp ne résiste à aucune comparaison. Face à l'abnégation, au sacrifice personnel, à l'union plus que solidaire des cadets, les Républicains sont présentés comme un groupe démembré où chacun est à la recherche du profit personnel. Voilà la sorte d'éternel enfer que leur augure le poète, où ils «Ne finiront jamais, en d'aveugles repas / Morts, de se disputer leurs creilles coupées».[23]

*   *   *

Mais que reproche-t-on à l'adversaire malfaisant? Quels sont les actes réels qui ont motivé une telle dichotomie symbolique et descriptive? Cette question nous fait revenir au niveau du signe car

20. *Ibid.*, p. 33.
22. *Ibid.*, p. 14.
23. *Ibid.*, p. 35.
   La dissymétrie des deux camps se manifeste à un point tel qu'elle empeche toute coïncidence symbolique dans un même contexte. Ainsi, à l'ascension tournoyante des méchants aux cieux, une sorte d'agression à la divinité, s'oppose une redescente symbolique des dadets dans la la torre maternelle qui les accueille à leur mort:
   «Et pleure, Ombres sans nom, au pied de ton boffroi,
   Tes fils redescenous dans la Paix maternalle!
       Or's que je vois vers le zénith
       Forçant les murs du Paradis,
   Monter le tournoiement des Archanges rebelles», *ibid.*, p. 46.

ce que l'on reproche explicitement aux Républicains c'est d'avoir agressé les emblèmes, les symboles sacrés dont s'approprie le camp national dans l'oeuvre: ils ont ébranché l'olivier de Pallas Athénée, ils ont souillé la Croix et ils ont craché sur le Globe et l'Epée.[24] De par ce sacrilège originaire le conflit se sacralise; la guerre civile est alors posée comme une réparation nécessaire par le sang de l'injure infligée à ce qui est intouchable. La riposte au sacrilège est l'anathème, la condamnation absolue qui mène à une sorte de guerre sainte, un épisode de plus de l'éternel conflit des deux puissances:

> «Et tu te souviendras, à haute voix de l'Heure,
> De cette heure profonde où l'Etre révolté
> Droit sur sa tour lança l'anathème d'un ordre
> Et de tous les créneaux, par sa bouche amautés,
> Justes comme la faim, impatients de mordre,
> Flamme aux yeux, les chiens des fusils.»[25]

Une rage purificatoire coule tout au long du *Chant funèbre*, donnant lieu à une sorte de rite où l'on répare l'outrage au sacré par le sang et le feu, par la mort. Ainsi, Tolède est identifiée au «Pressoir grinçant du Rédempteur»;[26] de même qu'un pressoir par l'écrasement du raisin produit le vin, Tolède assiégée produit par la mort de ses cadets un fleuve de sang, fruit douloureux de la mort, mais nécessaire pour la nouvelle Rédemption.

La mort est ainsi glorifiée en tant qu'instrument privilégié du rite purificatoire. Le poète met en relief constanmment la souffrance, l'horreur, l'atrocité de la mort; mais ce n'est que pour plus la valoriser. En fait, c'est la mort qui brille dans cet Alcazar comparé à un éblouissant quiconce de pals et de gibets.[27] C'est aussi la mort qui élève Tolède quand on déclare avec fierté avoir «Entassé jusqu'aux cieux nos sublimes tueries / et les avortements de leurs monceaux de morts».[28] Il ne peut être qu'ainsi du moment que la mort

24. «Car ils auront frappé la face de la Mort,
Ebranché devant toi l'Olivier de la Reine,
Car ils auront souillé la croix du Mirador,
L'Impalpable Sourire et la Paix souveraine.
Ceux-là, donc, dans la nuit où les pousse Judas,
Parce qu'ils auront craché sur le Globe et l'Epée», *ibid.*, p. 35.
25. *Ibid.*, p. 37. Dans un autre passage, le général des assiégés ne peut âtre plus explicite:
«Qui le blasphèms ici, d'un seul coup de mon gant,
Doit rouler sous les pieds de mon cheval de guerre», *ibid.*, p. 27.
26. *Ibid.*, p. 4.
27. *Ibid.*, p. 11.
28. *Ibid.*, p. 20.

est infligée par Dieu à ses propres créatures pour les rendre dignes de Lui. Les cadets de l'Alcazar sont les martyres du xxème siècle.[29]

* * *

Nous pouvons maintenant démêler la complexe stratégie au moyen de laquelle le poète recherche l'adhésion du lecteur, stratégie complexe par ses différents niveaux. Dire «nous sommes les bons, eux sont les méchants» ne suffit pas; il faut soutenir cette affirmation pour provoquer l'acquiescement de ceux qui n'etaient pas convaincus au préalable. On recherche en fait dans le *Chant funèbre* une triple adhésion: esthétique, intuitive et rationnelle.

Tout d'abord, le réseau symbolique tend à nous incliner d'un côté précis; ce sera évidemment celui de la lumière, de l'élévation, celui qui donne lieu à des images ne pouvant résulter que d'une valorisation de la réalité métaphorisée: «cratère plein de miel»,[30] «lyre des troubadours»,[31] «lys dont s'écoule à flots la semence des astres».[32] Donner un certain crédit à ces images, reconnaître leur valeur esthétique en pénétrant le réseau d'associations qui met Tolède en rapport avec une telle constellation de plans imaginaires, c'est déjà se placer sur la voie de l'adhésion. L'enrichissement esthétique de Tolède que suppose un tel foisonnement métaphorique est une sorte de boîte à double fond: on cherche à nous éblouir par la beauté, par l'audace de ces créations afin de bien nous prédisposer instinctivement face à la réalité qu'elles évoquent. Voilà pourquoi à cette exhubérance d'images s'oppose non pas un enrichissement parallèle dévalorisant du camp contraire, mais un quasi total dénuement de métaphores. De cette façon, la possession de la verité se traduit textuellement par la possession de la beauté littéraire, et plus précisément par la possession de l'image.

Il en est de même pour les personnages de la légende ou du passé qui représentent les combattants: d'un côté, le Cid, Roland, les Dioscures; de l'autre, Judas, Héliogabales, etc... Les allégories animales donnent deux séries parallèles: d'un côté, l'aigle! de l'autre, le Minotaure, la Louve. Au premier abord, on ne peut s'identifier qu'à un seul camp.

A cette expansion des combattants nationaux dans un authen-

29. «Ne répondras-tu pas à tes nouveaux martyres
Comme à ceux que ta Main perça de coups de lance
Sur les Croix de la Plèbe et qui, sans repentir,
Sont morts pour communier le vin de ton silence», *ibid.*, p. 32.
30. *Ibid.*, p. 4.
31. *Ibid.*, p. 13.
32. *Ibid.*, p. 11.

tique musée de héros correspond une expansion semblable dans les emblèmes. Quels sont les signes victimes de l'agression républicaine? D'abord celui du christianisme —la Croix—, ensuite un emblème païen —l'olivier de Pallas Athénée— puis, finalement, des signes abstraits tels que la Mort ou la Paix, qui élargissent par leur imprécision le champ d'adhésions virtuelles.[33]

Le bref support narratif et descriptif complète cette adhésion instinctive par un autre genre d'adhésion résultant de la façon dont le lecteur jugera la réalité telle qu'elle est présentée. Si nous ne mettons pas en question la description, l'information qu'on nous donne de chaque camp, il est bien difficile de ne pas s'identifier aux héros nationaux.

Il s'établit dans l'oeuvre un contrebalancement interne entre un trop plein d'images, de symboles et d'emblèmes, et l'abstraction, la généralisation absolue dans laquelle le conflit est noyé. Dès le début nous savons qu'il s'agit d'une vengeance, d'une riposte a l'outrage infligé aux signes sacrés; mais en dehors de cela, cette vengeance demeure vide de contenu. Quant aux principes que défendent les chevaliers purs, ce ne sont aussi que des abstractions dans lasquelles tous les lecteurs peuvent se reconnaître tant qu'elle n'ont pas été précisées: le Bine, la Loi, l'Ordre.[34]

Finalement, le dénouement même de la guerre civile dans l'oeuvre est le dernier moyen qui tente de faire adhérer les lecteurs. Celle-ci s'achève sur une immense marche triomphale où s'exprime la foi inébranlable des Nationaux en la victoire. Cette exhibition de toute-puissance soumettra peut-être ceux que ni l'émotion, ni l'esthétique, ni l'information donnée n'ont inclinés du côté national.

Quelle que soit l'attitude résultante du lecteur, on ne peut douter de la profonde cohésion interne de l'oeuvre en vue de l'objectif qu'elle se propose d'atteindre. Une telle insistance, une telle réincidence de tentatives de provoquer l'adhésion du récepteur ne seraient-elles pas preuve de fait que le poète est conscient des obstacles qui entrevent son but? Cela est plus que probable dans un oeuvre où le héros des héros, le général des assiégés, déclare avec fierté que sa cruauté est plus belle que l'hostie.[35]

33. Cfe. note 24.
34. «J'écoute ici parler en moi
    La voix morte du Bien, la voix morte des Lois», *ibid.*, p. 33.
    L'avènement d'un changement d'ordre politique est brièvement indiqué lors de l'épisode de l'aigle allégorique:
    «Et son bec, et sa langue épouvantable à voir,
    Claironnent les décrets dont il brisa un empire», *ibid.*, p. 22.
    Mais il n'y a aucune indication sur ce changement.
35. «La Tristesse divine est le noir bouclier
    Qui fait ma cruauté plus belle que l'hostie», *ibid.*, p. 27.

C'est qu'en fait, le *Chant funèbre* limite par sa nature même le champ d'adhesions possibles. Une telle conception manichéenne et simpliste du monde, un tel engouement pour les emblèmes sacralisés, l'exhubérance laudative qui s'y manifeste et, surtout, l'assurance de posséder la vérité absolue n'ont pu que rendre méfiant le critique qui a abordé ce texte. Et il ne peut être qu'ainsi pour tout lecteur tant soit peu informé de la réalité de la guerre civile espagnole.

EVELIO MIÑANO MARTÍNEZ
Universitat de València

LE DOIT DE DIEU ET LA GRIFFE DU DIABLE
(LES ÉCRIVAINS CATHOLIQUES FRANÇAIS DEVANT LA GUERRE CIVILE ESPAGNOLE)

André Malraux, on le sait, commence toujours ses romans *in medias res*, au coeur de l'action... La pathétique «ouverture» de *l'Espoir* est dans toutes les mémoires: les républicains espagnols apprennent par le téléphone chacune de leurs défaites. Madrid appelle les provinces: lorsque l'interlocuteur répond: «Arriba España!», c'est que la ville est tombée aux mains des rebelles. Mais bientôt la formule connaît une variante:

«Allô Avila?... Comment ça va chez vous?»
«—Va te faire voir, salaud. Vive le Christ-Roi!»

Ce Phalangiste, avec son Christ-Roi, est un peu en avance sur la future «Croisade».

Le ton avait été donné par la *junta* qui, dès le 24 juillet 1936, s'était constituée, à Burgos, en «Gouvernement de l'Espagne Nationaliste». Le Général Mola, l'un des principaux artisans du «Soulèvement», avait déclaré au son de toutes les cloches de Burgos:

«Espagnols! Citoyens de Burgos! Le gouvernement qui était le misérable bâtard du concubinage libéral et socialiste est mort, tué par notre vaillante Armée. L'Espagne, la vraie Espagne, a abattu le dragon. Il est maintenant à terre, rampant et mordant la poussière. Je vais prendre la tête des troupes et il ne se passera pas longtemps avant que nos deux bannières-l'emblème sacré de la Croix et notre glorieux drapeau —flottent côte à côte sur Madrid.» [1]

1. Hugh Thomas: *La Guerre d'Espagne*, édition définitive: Collection «Bouquins». Laffont. París, 1985, p. 221.

Texte admirable, en vérité, et qui nous fournit le meilleur des exordes! Tout y est en peu de mots: le doigt de Dieu et la griffe du Diable, la croix et la bannière, les Elus et les Damnés...

Quel beau symbole que ce Dragon exhumé des terreurs ancestrales et des légendes médiévales! On l'imagine, rouge comme l'Enfer —et comme le Socialisme—, crachant de sa bouche immonde le feu qui brûle les églises et le venin qui corrompt les âmes...

Il est à terre, nous dit le Général Mola, il mord la poussière; mais il n'est pas mort... Qui viendra le terrasser? Si la Madonne ne descend pas du Ciel pour écraser de son divin pied l'infâme reptile, qu'au moins apparaisse Saint-Michel Archange!

Les Généraux ne manquent point qui rêvent d'en tenir le rôle; le Général Mola lui-même —qui vient de prendre la tête des armée—, le Général Franco et aussi le Général Sanjurjo. Tous trois sont prêts à brandir leur sainte épée et ils savent qu'ils peuvent compter sur la bénédiction du Cardinal Segura.

Ce n'est qu'après le discours de Mola que le Général Franco concevra l'idée de la fameuse «croisade». Il n'y pensait pas encore le 18 juillet quand, des îles Canaries, il avait lancé son appel à «l'honorable peuple espagnol». Son manifeste ne contenait aucune allusion à la politique anticléricale de la République espagnole. Il n'appelait pas à un rassemblement pour la défense de l'Eglise catholique.

Certes, à Pampelune, le ralliement au Général Mola s'était accompagné de scènes d'exaltation religieuse. Mais, dans cette ville, les éléments carlistes étaient majoritaires, et l'on sait que, depuis 1830, les Carlistes avaient adopté comme hymne un chant intitulé: «Por Dios, *Patria*, *Rey*».

En fait, un grave problème religieux se posait en Espagne depuis l'avènement de la Seconde République, en 1931.

Cette année-là, Manuel Azaña avait déclaré un peu vite que l'Espagne avait cessé d'être catholique. Il eût été plus juste de dire qu'elle avait cessé d'être cléricale.

Car s'il est vrai que l'Espagne comptait encore, au début des années Trente, vingt mille moines, soixante mille religieuses et trente-cinq mille prêtres,[2] il faut néanmoins remarquer que les deux tiers des Espagnols limitaient leur pratique religieuse aux baptêmes, aux mariages et aux funérailles. Peu d'hommes allaient à la messe; moins encore allaient à confesse...

Aux yeux des ouvriers et des paysans pauvres, l'Eglise Espagnole apparaissait encore comme une puissance féodale. Loin d'avoir les

2. Chiffres cités par Hugh Thomas d'après *Anuario Estadístico de España*. 1931, pp. 664-665.

traits du «poverello» d'Assise, le curé était encore perçu comme l'allié naturel du Bourgeois et de l'Aristocrate.

Cependant l'Eglise d'Espagne évoluait. Depuis quelques années déjà, elle avait cessé d'être monolithique. Son clergé, comme le clergué français à la veille de la Révolution de 1789, pouvait se diviser en *Haut Clergé* et *Bas Clergé*.

Le Haut Clergé, composé de somptueux prélats, de chanoines vivant dans le luxe des beaux quartiers, n'avait pas grand chose de commun avec le Bas Clergé des campagnes. Dans bien des «pueblos», le curé était aussi pauvre —et presque aussi inculte— que le plus pauvre et le plus inculte de ses paroissiens.

Diverse et contradictoire dans sa composition sociale, l'Eglise d'Espagne était tout aussi divisée dans le domaine des idées politiques. A la tendance traditionnaliste et autoritaire représentée par le Cardinal Segura, s'opposait *l'Action Nationale*, mouvement catholique constitutionnel. Son organe était *El Debate...* que le Cardinal Segura traitait de «torchon libéral»!

Sans doute, ce fut l'une des erreurs de la jeune République espagnole de n'avoir point tenu compte de ces nuances. Mais l'Eglise constituait encore, en Espagne, une puissance morale et politique globalement hostile au régime républicain, à la liberté du culte et à l'enseignement laïque.

Alors que le taux d'analphabétisme était encore en Espagne de 50 % (à l'exception de Barcelone et de Madrid où il n'était que de 25 %), l'Eglise exerçait un quasi monopole sur l'Enseignement.

La République espagnole devait donc engager le même combat qu'avait mené, quelque cinquante ans plus tôt, la IIIème République française et qui nous avait conduits aux loi slaïques de Jules Ferry et, en 1905, à la Séparation des Eglises et de l'Etat. Malheureusement, en Espagne, ce combat idéologique allait se dérouler dans un climat de guerre civile et donner lieu à de nombreuses violences anticléricales. Les incendies d'églises commencèrent, dès le mois de mai 1931, à Madrid et en Andalousie. Pour répondre à une lettre pastorale du Cardinal Segura qui condamnait la République, d'autres incendies d'églises eurent lieu en Catalogne et en Aragon. Dans la seule nuit du 19 au 20 juillet 1936, cinquante églises brûlerent à Madrid.

Il y eut aussi des violences contre les prêtres et les religieuses. Les historiens acceptent les chiffres proposés par Claudel dans son Ode aux «*Martyrs Espagnols*»: le nombre total des religieux massacrés pourrait être de 6.832, parmi lesquels 12 évêques, 283 religieuses, 4.184 prêtres et 2.365 moines.[3]

Encore faut-il préciser que ces assassinats ne furent pas toujours perpétrés par ceux que l'on appelait les «*Rouges*». Les troupes franquistes n'hésitèrent jamais à fusiller des prêtres, lorsqu'ils résistaient (comme au Pays Basque), ou quand ils s'interposaient pour éviter des massacres.

Il faut dire aussi que le déchaînement de violence populaire dont furent victimes tant de prêtres n'était que la réponse, aveugle et désespérée, à la politique de terreur instaurée par les généraux rebelles. On fusillait les syndicalistes les grévistes, les socialistes, les communistes, les anarchistes... le plus souvent sans jugement. On exposait les corps... On interdisait le deuil...

Certes, l'Eglise n'était pas responsable de ces exécutions; mais les évêques n'intervenaient guère que pour exiger que tout condamné à mort puisse bénéficier des secours de la religion. On prête à l'Evêque de Majorque ce bilan particulièrement optimiste:

«Dix pour cent seulement de ces chers enfant ont refusé les derniers sacrements avant d'être expédiés par nos bons militaires». Quoiqu'il en soit les violences anticléricales furent utilisées par la propagande nationaliste et contribuerent à créer le mythe de la «Croisade».

Après la mort des généraux Sanjurjo et Mola, Franco intensifiera encore plus l'allure de «Sainte Croisade Catholique» qu'il entendait donner à sa conquête de l'Espagne.

Je note, au passage, que le général Franco ne semblait pas partager les fantasmes du Général Mola quant au diabolique dragon, car l'avion qui le transporta des Canaries au Maroc s'appelait «Dragon Rapide»...

La «Cruzada Franquista» se développa parallèlement à la terreur franquiste. Après l'exécution hâtive et regrettable de José Antonio Primo de Rivera, cette terreur va redoubler.

Miguel de Unamuno, «saisi d'horreur par le tour que prenait cette guerre civile», s'opposait violemment au Général Millan (fondateur de la Légion Etrangère Espagnole) le 12 octobre 1936, au cours d'une cérémonie officielle à l'Université de Salamanque...

«Vous vaincrez, mais vous ne convaincrez pas!» lança Unamuno à la face des Phalangistes.

C'est précisément pour essayer de «convaincre» que l'on fit de plus appel à la notion de «Croisade». Ce même 12 octobre 1936, l'Evêque de Salamanque, le Dr. Pla y Deniel, assistait à la cérémonie de l'Université. Or, quelques jours auparavant, le 30 septembre, dans sa lettre pastorale, il avait employé ce mot de «Croisade» que l'on devait entendre si souvent!

---

3. Chiffres donnés par le R. P. Antonio Montero in *La Persecución Religiosa en España (1936-1939)*, Madrid, 1962, p. 762.

Cette «croisade» se faisait au nom du Christ et de la Vierge.

Un auteur italien, Leonardo Sciascia, en a donné une description sasissante dans son recueil de Nouvelles: *Gli Zii di Sicilia* (Einaudi, Turin, 1958). Un pauvre paysan de Sicile a fui le terrible travail de la soufrière et s'est engagé dans le *Tercio*, c'est-à-dire dans la Légion Etrangère Espagnole qui avait rallié la cause de Franco. Très vite, en compagnie d'un autre Italien, il a envie de déserter et il cherche une occasion pour s'enfuir aux Etats-Unis. Le dialogue des deux Italiens nous révèle les sordides réalités qui se cachent derrière le mythe de la *«Croisade»*:

«—Moi, disait-il, je voudrais passer avec toi de l'autre côté, pour ne plus entendre les fusillades, pour ne plus voir égorger les blessés, pour ne plus voir ce que je viens de voir avec cette Allemande, pour ne plus voir les Maures, les Colonels de la Légion Etrangère, les Crucifix et les Sacrés-Coeurs de Jésus...

> «—Tu ne verrais plus les Maures, les Crucifix et les Sacrés-Coeurs de Jésus; mais des fusillades et du reste, personne ne pourra te délivrer.
> —Je savais que c'était vrai, mais cela me paraissait déjà beaucoup de ne plus voir les Crucifix et les Sacrés-Coeurs de Jésus, attachés par la dévotion des Phalangistes à toutes les choses qui semaient la mort, aux canons, aux chars armés...
> Ne plus entendre le nom de la Sainte Mère de Dieu invoqué par ces Navarrais qui, pour se reposer des assauts, fusillaient des prisonniers; ne plus voir les aumoniers bénisseurs, et ce moine qui passait plein de fougue dans nos lignes, la main levée, nous exortant au nom de Dieu et de la Vierge...»[6]

Un peu plus tard, les deux amis s'interrogent sur la place qui est donnée à Dieu en cette guerre:

> «—Le Dieu du *Tercio* et des Navarrais, dit l'un d'eux n'est pas un bon Dieu...
> —Je le dirai à ma mère, affirme l'autre, que son Dieu n'est pas un bon Dieu... Et il ajoute: "Je hais les Espagnols!"
> Son camarade comprend cette haine:
> —Parce qu'ils ont tiré Dieu de leur côté, comme une couverture, et ils t'ont laissé à la belle étoile. Ce Dieu était le tien et celui de ta mère. Mais dans la République, Dieu n'est point. Il y a ceux qui, comme moi, ont toujours su cela; et il y a les autres qui tremblent

---

4. Hugh Thomas: *La Guerre d'Epagne, op. cit.*, p. 205.
5. Luis Portillo: *Unamuno's last lecture* in Cyril Cornolly: *The Golden Horizon*, Londres, 1953, p. 397.

de froid parce que la Phalange a entièrement tiré de son côté la couverture de Dieu.» [7]

L'expression utilisée par Leonardo Sciascia est parfaite. La Phalange a tiré à elle la «couverture de Dieu» et elle s'en servira pour couvrir bien des crimes. Nombreux seront les catholiques qui se laisseront tromper par cette «couverture», et tout d'abord les catholiques français.

*　*　*

Je ne parlerai guère ici de ceux qui n'attendaient que l'occasion —et le plaisir— de se laisser tromper.

Malgré la condamnation de l'Action Française fulminée, en 1926, par le Pape Pie XI, un certain nombre de catholiques français étaient restés fidèles à Charles Maurras.

Pour ceux-là, tout était simple et ils n'hésitèrent pas à voir le doigt de Dieu sur les bannières de Franco et la griffe du Diable sur les drapeaux républicains. *L'Echo de Paris* se fit une spécialité des reportages frémissants sur *«la Terreur Rouge»* et le Général de Castelnau, bon royaliste, bon catholique ,se donna une réputation de bel esprit en n'appelant plus le *Frente Popular* que le *Frente Crapular.*

Dans un premier temps, la plupart des écrivains catholiques français réagirent comme les ultras du conservatisme.

La presse de droite se déchaîne en France contre les massacreurs de prêtres, et les «déterreurs de Carmélites». Les catholiques français se sentaient solidaires de l'Eglise d'Espagne menacée par les «Rouges». François Mauriac avouera, en 1937, qu'il a d'abord souhaité la victoire de Franco sur les *«Anarchistes»...*

François Mauriac aimait l'Espagne; mais il l'aimait, précisement, parce qu'elle est le pays de Thérèse d'Avila, *«l'endroit du monde où l'homme a touché Dieu de plus près».* Pour sauver cette terre espagnole qu'il a toujours respirée *«comme un oeillet»,* il a cru, un moment, qu'il fallait soutenir Franco et Gil Roblès.

Le 25 juillet 1936, Mauriac écrit, dans le *Figaro,* son premier article sur la Guerre d'Espagne.

Intitulé «L'Internationale de la Haine», cet article prend violemment à parti Léon Blum et le somme de n'apporter aucune aide à la République Espagnole:

«Nous ne voulons pas qu'une seule goutte de sang espagnol soit versée par la faute de la France. L'Espagne est indivisible dans notre coeur: celle du Cid, de Sainte-Thérèse, de Saint-Jean de la Croix celle de Colomb et de Cervantès, de Greco et de Goya. Et je crois être l'interprète d'une foule immense appartenant à tous les partis, de la Guyenne et de la Gascogne au Béarn et au pays Basque, en criant à M. Léon Blum, qui brûle d'intervenir, qui, peut-être, est déjà intervenu dans ce massacre: «Faites attention, nous ne vous pardonnerions jamais ce crime».[8]

Ce texte d'une grande fermeté et d'un aveuglement total, Mauriac aura maintes fois l'occasion de le regretter.

Dès le 18 août, il s'indigne des massacres commis par les troupes franquistes à Badajoz. Mauriac parle d'une *«victoire souillée»* par «les exécutions en masse des vaincus, l'extermination de l'adversaire, qui était la loi avant le Christ». Mauriac déplore que ces atrocités aient été commises «au nom de la religion traditionnelle de l'Espagne... et le jour de l'Assomption».

Bientôt, autour de Mauriac, des catholiques vont évoluer et l'entraîner vers d'autres positions.

Il y a d'abord la revue *Sept,* organe des dominicains «libéraux». Mauriac y collabore, de façon irrégulière, depuis qu'il a quitté le très réactionnaire *Echo de Paris,* en juillet 1934.

Or, le 21 août 1936, *Sept* publie un éditorial qui condamne le *pronunciamiento* des généraux espagnols et affirme que leur sédition est de nature à provoquer une anarchie pire que celle qu'ils prétendent combattre.

Le 6 septembre 1936, *l'Aube* publie l'article d'un démocrate italien en exil, Don Luigi Sturzo, considéré comme le père de la Démocratie Chrétienne Italienne. Don Luizi Sturzo ose écrire:

«L'Eglise est avec celui qui meurt... des deux côtés, même avec ceux qui sont entraînés contre la religion, par ignorance, par égarement.»

Le 3 octobre, dans le même journal, le même auteur ironise sur la prétendue croisade franquiste:

«Des ouvriers et des paysans espagnols disent en voyant les avions ennemis: Voilà les avions du Pape! En voyant les Maures; ils disent: Voilà les soldats du Pape!»

En ce même mois d'octobre 1936, Emmanuel Mounier et tout le courant chrétien de la revue *Esprit* rejoignent les catholiques espagnols favorables à la République, tels que Bergamin et Semprun.

Dans le N.° d'octobre de la revue *Esprit,* Mounier signe un éditorial où il dénonce l'odieuse farce de la «Croisade»... croisade menée en réalité:

6.   Leonardo Sciascia: *Gli Zii di Sicilia,* ed. Einaudi. Turín, 1958, p. 173.

«...par des mercenaires maures dont Bergamin a surpris les prisonniers sur le front de la Sierra, couverts d'objets sacrés pillés dans les églises».

Mounier termine son article par cette pathétique péroraison:

> «Entre une Eglise abritée à l'ombre de l'épée et une Eglise souffrante, une poignée de catholiques a choisi. D'autres auraient préféré l'abstention. En Espagne, on ne s'abstient pas: on se donne ou on en meurt.» [9]

Mauriac était certainement plus ému par les articles de *Sept* et d'*Esprit* que par ceux de *La Croix*, où Pierre L'Ermite prétendait que les Espagnols auraient pu «*rêver sous le soleil*», si «*soixante Juifs*» n'étaient venu de Moscou soumettre leur «*nation chevaleresque*» à «*la domesticité d'une lointaine Russie*».[10]

Cependant, Mauriac va hésiter encore quelques mois. Bernanos et Mounier lui paraissent un peu exaltés. Le 7 février 1937, après le grand meeting de Malraux à la Mutualité, des catholiques lancent un appel dénonçant le bombardement de Madrid par les forces franquistes. Marc Sangnier, Mounier, Martin-Chaurffier en sont les initiateurs. Jacques Maritain donne sa signature; François Mauriac la refuse.

Il faudra attendre les assassinats de prêtres basques par les Franquistes et le bombardement de Guernica pour que Mauriac choisisse enfin son camp.

C'est le 26 avril 1937 que la «Légion Condor» bombarda et détruisit, en moins de trois heures, la petite ville basque de Guernica. C'était un jour de marché... Il y eut 2.000 morts, parmi lesquels beaucoup de femmes et d'enfants.

Quelques jours plus tard, un nouveau manifeste catholique paraît. Il s'agit désormais de la défense du peuple basque:

> «La guerre civile d'Espagne vient de prendre au pays basque un caractère particulièrement atroce... C'est aux catholiques, sans distinction de parti, qu'il apparteint d'élever la voix les premiers.»

Parmi les noms des signataires, on lit les noms de Maritain, Mounier, Don Sturzo, Merleau-Ponty, Georges Bidault, Claude Bourdet, Stanislas Fumet, Gabriel Marcel, Jacques Madaule et... François Mauriac.

7. Leonardo Sciascia: *ibid.*, p. 175.
8. François Mauriac: «*L'Internationale de la Haine*». *Le Figaro*, 25 juillet 1936.

Aussitôt, Mauriac explique, dans *Le Figaro*, pourquoi il a donné sa signature:

«J'ai souffert de sembler apporter de l'eau, ou plutôt du sang... au moulin communiste. Mais un peuple chrétien gît dans le fossé, couvert de plaïes. Devant son malheur, ce n'est pas faire le jeu du Marxisme que de manifeter au monde la profonde unité catholique.»

C'est précisément au moment où François Mauriac s'engage aux côtés des Républicains espagnols que Paul Claudel écrit son poème *«Aux Martyrs Espagnols»*. Le manuscrit de ce poème est daté du 10 mai 1937. Il s'agit d'une oeuvre de commande: Claudel l'a écrite à la demande de son ami le peintre espagnol José-Maria Sert, auteur des fresques de la cathédrale de Vic.

Un peu plus tard, le poème de Claudel devait servir de préface à un livre de propagande: *La Persécution Religieuse en Espagne*, de Jean Estelrich (Paris, 1937).

Claudel célèbrait tout d'abord l'antique et catholique Espagne:

«Sainte Espagne, à l'extrémité de l'Europe, carré et concentration de la Foi, et masse dure, et retranchement de la Vierge Mère,
et la dernière enjambée de Saint-Jacques qui ne finit qu'avec la
[terre,
Patrie de Dominique et de Jean, et de François le Conquérant et de
[Thérèse,
Arsenal de Salamanque, et pilier de Saragosse et racine brûlante
[de Manrèse.
Inébranlable Espagne et refus de la demi-mesure à jamais inaccep-
[tée,
Coup d'épaule contre l'hérétique pas à a pas repoussé et refoulé,
Exploratrice d'un double firmament,
raisonneuse de la prière et de la sonde,
Prophétesse de cette autre terre dans le soleil là-bas et colonisa-
[trice de l'autre monde,
En cette heure de ton crucifiement, Sainte Espagne, en ce jour,
[Soeur Espagne, qui est ton jour
Les yeux pleins d'enthousiasme et de larmes, je t'envoie mon admi-
[ration et mon amour...»[11]

Après avoir ainsi invoqué la Catholique Espagne, Claudel mêlait dans une même réprobation, ceux qui représentaient, à ses yeux, la «rage» la «haine» et «la bêtise humaine» Robespierre, Lénine, Calvin, Voltaire, Renan, Marx et la C.N.T. étaient inscrits à ce tableau de déshonneur.

9. Emmanuel Mounier: *Editorial Esprit*. N.º d'octobre 1936.

Puis Claudel abordait le thème du choix nécessaire entre le doigt de Dieu et la griffe du Diable:

> «On nous met le ciel et l'enfer dans la main et nous avons quarante secondes pour choisir...
> Quarante secondes, c'est trop! Soeur Espagne, Sainte Espagne, tu as choisi!
> Onze évêques, seize mille prêtres massacrés et pas une apostasie!»

Inévitablement, Claudel en arrivait à parler des «saintes églises exterminées», des «statues que l'on casse à coups de marteau» et des ciboires où «la C.N.T., en grognant de plaisir, a mêlé sa bave et son groin».

Mais les portes du ciel s'ouvrent toutes grandes pour recevoir les martyrs et les anges recueillent jusqu'à la dernière goutte de leur précieux sang...

Claudel «dégainera» encore son âme (l'expression est de lui) dans *Le Figaro* avec deux articles: «*L'Anarchie Dirigée*» (août 1937) et «*Solidarité de l'Occident*» (29 juillet 1938).

L'Ode aux Martyrs Espagnols, avant de servir de préface au livre de Juan Estelrich, paraît d'abord dans *Sept,* la revue pourtant libérale des Dominicains progressistes.

Jean Lacouture, dans sa biographie de François Mauriac, émet l'hypothèse que les bons Pères de la rue Latour Maubourg avaient subi des pressions pour publier ce texte si provoquant et si loin de leurs propres positions.[12]

Mauriac va répondre à Claudel dans un article du *Figaro*. Il lui demande d'ajouter à son Ode «une seule strophe, un seul vers en l'honneur des milliers d'âmes chrétiennes que les chefs de l'*Armée Sainte,* que les soldats de la *Sainte Croisade* ont introduits dans l'éternité».

Mauriac suggère aussi à Claudel de consacrer un verset aux prêtres basques fusillés et aux séminaristes de Bilbao déportés par les Franquistes.[13]

C'est à ce moment que François Mauriac rejoint *La Ligue Internationale des amis des Basques* où il milite aux côtés d'Edouard Herriot, de Mgr Feltin et de Jacques Maritain.

José Bergamin, dans une lettre du 15 octobre 1937, remercie Mauriac de cet engagement:

> «Comme croyant chrétien, et je crois pouvoir dire encore catho-

10. Pierre L'Ermite: Editorial de *La Croix*. N.° du 21 octobre 1936.
11. Paul Claudel: *Aux Martyrs Espagnols. Oeuvres Poétiques*. Collection Pléiade, p. 568.

lique, comme Espagnol et comme écrivain, je vous serre cordialement le main.»

Cependant la revue *Sept*, à laquelle Mauriac collaborait de temps à autre, déplaisait de plus en plus aux éléments conservateurs de l'Eglise.

Sept, en effet, publiait les articles de Bernanos contre la «Croisade», et même on avait pu y lire la seule interview que Léon Blum ait jamais accordée à un journal français depuis qu'il était chef du gouvernement. Une sorte de complot se trame alors à Rome contre *Sept*.

Si l'on en croit Jean Galtier-Boissière, qui consacra un long article à la condamnation de *Sept* par le Vatican, les âmes de ce complot auraient été le Révérend Père Gillet, Supérieur Général des Dominicains, le Général de Castelnau, Mgr Pizzardo, chef du Sainte-Office, et le Duc Pozzo di Borgo, animateur des Croix de Feu.[14]

George Duhamel, ayant eu l'occasion de déjeuner avec le Révérend Père Gillet, faisait part de ses craintes à François Mauriac:

«J'avoue que le Père Gillet m'a fait de la peine. J'avais le sentiment de parler seul pour défendre ce que vous avez défendu tout l'hiver avec tant de libre courage... Je suis sorti de là navré...»[15]

Le 25 août 1937, *Sept* reçut un télégramme de Rome qui enjoignait à la revue de se saborder, en prétextant des difficultés financières.

Le 27 août 1937, paraissait le dernier numéro de *Sept*. Dans l'éditorial, intitulé «*Adieu*», les difficultés financières n'étaient invoquées que pour obéir au Saint-Siège. En fait, le tirage de *Sept* était en progrès. Il atteignait 60.000 exemplaires. Mais l'éditorial flêtrissait aussi les campagnes menées au sein de l'Eglise, et les condamnait comme «*une corruption méprisable de la vie chrétienne*».

Les rédacteurs de *Sept* appelaient à la création d'un autre journal «*qui n'engagerait pas la hiérarchie*».

Cet appel aux laïcs sera entendu. Malgré Daniel-Rops qui affirmait: «*Quand le Saint-Siège s'est prononcé, un catholique s'incline*», Mauriac va créer *Temps Présent*, revue laïque qui continue *Sept* sous une autre forme. Ses principaux collaborateurs seront: Stanislas Fumet (Rédacteur en Chef), Pierre-Henri Simon, Ella Sauvageot, Maurice Schumann, Henri Guillemin, Bernanos, Claude Bourdet, Henri Ghéon, Gabriel Marcel, Maritain, Massignon, Mounier et Ma-

12. Jean Lacouture: *François Mauriac*. Seuil, París, 1980, p. 326.
13. François Mauriac: «*Au Cher Claudel*». Le Figaro. 17 juin 1937.
14. Jean Galtier-Boissière: «*Pourquoi SEPT a été supprimé*». Le Crapouillot. Septembre 1937.
15. Ces propos de Georges Duhamel sont cités par Jean Lacouture dans sa biographie de *François Mauriac*. Seuil. 1980. p. 330.

xence Van der Meersch. Naturellement, Claudel refusera toujours de s'associer à cette équipe.

Chaque semaine, Mauriac donnera (gratuitement) un éditorial à *Temps Présent*. Ainsi, «*l'opiniâtre François Mauriac*» (comme avait dit Galtier-Boissière) pourra poursuivre sa campagne en faveur de la vérité.

Mais cette «opiniâtreté» lui vaudra la haine de l'Action Française et surtout de Maurras, nouvellement élu à l'Académie Française avec la bénédiction du Cardinal Baudrillart.

En même temps que *Sept*, le Vatican a condamné une autre revue de moindre importance: *Terre Nouvelle*.

Les catholiques regroupés autour de *Terre Nouvelle* allaient beaucoup plus loin que ceux de *Sept*. Ils avaient pris pour emblème une faucille et un marteau de couleur noire, surmontés d'une croix rouge... Il s'agissait, comme on le voit, de concilier le message christique et la révolution marxiste.[16] *Terre Nouvelle*, bien sûr, soutenait le combat de l'Espagne républicaine.

D'autres catholiques, de plus en plus nombreux, prenaient position contre le Général Franco. Le philosophe thomiste Jacques Maritain devenait la cible favorite de l'Action Française. On l'accusait de calomnier la «*Sainte Croisade*» franquiste. En fait, Maritain avait écrit dans la *N.R.F.* du 1er juillet 1937:

«Si des valeurs consacrées se trouvent engagées (dans cette guerre) elles ne rendent pas saint ni sacré ce complexe profane; c'est elles qui au regard du mouvement objectif de l'histoire, sont sécularisées par lui, entraînées dans ses finalités temporelles. La guerre n'en devient pas sainte: elle risque de faire blasphémer ce qui est saint...»

Aussitôt, Serrano Suñer, beau-frère et ministre de l'Intérieur du Général Franco, consacra Maritain: «*ennemi de l'Espagne*» et le traita de «*converti juif*» (ce qui était pur mensonge: Maritain n'était pas juif; il avait épousé une juive convertie au catholicisme). Maritain ne capitula pas; il développa ses arguments dans un livre écrit en espagnol et publié à Buenos Aires en 1937: *Sobre la Guerra Santa*.

Mauriac fut de ceux qui encouragèment Maritain et qui saluèrent sa détermination:

«Jacques Maritain, en se dressant avec la toute puissance de sa dialectique et tout le feu de sa charité contre cette prétention des généraux espagnols de mener une guerre sainte, a rendu à l'Eglise ca-

<hr>

16. Cité dans *Les Intellectuels en France de l'Affaire Dreyfus à nos Jours* (Pascal Ory et François Sirenelli), Armand Colin. París, 1986, p. 107.

tholique un service dont la fureur qu'il suscite nous aide à mesurer la portée».[17]

En cette année 1938, un certain nombre d'événements viennent conforter François Mauriac dans l'attitude politique qu'il a prise. Le Saint-Siège, en effet, reconnaît Franco «*de jure*», le 3 mai 1938, après l'avoir reconnu «*de facto*», le 22 août 1937. Mauriac voyait, dans ces «*reconnaissances*» successives, la main du Cardinal Pacelli (le futur Pie XII) bien plus proche des franquistes que le Pape Pie XI.

L'annexion de l'Autriche par l'Allemagne nazie (le 11 mars 1938) lui a démontré que le danger fasciste est désormais une réalité européenne qui déborde largement le cadre de la péninsule ibérique.

Il a été frappé par «*l'effroyable synchronisme*» de l'entrée de Hitler à Vienne et de la victoire des aviations Italo-Allemande sur la frontière catalane. Un livre, enfin, l'a bouleversé: *Les Grands Cimetières sous la Lune* de Georges Bernanos, paru en avril 1938. Bernanos venait de loin. De bien plus loin encore que Mauriac. Monarchiste, partisan —au moins dans sa jeunesse— de l'Action Française,[18] admirateur de Drumont, il venait d'exprimer un antisémitisme militant dans *La Grande Peur des Bien-Pensants*, livre paru cinq ans seulement avant le début de la Guerre Civile espagnole.

Dans les heures qui ont suivi le «soulèvement», Bernanos s'est félicité d'être en Espagne pour assister à l'évenement:

«Pour une fois que je vois des militaires assez culottés pour faire une "Revolucion", ça serait difficile de les lâcher! Viva España!»[19]

Bernanos avait donc choisi le camp des généraux. Mieux encore, son fils aîné, Yves, s'est engagé dans la Phalange...

Cette attitude favorable aux militaires insurgés va durer jusqu'au mois d'octobre 1936. Bernanos, alors, semble baigner dans une sorte d'euphorie politique. Il est heureux: il voit enfin cette «révolution nationaliste» (ou cette contre-révolution...) dont il rêvait au temps où il était «Camelot du Roi».

Il faut préciser que Bernanos vit alors en Espagne.

La jambe broyée par un accident de motocyclette survenu en juillet 1933, Bernanos s'est trouvé aux prises avec de graves difficultés financières. Et, pour subsister, il a décidé d'écrire des romans policiers et de les écrire aux Baléares où la vie est moins chère que sur la Côte d'Azur...

Depuis octobre 1934, il réside à Palma de Majorque.

17. François Mauriac: *Mise au Point*: *Le Figaro*: 30 juin 1938.
18. Georges Bernanos a rompu avec L'Action Française en 1932, cf. son article: «*Adieu Maurras! A la douce pitié de Dieu!*» *Le Figaro*: 21 mai 1932.
19. Georges Bernanos: *Correspondance*. Tome II, p. 148.

C'est de là, que jusqu'à mars 1937, il observera la guerre civile espagnole.

Majorque, après la tentative manquée du corps expéditionnaire catalan, tombe aux mains des nationalistes et des fascistes italiens. Le chef du détachement des «Chemises noires», surnommé le «Comte Rossi», va faire régner la terreur dans l'île. Cet étrange personnage réhausse son uniforme d'officier d'une belle croix blanche et ne se déplace que suivi d'un aumonier armé. C'est ce prétendu «Comte» qui ordonna les exécutions dont Bernanos fut témoin.

Tout d'abord Bernanos ne voulut voir dans ce déchaînement de violences qu'un retour au Moyen-Age. Il parle alors «*d'arres violents et frustes qui se dévorent entre eux et sont exactement ce qu'ils étaient au douzième siècle*».[20]

Mais très vite il en viendra à prononcer le mot de *Terreur*. Etait-ce exagéré? Que l'on se souvienne de la définition de la *Terreur* qu'il a donnée dans *Les Grands Cimetières sous la Lune*:

> «J'appelle *Terreur* tout régime où les citoyens soustraits à la protection de la Loi, n'attendent plus la vie et la mort que du bon plaisir de la Police d'Etat. J'appelle le régime de la *Terreur* le régime des *Suspects*. C'est ce régime que j'ai vu fonctionner huit mois.» [21]

Les plus belles pages des *Grands Cimetières sous La Lune* expliquent comment les Phalangistes ont transformé en Enfer «*une petite île bien calme, bien coite dans ses amandiers, ses orangers, ses vignes...*» Le geste du poing fermé était puni de mort. On assassinait dans la rue. C'était l'épuration, le grand nettoyage, «*la limpieza*» sous les ordres du sinistre Rossi qui annonçait la «Croisade» dans tous les chemins creux de l'île où l'on exécutait les «suspects».

«*Ainsi*, écrit Bernanos, *jusqu'en décembre, les chemins creux de l'île aux alentours des cimetières reçurent régulièrement leur funèbre moisson de mal-pensants, ouvriers, paysans, mais aussi bourgeois, pharmaciens, notaires...*» [22]

Faisant le bilan de sept mois de guerre civile à Majorque, Bernanos comptait, au début du mois de mars 1937, trois mille assassinats, soit quinze par jour... Il concluait:

«*Je me permets de rappeler que la petite île peut être facilement traversée en deux heures de bout en bout. Un automobiliste curieux, au prix d'un peu de fatigue, eût donc tenu facilement la gageure de*

20. Georges Bernanos: *Correspondance.* Tome II, p. 159.
21. Georges Bernanos: *Les Grands Cimetières sous La Lune*, ed. Pléaide (Essais et Ecrits de Combat). Tome I, p. 431.
22. Georges Bernanos: *ibid.*, p. 436.

voir éclater quinze têtes mal-pensantes par jour.» Et Bernanos ajoute: *«Ces chiffres ne sont pas ignorés de Monseigneur l'Evêque de Palma».*[23]

C'est à l'Eglise que Bernanos réserve les pages les plus féroces des *Grands Cimetières sous la Lune,* cette Eglise qui, loin d'excommunier les Phalangistes assassins, leur donne parfois sa bénédiction. Ce n'est de gaieté de coeur que le Catholique Bernanos condamne son Eglise: *«Il est dur de regarder s'avilir sous ses yeux ce qu'on est né pour aimer».*[24]

Et Bernanos qui, à Palma, allait à la messe tous les dimanches, écrit *Les Grands Cimetières sous la Lune,* ce violent pamphlet qui va susciter la colère des «bien-pensants».

Pourquoi l'écrit-il? Parce qu'il pense que *«la Croisade espagnole est une farce».*[25] La *«Guerre Sainte»* aussi. *«Les vrais saints,* dit Bernanos, *font rarement la guerre».*[26] Bernanos dénonce l'hypocrisie des *«Seigneuries»* et refuse le manichéisme de la hiérarchie catholique.

Le livre de Bernanos fit scandale. La droite reprocha à l'auteur son «retournement». La gauche tenta de le «récupérer».

Il ne fut compris que des meilleurs: Mauriac d'abord, puis Simone Weil et Albert Camus.

Camus était alors jeune journaliste à *Alger Républicain.* Le 4 juillet 1939, sous le titre *«La Pensée Engagée»,* il écrivit ce comentaire du pamphlet de Bernanos:

«Bernanos est un écrivain deux fois trahi. Si les hommes de droite le répudient pour avoir écrit que les assassinats de Franco lui soulevaient le coeur, les partis de gauche l'acclament quand il ne veut point l'être par eux (...) Bernanos est monarchiste. Il garde à la fois l'amour vrai du peuple et le dégoût des formes démocratiques. Respecter un homme, c'est le respecter tout entier. Et la première marque de déférence que l'on puisse montrer à Bernanos consiste à ne point l'annexer et à savoir reconnaître son droit à être monarchiste. Je pense qu'il était nécessaire d'écrire cela dans un journal de gauche.»[27] Simone Weil écrivit à Bernanos:

«Vous êtes royaliste, disciple de Drumont, que m'importe? Vous m'êtes plus proche, sans comparaison, que mes camarades des milices d'Aragon — ces camarades que, pourtant, j'aimais».[28]

23. Georges Bernanos: *ibid.,* p. 437.
24. Georges Bernanos: *ibid.,* p. 438.
25. Georges Bernanos: *ibid.,* p. 452.
26. Georges Bernanos: *ibid.,* p. 459.
27. Albert Camus: «La Pensée Engagée». *Alger Républicain* (journal proche du Parti Communiste), 4 juillet 1939.
28. François Mauriac: «Mise au Point», *Le Figaro,* 30 juin 1938.

Il convient de rappeler que Simone Weil était partie en Espagne pour se battre aux côtés des anarchistes.

Devant la réprobation qui, dans les milieux conservateurs français, saluait *Les Grands Cimetières Sous La Lune*, Mauriac entreprit d'expliquer sa positions... et celle de Bernanos:

> «Nous disons seulement que les meurtres commis par des Maures qui ont un Sacré-coeur épinglé à leur burnous, que les épurations systématiques, les cadavres de femmes et d'enfants laissés derrière eux par des aviateurs allemands et italiens au service d'un chef catholique qui se dit Soldat du Christ, nous disons que c'est là *une autre sorte d'horreur...*
>
> (...) Que l'affreuse loi de la guerre vous ait entraînés à ces épurations dont Bernanos nous décrit l'horreur dans un livre impérissable, à ces bombardements de villes ouvertes, qu'elle vous ait obligés de subir cette alliance monstrueuse avec le Racisme ennemi de l'Eglise, aussi virulent aussi redoutable que le Communisme, encore une fois nous n'avons pas à juger ni à vous condamner sur ce point, parce que vos intentions peuvent être droites. Mais nous nous sentons responsables de ce peuple fidèle que nous ne sommes pas libres de tromper.» [29]

Mauriac, Maritain, Bernanos avaient finalement choisi leur camp qui était celui de la démocratie et de la véritable fraternité humaine. Pendant la Seconde Guerre Mondiale, aux heures noires de l'Ocupation, ils surent rester ensemble dans ce camp. Mauriac fit partie de la Résistance intérieure. Bernanos et Maritain, exilés en Amérique Latine, soutinrent, de l'extérieur, la France Libre.

Quant à Claudel, après avoir écrit une *Ode au Maréchal Pétain* et écouté un temps les sirènes de la Collaboration, il rejoignit la Résistance. Ce qui lui permit d'écrire aussi une *Ode au Général De Gaulle*.

La Guerre d'Espagne avait opéré chez les écrivains catholiques français un clivage définitif.

A l'exception de Claudel, ceux qui avaient approuvé la «Croisade» franquiste se retrouvèrent dans les rangs des Collaborateurs.

* * *

Le Doigt de Dieu... La Griffe du Diable... Où les chercher, où les trouver? Sur quels massacres, sur quels bourreaux, sur quelles victimes? Ni divine, ni diabolique, cette guerre civile fut tragiquement humaine. Elle était si atroce qu'Unamuno y voyait quelque chose de

---

29.   Charles V. Aubrun: *La Littérature Espagnole* (Coll. Que sais-je?) Seuil. 1982, p. 108.

pathologique, une sorte de maladie mentale collective. Dans cette lutte fratricide, Unamuno trouvait l'illustration d'une thèse qu'il avait soutenue, en 1917, dans *Abel Sanchez*. Ce roman est l'histoire d'une haine qui rappelle celle de Caïn pour Abel. Unamuno en faisait le symbole des luttes qui opposerait éternellement, en Espagne, les «caïnistes» aux «abelistes».

Sur l'Epagne pèserait donc une Fatalité qui la condamnerait à la haine.

A la fin d'*Abel Sanchez*, Joaquin (c'est-à-dire Caïn) s'interroge:

«pourquoi suis-je né sur cette terre de haine? Sur cette terre où le précepte semble être: "Hais ton prochain comme toi-même" (Traduit de *Abel Sánchez*, Colección Austral, Madrid, 1985, p. 150).

L'Espagne serait donc une terre de haine... Cette affirmation d'Unamuno mérite d'être fortement nuancée. Il faut dire tout d'abord qu'Unamuno emprunte l'essentiel de sa thèse à Salvador de Madariaga. Jugeant, comme on l'a dit, les Espagnols avec les yeux d'un Européen et les Européens avec les yeux d'un Espagnol. Madariaga avait distribué les péchés capitaux à tous les peuples de l'Europe: les Anglais étaient dotés de l'Hypocrisie, les Français de l'Avarice et les Espagnols de l'Envie...[30] C'est précisément par *l'Envie* qu'Unamuno explique l'Inquisition et toutes les guerres civiles espagnoles. Unamuno a développé cette thèse en 1928, dans la seconde édition du roman *Abel Sanchez*. Il ne s'agissait donc pas, à cette époque, de la guerre civile de 1936. Mais on pourrait être tenté de voir dans cette analyse quelque chose de prophétique... Pourrait-on expliquer par *l'Envie* ou un quelconque *«Complexe de Caïn»* les événements qui ont ensanglanté l'Espagne de 1936 à 1939?

Il me paraît difficile de défendre un tel point de vue.

Une lutte fratricide ne peut se prolonger trois longues années uniquement pour des raisons métaphysiques ou psychologiques. Les causes de la guerre civile de 1936 sont connues: elles sont politiques, économiques, sociologiques. Point n'est besoin d'aller chercher au magasin des accessoires le *Fatum*, l'*Ananké*, le doigt de Dieu ou la griffe du Diable... Du roman de Unamuno, plutôt que le titre qui fait référence au mythe biblique d'Abel et de Caïn, je retiendrai le sous-titre: «*Une Histoire de Passion*».

Voilà le mot juste: la guerre civile espagnole, de 1936 à 1939, fut une «histoire de passion» ...Un déchaînement de passions avec tous les excès que cela comporte et aussi tous les courages. Passions des

30. Salvador de Madariaga: *Ingleses, franceses y españoles* (1928).

hommes et des femmes... Dolorès Ibarruri ne fut pas la seule «*Passionnaria*»...

Mais «*passion*» aussi au sens christique du mot... Armand Gatti, après l'interdiction de sa pièce, primitivement intitulée «*Passion du Général Franco*», trouva ensuite un meilleur titre: «*Passion en violet, jaune, rouge*». Cette «passion» de la Nation Espagnole fut telle que celle des Evangiles, avec un long *Chemin de Croix* de trois années, le *Crucifiement* et la *Mise au Tombeau* de tout un peuple. Puis vint le jour où le tombeau s'ouvrit ...et le matin de Pâques chanta dans le ciel d'Espagne...

Quand je regarde les deux camps qui étaient en présence je ne vois ni anges ni démons. Je vois des hommes et des femmes passionnément attachés à des valeurs diverses et contradictoires. Je vois des forces de progrès et des forces de réaction. Je vois le parti de la Mort et celui de la Vie.

Le 12 octobre 1936, lors de la cérémonie à l'Université de Salamanque, en présence d'Unamuno, le Général Millan d'Astray avait lancé le cri de la Légion Etrangère: «*Viva la Muerte!*»

A ce cri, Antonio Machado devait répondre:

> «Vivid, la vida sigue
> Los muertos mueren y las sombras pasan.» [31]

(«Vivre. La vie continue
Les morts meurent et les ombres passent»).

Machado appelait à la poursuite de la vie et à la reprise du travail:

> «Sonnez enclumes, cloches taisez-nous!»

L'Europe entend aujourd'hui le bruit des enclumes espagnols car l'Espagne devient une grande puissance industrielle. Mais les cloches d'Espagne n'ont plus aucune raison de se taire. Dans une Espagne réconciliée avec elle-même, où «celui qui croyait au ciel» a retrouvé «celui qui n'y croyait pas», elles peuvent aujourd'hui sonner, à toute volée, pour annoncer au monde la résurrection du peuple espagnol.

RENÉ GARGILO
Université Sorbonne Nouvelle, Paris III

31. Antonio Machado: *Elégie à Francisco Giner de los Ríos* (Fondateur de l'Institut Libre).

«LES SEPT COULEURS»

De Robert Brasillach

El nostre propòsit en aquesta comunicació és realitzar una anà·
lisi de les diferents valoracions que fa en Brasillach a l'hora de parlar dels feixismes Italià, Alemany i Espanyol. Per a fer-ho ens fixarem en els mots utilitzats en les descripcions d'aquestos; comença-
rem veient com els pobles italià i alemany malgrat tenir la mateixa
ideologia poseeixen connotacions diferents fins i tot en la manera
de divertir-se; veurem també com en el feixisme alemany el lèxic de
la religió i de la grandiositat es barregen i com tot allò que té a veure amb la virilitat és motiu de exaltació. Pel que fa al feixisme espanyol la seva principal característica és el seu catolicisme.

En Robert Braillach és un escriptor de dretes, compromès amb
la ideología feixista en el futur de la qual confia plenament. Les
seves idees polítiques i el seu colaboracionisme durant la segona guerra mundial fan que sigui afusellat el febrer de 1945. Tot i que
tenia 36 anys quan va morir, va deixar darrera seu una important
obra literària. Potser una de les seves noveŀles més conegudes sigui Les sept couleurs on no es limita únicament a explicar-nos
una història sino que va més enllà, Brasillach desitja renovar l'art
de fer noveŀles i en cada episodi utilitzarà una tècnica diferent : na-
rració, diàleg, monòleg, cartes, diari intim, reflexions i documents.
Aquesta manera de presentar la noveŀla no només pot facilitar la
tasca del escriptor perque hi ha determinats episodis als que convé
més una tècnica que un altra. Fins i tot el lector pot veure en la utilització d'aquest tipus de tècnica un seguit de valoracions que li po-
den ser útils en el moment de la lectura.

L'anècdota és molt senzilla, es tracta de una història d'amor
entre dos adolescents; en Patrice i la Caterina, la seva història d'a-
mor no té un desenllaç feliç, la Caterina es casarà amb en François
Courtet i en Patrice que és a Itàlia fent de preceptor se n'anirà a la

217

Legió estrangera i finalment farà cap a Alemanya. En François, després d'un malentès amb la Caterina se n'anirà a lluitar a la Guerra d'Espanya amb els insurrectes.

Les sept couleurs és una novel·la situada en un temps i en uns espais molt concrets; la història comença l'estiu de 1926 i s'acaba al 1938 durant la Guerra d'Espanya; Mussolini és ja a Itàlia, al 32 Hitler arriba al poder a Alemanya i al 36 té lloc a Espanya el «pronunciamiento». Pel que fa als llocs on es desenvolupa, tot i que l'acció comença a Paris el nostre protagonista Patrice viatjarà a Itàlia i s'instalarà a Alemanya on veurà creixer el nazisme; mentre que en François participarà activament en la Guerra Civil Espanyola.

Diguem abans d'entrar en la anàlisi de les valoracions dels diferents feixismes que Brasillach ens en parla a les cartes que Patrice envia a la Caterina des de Florència, en el seu diari, escrit a Alemanya i en els documents que François a recollit sobre la Guerra d'Espanya. Cartes i Diari són dos gèneres més intims i que faciliten que aquell que escriu s'avoqui amb més sinceritat en el text, cosa que no permet el gènere del Document, aquest tot i que pugui ser partidista mai no serà tant subjectiu com una carta o com un diari.

Seguint la lectura de les cartes i del diari podem veure l'evolució política seguida per en Patrice-Brasillach (personatge-autor), en el moment de la correspondència, 1927, Patrice no té massa clar quines són les seves conviccions polítiques tot i que ja s'ha fet entre els seus companys una reputació de «noi de dretes», reputació que li permetra anar a Itàlia. L'any que Patrice passa allí i l'ambient que es respira amb el feixisme de Mussolini fan que la seva ideologia política es vagi afermant cada cop més i en el Diari, escrit set anys més tard, ens trobem davant un Patrice agraït a aquesta fatalitat del destí que li ha permès conèixer la «première née des nations nouvelles» i el neixement a Alemanya d'un nou feixisme. Patrice a passat de tolerar una ideologia de dretes a assumir i fer seva la ideologia feixista, sobre tot a Alemanya.

Únicament en dues cartes parla Patrice de la Itàlia «riallera» i feixista de Mussolini; els mots que utilitzarà per descriure'ns-la ens parlen de l'enlluernament inocent i fins i tot infantil del Patrice enlluernament que li permet captar solament l'aspecte anecdòtic o propagandístic d'aquesta Itàlia. En Patrice és un adolescent enamorat dels paisatges i del poble italians. L'entusiasme de les cartes no el trobarem en el seu Diari, ja no és un adolescent, la legió i el seu «chagrin d'amour» l'han convertit en un personatge adult; i la anàlisi que farà del feixisme alemany serà més intensa i més palesa.

Cada cop que en Patrice ens comença a parlar d'Itàlia i d'Alemanya, en la seva primera frase ens diu que la gent es diverteix.

Fins i tot en els documents recollits per François, quan ens parla de la vida quotidiana de «l'Espagne Blanche» aquesta sensació de joia és patent. I és que Brasillach creu amb fermesa en la «joie fasciste», està convençut que un dels elements més importants del feixisme és aquesta felicitat que es respira als carrers de Florència o als camps de treball dels joves alemanys. No volem pas entrar en discusions sobre el perquè d'aquesta insistència, probablement es tracta només de donar resposta a les crítiques implícites dels antifeixistes.

Nosaltres ens fixarem però en el fet que totes dues nacions, Itàlia i Alemanya, ho fan d'una manera diferent. Mitjançant els mots utilitzats per Patrice tenim la impressió que a Itàlia la manera de divertir-se és més transparent, més lleugera; en Patrice parla d'una Itàlia «gracieuse» i d'un poble que riu; aquest «grascieuse», aquest «rit» fins i tot fonèticament són plaents a l'oïda.

L'utilització de «gracieuse» per parlar tant d'Itàlia com del feixisme italià no deixa de ser curiosa; diguem que es tracta d'un adjectiu poc usual per descriure un poble o una ideologia política, no ens sobtaria tant si en Patrice el fes servir per descriure'ns les fons italianes o fins i tot les noietes que es passegen per Florència. Al treure'l del que podria ser el seu context habitual, l'adjectiu «gracieuse» transforma els substantius que acompanya fent desaparèixer la «serietat» que porten implícita.

No passa pas el mateix amb Alemànya i aquest «on s'amuse en Allemagne» és ben lluny de produïr-nos el mateix efecte que «ce peuple s'amuse» que utilitza parlant d'Itàlia. La determinació del subjecte té molt a veure en aquesta impressió, a Itàlia, sabem qui és el que es diverteix: el poble; mentre que l'«on» ho vol dir tot i a la vegada no diu res; qui es diverteix? Tothom? Uns quants? Gairebé ningú? Però no és això el més greu, a Alemànya diversió i política no van pas separades: «On y plaisante même le régime». «On parle avec beaucoup d'humour des plébiscites écrasants.» Aquestes dues afirmacions fetes tot just després de dir-nos «On s'amuse en Allemagne» limiten implícita i fins i tot explícitament el significat del verb «s'amuser». Per il·lustrar que «on s'amuse» en Patrice ens explicarà una anècdota que passa en un cabaret. I les afirmacions anteriors i la paraula «cabaret» ens fan arribar a la conclusió que mentre el poble italià riu al carrer a Alemànya «on s'amuse dans les cabarets».

Un altre petit detall pel que fa a la diferència entre ambdós pobles es pot percebre quan ens explica com viu el poble italià, com és aquella gent, en Patrice parla d'un poble «soulagé», que veu el seu futur amb esperança, que no té por; aquest «soulagé» es situa doncs al mateix nivell que els mots «gracieuse» et «rit». Per en Patrice el poble alemany es troba en la mateixa situació que l'italià, però quan en parla utilitza altres paraules: «On croit que l'Allemagne est courbée sous le joug et la crainte». Malgrat la presència del «on croit» aquest «courbée sous le joug et la crainte» és tot el contrari de «soulagé». Certament en Patrice ja no és l'adolescent de fa set anys i malgrat estar plenament identificat amb aquesta ideologia en alguns moments els mots que utilitza deixen escapar un cert desencis.

Si com veurem més endavant el «nazisme» dóna una gran importància a la joventut, a l'Itàlia de Mussolini l'element que es repeteix són els «enfants vêtus de noir», aquests nens vestits amb una camisa negra no deixen de ser un contrast; la infantesa s'associa fàcilment amb el color blanc, amb la candidesa i el fet de vestir-los de negre, de posar-los l'uniforme, fa que perdin una gran part del seu candor. Aquests nens que juguen a totes les cantonades amb el seu uniforme de color negre son utilitzats per marcar una presència, la del feixisme.

Com hem dit fa un moment, en Patrice ens parla d'Alemanya en el seu Diari, la celebració d'un congrés a Nuremberg és l'excusa de l'autor per a fer-nos arribar tota l'espectacularitat d'un congrés nazi.

Aquí el lèxic religiós i de la grandiositat es barrejen; Patrice ens parla d'«office hitlerien»; el context situacional ens permet saber que de les diverses accepcions que té la paraula «office», la que aquí funciona és la de «conjunt d'oracions i de cerimònies religioses», no hi ha cap dubte, ens trobem en una liturgia molt particular. Altres mots confirmen la nostra elecció: «cérémonie inouïe», «lieu sacré», «mistère national», «cathédrale de lumière»; la presència dels cants entreteixits amb silencis i amb les paraules de Hitler acaben de donar-nos la impressió de presenciar una «missa» hitleriana.

Aquest «office hitlerien» està envolat de «grandeur», el lloc és un estadi immens amb capacitat per a cinc-centes mil persones, aquesta «cathédrale de lumière» està formada per «mille projecteurs», «mille piliers bleus». «Mille» no representa pas en aquest cas una quantitat indeterminada, són realment mil projectors, cinc-centes mil persones, millons de banderes. Aquesta pila de gent i de coses ens donen una sensació de massa compacta; de fet Patrice parla de «bataillons massifs», «masse rouge», «granit brun», fins i tot una cosa tan abstracta com el silenci és «surnaturel et minéral».

El paraŀlelisme que fa en Patrice entre nazisme i religió es fa més palès en l'episodi de la consagració de les banderes, aquí el lèxic catòlic és més precís; «drapeau de sang», «consagration du pain», «éucharistie», «sacrement allemand». Si fa uns moments parlavem de la grandiositat exterior d'aquesta catedral de llum i de la religiositat que envolta el míting de Hitler, ara assistim a la celebració d'una Eucaristia pagana. El cristianisme va prometre l'arribada d'un messies, en Hitler promet l'arribada d'un home nou i aquesta promesa fa dir a en Patrice «Tout cela n'est-il pas trop?». Quedem-nos amb el «trop» ,aquest adverbi utilitzat per en Patrice d'una manera conscient o inconscient ens fa veure que la seva credibilitat i la seva capacitat d'acceptació han tocat fons. I l'exaltació d'en Patrice quan parla de la música o de la joventut alemanyes es transforma en crítica quan se li parla d'un home nou. L'adverbi «trop» és utilitzat aquí no com un determinant sinó d'una manera absoluta. De fet aquest «trop» és a la vegada com un punt final, Patrice acaba aquí la seva anàlisi de la Alemànya de Hitler.

La importància de la música en aquesta nova societat ens ve indicada per la gran quantitat de vegades que les paraules «chant», «chanson» i «musique» apareixen en el text. De fet, el poble alemany és incapaç de concebre res sense cançons, ni religió, ni política, ni guerra, ni pàtria. I aquesta música la trobem també entre els joves. La joventut és tal vegada la part de la societat més important a l'Alemànya de Hitler. Aquesta joventut es troba en camps de treball. les paraules utilitzades per Patrice per parlar d'aquests joves són significatives; ens parla de «gravité», «virilité», «amour de la patrie», «dévouement total», «unité», «camaraderie», «ardeur affamé». Es tracta d'una ideologia fonamentada en la virilitat, la força física, la companyonia, una exaltació de la guerra, de l'aspecte viril de la guerra. Es la mateixa ideologia que representa en Roy als *Thibault* de Roger Martin du Gard.

Les dones també estan militaritzades i mentre l'espectacle de la joventut masculina amb «le torse nu» és un espectacle magnific, pel que fa a les noies la cosa és molt diferent, també viuen en camps de treball, però en Patrice aquí no parla ni d'amor a la pàtria, ni de força, ni de companyonia, sinó «de la grâce qui fait défaut», «elles sont robustes», «traits tirés», «visages fatigués». Aquest espectacle ja no és tan agradable; però no podem parlar únicament de masclisme —característica pròpia de les ideologies feixistes—, en Patrice, endemés, és francès i per un francés veure «de longues processions féminines» fent marxes i vivint en condicions quasi espartanes no deixa d'ésser un excés. Altrament en aquest món nou destinat als joves alemanys, fonamentat en uh culte i una exaltació de les qualitats masculines, el paper que cal que jugui la dona és bastant secundari.

Patrice Blanchon amb la lectura de les seves cartes i del seu diari ens a deixat conèixer les seves opinions sobre aquest moviment polític que neix a Itàlia i qu'havia d'arribar arreu d'Europa. La seva posició favorable a aquest moviment fa que la visió que ens ofereix sigui evidenment partidista i que a l'hora de parlar els mots utilitzats tinguin connotacions positives, sobre tot quan parla d'Itàlia i de la joventut alemànya. De fet en Patrice no ha perdut totalment la facilitat d'enlluernar-se ni l'esprit crític propis dels adolescents.

El feixisme espanyol el tracta Brasillach als documents, el nostre personatge no serà en Patrice sinó François Courtet, i no serà mitjançant les seves paraules sinó a través de retalls de llibres i de revistes. I si bé podria semblar més coherent parlar del lèxic de la guerra, les poques vegades que s'ens parla del feixisme espanyol aquest es presenta com un feixisme totalment diferent dels altres.

També aquí podem establir un paral·lelisme amb el lèxic religiós, però es tracta d'una religió diferent, aquest cop es tracta de la religió de debò, de la catòlica. En els diferents documents recollits per François, els mots de «combat spirituel», «croissade», «reconquête» es repeteixen constantment, totes dues són guerres contra l'infidel. Els qualificatius no són pas gratuïts, el feixisme espanyol és un feixisme catòlic, i aquesta característica li es pròpia i no la trobem en les altres manifestacions d'aquesta ideologia. Catolicisme que els du a crear el «auxilio social», la «Hermandad», a parlar de «esprit fraternel et chrétien», de «communion de fidèles», de «ferveur», de «messes d'hommes». Tornem un cop més al típic i tòpic de la «très catholique Espagne».

Si la doctrina feixista, aquest patriotisme i aquesta exaltació dels valors masculins són universals, Itàlia, Alemànya i Espanya han imprès al feixisme les seves empremptes. Patrice ens parla d'una Itàlia riallera i sense por, d'una Alemànya que exalta el seu amor a la pàtria en una mena d'«offices» plens de cançons de guerra i de pau, exaltació dels valors virils de la joventut. I el feixisme que ens arriba mitjançant els retalls recollits per en François és un feixisme catòlic, on ideologia política i església es barregen.

En Brasillach creu amb obstinació en el futur del feixisme com ideologia política i voldríem acabar amb una frase del seu llibre *Les sept couleurs*:

> «Un exemplaire humain est né, et comme la science distingue l'homo faber et l'homo sapiens, peut-être faudrait-il offrir aux classificateurs et aux amateurs de petites étiquettes cet uomo fascista.»

Aquesta obstinació el du a ser afusellat després de la guerra, afortunadament la seva obra literaria, malgrat haber estat silenciada durant molts anys es troba encara entre nosaltres.

Montserrat Parra i Alba
Estudi General de Lleida
Universitat de Barcelona

MICHEL DEL CASTILLO: UN PLAIDOYER TRAGIQUE

Beaucoup de ceux qui ont dépassé la cinquantaine peuvent en témoigner assurément: lorsque la violence vraie de l'histoire —et non celle seulement des mots enflés pour la dire— saisit l'homme, toute sa vie en demeure à jamais marquée. Ainsi on n'efface pas de sa mémoire la guerre, même lorsque les années recouvrent tant d'autres choses de l'épaisseur de l'oubli. Pour Michel del Castillo la guerre le saisit à trois ans: «Tout avait commencé par un coup de canon. C'était la guerre en Espagne». Voilà les premières lignes de son premier livre *Tanguy* qu'on lira toujours, la gorge serrée. Il lui faudra une dizaine d'années pour se libérer —un peu— de son enfance à travers *Les aveux indits* qui marquent, par rapport à Tanguy, un certain apaisement; encore, en un sens, peut-on estimer que même *La gloire de Dina* montre à quel point, en 1984, l'écrivain n'avait pas terminé sa quête d'identité. Il y avait de quoi: Français de langue et de nationalité, il est aussi le fils d'une Espagnole et il eut, de son propre aveu, «une enfance de métèque». Dans un ouvrage injustement —très injustement— un peu négligé, *le Sortilège espagnol*, il s'est efforcé de dire comment il avait eu «mal à l'Espagne» et comment il avait souffert de tous ces «mythes espagnols» portant, infatigablement, en écho les voix du malheur. En construisant, laborieusement, une oeuvre qui apparaît de plus en plus comme une des bonnes oeuvres romanesques de ce temps, il a, par raccroc, entre 1958 et 1985, laissé des traces nombreuses de sa mémoire du temps et donc de cette guerre civile qui a vaincu, dans les mêmes circonstances, tant d'hommes qui n'avaient pas, chevillée au profond d'eux-mêmes, la même volonté passionnée de vivre qui fut la sienne. Nous proposons seulement ici de dégager, à travers la rapide étude de deux de ses livres: *Le colleur d'affiches* et *La nuit du décret* comment il présente cette guerre d'Espagne et quelles leçons il cherche à en tirer.[1]

I

Le colleur d'affiches s'efforce de reconstituer l'atmosphère des mois qui ont précédé juillet 36. Le personnage principal du livre, Olny, est un pauvre zonard d'une banlieue misérable de Madrid où règne le Mal en même temps que la misère et où la seule richesse possible est le rêve. Sur l'invitation d'un camarade de travail, Ramirez, il prend contact avec les communistes et assiste un jour, ébloui, à une réunion de camarades à Carabanchel au cours de laquelle l'orateur, Santiago de Leyes, un jeune aristocrate converti au marxisme, expose en les vulgarisant les thèses fondamentales du Parti. Convaincu sans peine pa rl'idéalisme révolutionnaire tout en ne comprenant rien à l'attitude de Ramirez dont la haine de classe le laisse sans voix. Olny s'engage dans les luttes de plus en plus violentes qui précèdent l'insurrection. Malgré l'extrême confusion de l'époque c'est un moment d'espoir qui clot la première partie du roman: on est un peu dans «l'illusion lyrique» qui marquera les débuts de la guerre du côté républicain selon Malraux. Mais, à la différence de son devancier, del Castillo situe les «chemins de l'espoir» *avant* le déclenchement même de la guerre car dès que la révolution approche l'horizon s'assombrit.

Dès avant juillet 36, Santiago qui a adhéré au marxisme par souci de justice donne sa démission du Parti dont les méthodes lui paraissent de plus en plus injustifiables. Le comportement des adversaires laisse présager celui des ennemis lorsque la guerre éclatera. Certes les premiers jours du conflit peuvent justifier même les excès des prolétaires mais très vite l'arbitraire, l'extrême manichéisme, l'omniprésence de la violence sans frein dénaturent les causes les plus nobles. Pris par les fascistes Olny devenu «le colleur d'affiches» est torturé, châtré. Partout s'installe la douleur et la mort. Les meilleurs (comme le père de Santiago qui a essayé d'appliquer —réellement— les maximes de la charité chrétienne, sont massacrés (et celui-ci par les propres troupes des «croisés» du général Fran-

1. Les citations que nous empruntons aux deux romans de Michel del Castillo sont faites d'après les éditions de poche:
— *Le colleur d'affiches*, Points, Seuil, 1985 (première édition René Julliard, 1958), C. A.
— *La nuit du décret*, Points, Seuil, 1982 (première édition, Seuil, 1981), N. D.
Tous les livres de M. del Castillo ont été publiés à Paris.

co). Les intellectuels débordés n'ont plus que la solution de se faire les défenseurs de leur —unique— vérité. La violence et la mort n'épargnent personne. Les purs, républicains ou non, n'ont plus la parole. Tous ceux qu'habite encore un peu de lucidité découvrent «qu'il est aussi difficile d'être un bon espagnol que d'être un bon chrétien ou un bon socialiste» (p 183). Les mythologies remplacent la véritable pensée. Olny qui a été complètement dérouté par ce qu'il estime la trahison de Santiago qui lui a semblé un déserteur de la cause à l'heure du danger, découvre bientôt la vraie nature de Ramirez le communiste, devenu camarade-commissaire et parfaitement à l'aise dans l'exercice d'un pouvoir sans limites au milieu des malheurs qui ne semblent pas l'atteindre. Son ancien compagnon de travail —à qui il a crié son mépris— l'accule pour acheter sa survie au milieu d'un peuple affamé à devenir membre d'un peloton d'exécution qui, au petit matin, liquide en série les fascistes. Totalement désabusé, Olny se verra ainsi dans l'obligation de tuer Santiago dont Ramirez s'était promis d'avoir la peau dès avant la guerre. Avant de mourir celui-ci aura seulement la force de murmurer d'une voix éteinte... «Je sais... Ne pleure pas... Le fascisme c'est pire».

Tout au long du livre des discussions —beaucoup moins philosophiques que chez Malraux, mais qui s'efforcent néanmoins de tirer les leçons des événements— éclairent les positions de chacun, largement correspondant à des stéréotypes: le communiste qui a gardé son fond d'éducation chrétienne, le communiste discipliné mais déchiré, le communiste sectaire et sans problème, le communiste qui aime mieux ne penser à rien, s'opposent ainsi entre eux autant qu'ils sont opposés par le destin de l'Espagne ou, tout simplement, à l'armée des pauvres gens qui paient toujours en fin de compte les pots cassés. La seconde partie nous conduit bien (comme l'indique son titre) vers un désespoir à peu près sans fond. Certes, au moment de la résistance de Madrid, «les anonymes, les analphabètes», les déshérités et les gueux remportent la plus étonnante des victoires.

Mal armés, mal organisés, ils venaient de repousser les bataillons disciplinés et dotés d'un matériel de guerre moderne» (p. 245), mais le plus généreux des communistes, fidèle jusqu'au bout, meurt dans ce moment décisif avec un sentiment de totale absurdité qui le laisse désemparé. Quant à Olny, retourné à sa zone il connaîtra une misère pire que celle d'avant 36, dans un monde de sous-prolétaires qui «n'a pas été très touché par la guerre» (p. 250).

II

On voit bien ce que le livre veut dire, avec une insistante bonne volonté «demonstrative» qui dépasse parfois son but. La guerre est le summum de l'absurdité et la guerre civile accule chacun à vivre, plus encore que la guerre étrangère, dans la contradiction permanente. Le jeune bourgeois idéaliste rêve de participer à l'émancipation du prolétariat et découvre que la machine qu'il contribue à mettre en place brisera tout aussi bien les hommes. Il souffre d'une injustice qu'il n'éprouve pas personnellement. Le vieux marquis de Leyes, le père de Santiago, rappelle que rien ne mettra fin à la misère fondamentale de l'homme mais il fait l'expérience de la parfaite vanité d'une attitude qui voudrait se fonder uniquement sur l'amour chrétien du prochain. Il tombera sous les balles des Maures sans protéger personne mais, à côté de lui et avant lui, un jeune chef républicain s'est donné volontairement la mort, tout autant que lui, désespéré.

Au cours de la guerre chacun cherche sa vérité mais le mensonge est partout et, même celui qui ne veut tromper personne, en arrive toujours à se tromper au moins lui-même, fût-ce de bonne foi. Selon le mot profond de Malraux même si la vie ne vaut rien, rien ne vaut une vie et la guerre civile le rappelle sans cesse d'une façon tragique et dérisoire. Rien n'est plus fondamental pour l'homme que cette recherche, ce besoin de vivre et pourtant ce sont ceux qui haïssent la vie, c'est-à-dire les violents, les infirmes, les loques qui paraissent avoir toujours le dernier mot. Au fond les hommes cherchent avidement la paix, la fraternité, ils voudraient s'exempter de la misère, quitter la zone, jouer un jour de la flûte et aimer. Malheureusement la guerre c'est l'horreur au quotidien, la faim, la mort sans gloire, les vengeances sans nombre. A la racine de tous les excès il y a le fanatisme et le pire de tous les fanatismes est le fanatisme dogmatique. Le vieux marquis de Leyes, sans reprocher à son fils son engagement, lui dira: «Tu vas chercher dans le Parti communiste ce que tu reproches si fort à l'Eglise: de la suffisance et des réponses toutes faites» (p. 89). Or le Bien est toujours inextricablement mêlé au Mal et la tentation, la folie de l'Espagne, c'est peut-être de vouloir tout: un peuple, une Foi, une Unité, une Révolution, une Liberté et de chercher à l'obtenir par le pire des moyens. «Nous autres, espagnols, désirons trop. C'est pourquoi la mort est, en Espagne, une perpétuelle hantise» (p. 143). Ce que décrit *Le colleur d'affiches* c'est l'un des moments cruciaux de cette aberration collective qu'analysera longuement et, selon moi, magistralement, *Le sortilège espagnol*. «Dans chaque camp, y écrit l'auteur, la mort a été distribuée généreusement. Seul le style diffère. Plus passionnel, plus cruel parfois chez les révolutionnaires, plus froid, plus méthodique chez les nationalistes. De part et d'autre, ce fut une guerre sans merci. Chaque Espagne savait qu'elle jouait son existence».[2]

III

Le colleur d'affiches est de 1958, *La nuit du décret* de 1981. Entre les deux livres s'est développée une oeuvre qui a, peu à peu, forcé l'attention. Elle est beaucoup tournée vers l'Espagne mais la guerre d'Espagne ne lui fournit pas —sauf dans *Tara*— de matière romanesque notable.[3] Peut-être est-ce par *Le vent de la nuit* (primé deux fois en 1973) que, aux yeux de la critique française, Michel del Castillo s'imposa comme un écrivain enfin sorti de «son» Espagne. Dans cette longue chronique d'une famille française l'Espagne n'avait pratiquement aucune part et cependant l'auteur réussissait à donner vie à une foule de personnages souvent pleins de vérité, mais avec *La nuit du décret* (1981) paraissait à nouveau un vaste roman dont la matière d'Espagne fournissait apparemment l'essentiel. Le succès du livre —couronné par le Prix Renaudot— les commentaires généralement favorables (mais non sans réserves) qu'il souleva faisaient entrer Michel del Castillo dans le club des écrivains «reconnus» (il deviendra célèbre avec *La gloire de Dina*).

Les événements que narre le livre se trouvent également répartis avant, pendant et après la guerre civile. En deux mots on peut dire que c'est l'histoire d'un jeune inspecteur de police de Murcie, Santiago Laredo, qui reçoit une affectation à Huesca. Il cherche évidemment à savoir où il va tomber et mène une enquête sur son futur chef Avelino Pared qu'on lui peint, avec beaucoup de réticences, comme un être mystérieux et inquiétant. Santiago voudrait savoir mais ses investigations avançant, le voilà fasciné par le personnage hors série de Pared dont il découvre la vie morceau par morceau, au cours d'une longue enquête qui le brouille avec ses amis, le sépare

2. *Le sortilège espagnol*, Julliard, 1977. Propose une série d'analyses presque toutes applicables à la guerre d'Espagne. La cinquième partie notamment, consacrée à l'opposition idéalisme/réalisme, insiste sur le radicalisme qui semble être une des attitudes les plus dangereuses selon Michel des Castillo: il trouve dans une guerre civile un terrain d'élection.

3. *Tara*, Julliard, 1962. Le roman consacre quelques pages à la guerre d'Espagne. Celle-ci y apparaît comme propice à toutes les fureurs même individuelles et domestiques. Si la démonstration «métaphysique» ne convainc pas tout à fait (le romancier voudrait faire de son héroïne l'incarnation du Mal) le cynisme, l'absolutisme, les retournements de situations propices au parjure ou à la lâcheté y sont fort bien décrits.

de sa femme et le laise désemparé car, au fur et à mesure que le jeune policier pénètre dans la vie de son supérieur, il découvre aussi par lambeaux des fragments inconnus de sa propre biographie. Avelino Pared (cet homme porte bien son nom de «mur») enfant mal aimé, bâtard de fait, est devenu pendant la guerre civile un des policiers les plus redoutables d'Espagne. Parfaitement sceptique (il ne croit ni au Bien ni au Mal) il rêve par contre de tout savoir et donc de mettre tout le monde en fiches. L'ordre des placards, des bureaux et des cimetières c'est au fond celui d'Inquisiteurs qui sondent les reins et les coeurs et se laissent de préférence fasciner par les monstres à qui les lient des fils mystérieux. Naturellement la Police moderne, les Etats totalitaires et l'Univers concentrationnaire ont offert à ces héros de l'ombre les chances d'une exceptionnelle carrière.

D'une correction exemplaire, l'impitoyable policier franquiste a remporté d'éclatantes victoires, entrant dans l'intimité des consciences pour mieux détruire, lentement, «ses» coupables qui s'effondrent plus qu'ils n'avouent, «convaincus» et non terrorisés ou accablés par une mécanique impitoyable. A la racine de toute son attitude il y a la malédiction évidente de l'enfance, la famille enfer, la ville odieuse, l'omniprésence de la bassesse et de la cafardise: sombre tableau d'une Espagne «d'avant» qui explique aussi l'Espagne «d'après». Depuis toujours Pared cherche dans son métier de policier «métaphysique» un introuvable Absolu, exhalant sa haine pour tout ce qui ressemble à la figure du Christ (ce grand pertubateur) sans trouver pour autant le repos.

En poursuivant son enquête Santi Laredo sondera les abîmes de sa propre destinée, il découvrira aussi les origines (troubles) de sa vocation de policier provoquée (comme chez l'autre) par le besoin d'être au clair avec sa propre enfance. Car il a lui-même été, par son obstination à fouiller dans la vie d'un de ses maîtres (instituteur républicain) la cause de sa perte dans le climat troublé dans années d'avant guerre. Cela Avelino Pared le sait et il le révèlera à son jeune confrère, avec une tendresse cynique et sans joies, dès lors que celui-ci l'aura rejoint à Huesca. En tuant Avelino Pared —qui au fond attendait de «cet» homme choisi cette mort-là— Laredo retrouvera peut-être une paix de l'âme, donnera une conclusion propre à la vie d'un tortionnaire implacable mais d'une effrayante lucidité et se préparera, en France, à entamer une nouvelle vie.

IV

Cette sombre histoire Michel del Castillo la place —on voit bien pourquoi— sous cette épigraphe tirée des *Frères Karamazov*: «chacun de nous est coupable de tout envers tous». La démonstration avance par l'exposé parallèle de deux vies, celle de Pared et celle de Laredo, et par celui, également parallèle, de deux enquêtes: celle du premier sur le second, celle du jeune sur son aîné.

Au milieu des horreurs de la guerre civile le «commissaire spécial» Avelino Pared a un comportement étrange «jamais un cri, pas une insulte: rien que cette indifférence ennuyée... une routine funèbre... Don Avelino célébrait la liturgie de l'Inquisition, ressuscitée à la faveur de la guerre. Cette voix chuchochante, presque affable, c'était la voix du dogme qui s'enrobe de charité feinte» (p. 192). Or «ce n'est pas la haine qui tue ou, quand elle tue, elle le fait de façon désordonnée, sauvage, inefficace pour tout dire. Ce qui tue c'est la certitude. Or ce type-là ne doutait de rien» (ibid). Cet homme déteste la pagaille, les arrestations arbitraires, jusqu'à la vie exhubérante et monstrueuse de la Révolution, de droite ou de gauche. Il n'a même pas de la haine (ce qui serait encore un sentiment) mais, pour tout vice et pour toute vie, la sienne comme celle d'autrui, la curiosité et le mépris. Les autres aiment la violence qui libère, lui a le génie des dossiers, la capacité indéfinie de l'attente.

Ainsi voyons-nous une femme hallucinée dont les fascistes viennent d'emmener le mari, traverser, effondrée moralement et avilie physiquement, une salle pleine de gardes civils gogunards et blasés. L'officier républicain qui discute dans la nuit tragique avec le vieux marquis de Leyes puis se met au piano, rappelle invinciblement telle scène analogue de *l'Espoir*. La peinture de la zone sordide emprunte ses couleurs au naturalisme. Et partout on éprouve le sentiment de lire un écrivain déchiré depuis l'enfance par ses propres obsessions. Il juge que celui qui pense un seul instant: «Je suis un homme de bien», perd toute lucidité.

Et ceux qui choisissent les charités lointaines, qui mettent la haine —ou l'amour— en programmes et en théorie sont prêts pour toutes les guerres civiles et toutes les inquisitions. Certains se sentent incapables de survivre à la folie, d'autres la vivent sans même la soupçonner. Le seul tort de milliers de pauvres bougres aura été «d'espérer devenir des hommes plus libres dans une société plus juste. Les obus et les bombes venaient à bout de leur espoir. Ils étaient accablés» (C.A. p. 177). Mais celui qui a essayé de conquérir patiemment une haute culture est «aussi seul et aussi démuni que n'importe quel paysan analphabète» (ibid., p. 174). Les combattants de la guerre d'Espagne (cela est évidemment la même chose pour ceux des autres guerres) ont joué d'abord avec le feu, avec les idées, avec les phrases ou plus bêtement avec les slogans mais quand l'heure vient où l'événement se produit celui-ci les dépasse.

Certes les Républicains comme le communiste Carlos partent

pour le front en croyant —«quand même»— à la liberté, à la justice, à la fraternité. Le fascisme lui paraît toujours «le mal absolu» mais il dit aussi: «je ne souhaite plus rien. Car je sais que même si nous gagnons, il y aura toujours de l'injustice». Et, se référant évidemment à Don Quichotte, il ajoute ce commentaire: «Il n'y a rien de plus désolant dans la littérature universelle que l'ultime discours de ce pauvre fou qui vient de retrouver sa raison et remet en doute le sens de la propre vie. Il en vient un jour à douter des actions les plus nobles et les plus généreuses de son passé» (C.A. p. 215).

Au milieu de la guerre l'homme ne poursuit toujours que son destin auquel rien ne permet d'échapper. L'univers de Michel del Castillo est un «univers meurtri». Et ce n'est pourtant la faute à personne (ou si l'on veut c'est la faute de tout le monde) et chacun est responsable du mal du monde comme le rappelle précisément l'épigraphe de *La nuit du décret*. Du moins ne faudrait-il pas ajouter à la misère humaine. La monstruosité de la guerre, des camps, de la lutte à mort entre des aveugles, ce n'est pas que l'homme se révèle ainsi comme un animal assez malfaisant, c'est que «nulle idée ne supporte d'être souillée de sang» (C.A. p. 170). La monstruosité des monstruosités c'est le fol orgueil des individus et l'orgueil encore plus fou des certitudes dialectiques dans le champ du politique. Commentant *La gloire de Dina* Michel del Castillo déclare: «Qu'est-ce qui a manqué à cette femme qui partait pour un grand destin? Elle n'a jamais pu dire: "J'ai mal agi"...» (*La Croix*, 9-2-85).

Ne nous y trompons pas: Michel del Castillo a nettement marqué ce qui le sépare toujours du catholicisme. Né dans un pays chrétien, plongeant ses racines dans l'humus chrétien, ce qu'il refuse ce n'est pas l'inspiration chrétienne mais toute «autorité» qui s'appuie sur le christianisme.

Pendant la guerre certes, comme le reconnaît un de ses collaborateurs (qui le déteste, comme presque tous) «la vie humaine ne valait pas bien cher, on ne fait pas d'omelette sans casser les oeufs» mais lui ne semble jamais voir les hommes; le regard halluciné, il règle des dossiers (p. 185), et, en attendant le prochain interrogatoire, il lit paisiblement les *Nouvelles exemplaires* de Cervantès. «Cet homme-là déteste la vie, la mort même ne lui suffit pas: il veut une mort qui garde l'apparence du vivant» (p. 198).

Pendant longtemps après la fin de la guerre civile (et même de la guerre mondiale) ce policier métaphysique continuera la répression la plus insoutenable celle qui consiste dans «l'inquisition tatillonne et nocturne, dans cette mise en scène sinistre» (p. 256). Comme le grand Inquisiteur de Dostoievsky si le Christ, ce fou, revenait pour prêcher sa doctrine il le détruirait car «tout ce que la police abhorre, cet illuminé l'incarne: l'errance, la subversion, l'esprit d'indécision» (p. 322).

Depuis la Reconquête —et c'est le principal sujet du *Sortilège espagnol*— toutes les guerres jusqu'à celle de 36 ne sont que des déchirements, des suicides moraux, que porte le sang espagnol. Les guerres civiles les plus atroces, la corrida, les mythes espagnols, le goût de l'horreur sont des manifestations multiples d'une impossibilité d'en finir avec la mise à mort de ses propres peurs.

Peut-être —on l'a dit— l'entreprise de *La nuit du décret* était trop ambitieuse. Assurément Michel del Castillo n'est pas Dostoievsky mais à travers son récit on voit bien ce qu'il cherche à nous rendre sensible: au-delà de l'horreur la quête de l'absolu, à travers une atmosphère lourde, angoissante, ténébreuse la rencontre de l'énigme de deux destinées. On a dit que ce livre était un «polar métaphysique»: on ne s'étonnera pas que la guerre civile, le franquisme, les années de répression et de vilenies, ne servent au fond que de décor sinistre à une fable qui n'ignore rien des réalités mais cherche au-delà des apparences comme dans *Crime et châtiment*, ce qui fait le criminel et ce qui inspire le policier.

V

Romancier des guerres de ce temps del Castillo puise évidemment dans ses souvenirs et dans une chronique présente dans toutes les mémoires de ses contemporains... lorqu'ils ne s'efforcent pas de s'abandonner à l'oubli. Il retrouve aussi, chemin faisant, bien des motifs ou des patrons littéraires: le gamin héroïque —Loto— qui va sans crainte à la rencontre de la mort c'est Gavroche. L'intellectuel qui raisonne tout, le vieil aristocrate désabusé, les affreux profiteurs, les purs dans chaque camp et les monstres ont tant de référents connus qu'on n'a que l'embarras du chois pour citer les modèles. Et bien sûr les romanciers de l'absurde ont aussi laissé des traces: telle page de *La nuit du décret* a pu être rapprochée des *Séquestrés d'Altona*, telle discussion rappelle inévitablement Malraux, telle figure emblématique du Mal peut suggérer un rapprochement avec Bernanos. Il ne manque dans ces livres ni de scènes d'un réalisme vigoureux, ni de discussions pour lecteurs métaphysiciens, ni de moments —plus rares— de tendresse. pour en tirer législation et jugement. Qu'il ait détesté le franquisme, toute son oeuvre le démontre surabondamment et pour les totalitarismes fascsites comment pourrait-il éprouver, après ce qu'il a vécu, la moindre indulgence? Mais là encore c'est moins les hommes qui sont en cause, fussentils criminels, que l'inhumanité des intelligences damnées, c'est-à-dire trop sûres d'elles-mêmes. Lorsque Avelino Pared déclare: «un vrai policier n'a pas d'existence propre. Il incarne une idée» (N.D. p. 322) il révèle en lui le triomphe de la mort, «ce vertige du Nada» qui est —paraît-il— l'une des maladies espagnoles mais qui, je le crains, sévit en d'autres contrées. Lorsqu'il a fait venir à Huesca le jeune Santi Laredo il l'a appelé pour que celui-ci le tue: même aux bourreaux il arrive de ne plus pouvoir supporter leur propre existence. A ceux qui peuvent se libérer du meurtre il appartiendra de «tenter de vivre».

VI

Il est possible que pour donner à sa démonstration la rigueur impitoyable qui conviendrait Michel del Castillo ne dispose pas de toutes les ressources de Dostoievsky.

Santiago n'a rien à voir avec le Prince Mychkine. Son Espagne en proie aux démons de la guerre n'a pas la grandeur tragique des *Possédés* et, finalement, son univers est trop noir pour ce qu'il montre d'aspiration à la vie et trop timide pour que les Bons (ou les moins mauvais) nous assurent d'une possible victoire sur le Mal. Les deux romans dont nous avons parlé (mais nous aurions pu prendre d'autres exemples) montrent à quel point la tragédie nationale de l'Espagne l'a marqué. Tout procède bien chez lui de cette expérience trop précoce du malheur. Il en a tiré un scepticisme profond, une angoisse durable devant la souffrance et l'injustice, quelques images atroces et une interrogation passionnée sur le sens de la vie. Il a bien du mal à se délivrer des cauchemars baroques qui hantent son imagination pour exprimer cet optimisme tragique qui, à beaucoup d'égards, est la marque de tout un courant de la littérature française. Je ne saurais dire si c'est également une conséquence de sa —partielle— ascendance espagnole: «Un peu étrange tout de même, écrivait P. de Boisdeffre après *La nuit du décret*, qu'à son treizième roman l'auteur de *Tanguy* reste à ce point hanté par le destin de l'Espagne!» Mais à cette hantise nous devons de beaux livres dont l'accent personnel fait le mérite indiscutable.[4]

PIERRE DELAY
Université de Pau

---

4. Cf. Pierre de Boisdeffre: *Histoire de la littérature française des années 30 aux années 80*, Paris, 1985, Tome I, pp. 987-988.

QUINTA PARTE

EXILIO, MEMORIA Y REPRESENTACIONES

ELS INTEL.LECTUALS CATALANS DAVANT LA GUERRA CIVIL ESPANYOLA

«Un sol punt particular aquesta delegació catalana s'atreviria a remarcar; i és el de l'afirmació d'ella mateixa, de la seva personalitat col·lectiva que fa Catalunya en aquesta guerra. No hem de dir res del que dins la Península Ibèrica significa el pensament de Catalunya, la seva secular idea d'una Espanya federada; no: allò més apassionat de la pugna és entorn d'aquesta idea; però no volem portar ací cap reflex de la perillosa passió interna. La Catalunya que interessa essencialment a una assemblea d'escriptors, és la dels escriptors; i tothom que conegui els nostres problemes, el procés d'Espanya en els darrers cent anys, sap que, en expressar-nos així, fem astuciosament un tomb per a dir el mateix. Astuciosament, però també profundament; perquè així el paper de Catalunya és suggerit en el que té de valor universal, en el que us afecta també a vosaltres, escriptors de tot arreu: per definició, homes que expresseu l'esperit humà en paraules de bellesa diversa —gelosos precisament d'aquesta diversitat. Doncs bé: en la seva lluita, Catalunya es juga no solament viure en la llibertat o en la servitud política, en la justícia o en la iniquitat social: perilla ella mateixa com a col·lectivitat; vençuda hauria de sofrir els intents més rigorosos que hagués conegut en la seva història de fer desaparèixer la seva força econòmica, el seu nom, la seva personalitat, sobretot la seva llengua —és a dir, la forma secular del seu pensament i del seu sentiment. No cometrem la inútil inexactitud de dir que enfront de nosaltres tot sigui igualment odi contra això que és tan nostre, tan de cada poble com és la llengua; però sí es cert que els seus acarnissats enemics, tots són declaradament enfront de nosaltres en la guerra.»

(Maurici Serrahima, *Memòries*)

Permetin que m'excusi per la gosadia d'encetar aquesta breu comunicació amb una cita decididament excessiva; justificada, això no obstant, per la transcendència del seu contingut i per la seva valor testimonial. En aquest fragment del parlament llegit al Congrés de la Federació Internacional de PEN clubs reunit a Praga el juliol de 1938, Carles Riba ja fa esment explícit de com la Guerra Civil espanyola té, a banda les tensions internes i les contradiccions de rigor, una dimensió extraordinària i universal per als catalans, tant com la que pugui tenir temes com ara la lluita per la llibertat, la igualtat i la fraternitat. Universal perquè la magnitud de l'amenaça franquista que plana sobre Catalunya només és comparable al que en Josep Benet definí com a «Genocidi Cultural» en el seu llibre *Catalunya sota el règim franquista* (París, 1973); i que depassa, doncs —perquè les engloba—, les accions que atempten contra les mínimes llibertats individuals, de classe, col·lectives, socials... Si hagués estat aquesta la lectura que sobre els esdeveniments i la transcendència de la Guerra Civil hagués prevalgut per damunt de les altres, volem creure —amb la història escrita en condicional encara ens és permès de ser ingenus— la intel·lectualitat europea no hauria dubtat a donar una resposta unànime i conclosa en contra d'aquells qui, enarborant l'oriflama de la justícia, l'ordre i la religió, es proposaven d'aterrar la realitat d'un poble que tot just si s'havia refet de les atzagaiades d'una història que no li ha estat mai favorable.

Aquesta resposta, però, era impensable que es donés sense que existís una anàlisi rigorosa i objectiva de la realitat existent, i una informació desapassionada i desinteressada —políticament— de la gravetat i transcendència dels esdeveniments bèl·lics i de les seves possibles conseqüències. Aquestes condicions concretes s'haurien donat, segons que es desprèn de les memòries d'en Maurici Serrahima, des del Govern de la Generalitat, si aquest hagués continuat tenint algun tipus de representativitat efectiva, ja que la societat catalana, després dels incontrolats avalots revolucionaris dels primers anys de la Guerra, encara hauria pogut vèncer, de la mateixa manera que ho van fer els intel·lectuals catalans, les seves divergències i les seves discrepàncies davant d'un interès comú i universal de lluita centrat en la necessitat de servar, per damunt de tota altra cosa, el sentiment suprem de poble.

Ara, la vinguda del Govern de la República a Barcelona va impossibilitar, sobretot, qualsevol tipus d'acció en aquest sentit. Segons Serrahima, «la situació de considerable normalitat que havíem viscut /a Catalunya/ en la segona meitat del 1937 s'havia anat modificant amb l'arribada progressiva dels organimes del govern central». Es a dir, que en certa manera el fet que el govern central s'instal·lés a Catalunya suposà l'inici d'un procés clarament desestabilitzador: d'una banda, perquè determinava la supressió de tota representativitat del govern de la Generalitat (la qual cosa produí no pas poques reaccions desfavorables per part d'un important sector de la societat catalana que veia amenaçada, per part de l'ordre establert que havia defensat —i defensava—, la seva llibertat i la seva lluita per l'autonomia i la democràcia pluralista. Precisament, i a propòsit del decret del Govern de la República del dia 11 d'agost de 1938, que disposava que les fàbriques d'armament de la Generalitat passessin a les mans del govern central, Serrahima comenta, fent-se eco d'un sentiment força generalitzat com «els gustos per la dictadura eren cada cop més visibles en el govern Negrín»; i més endavant, a propòsit de la publicació dels anomenats Tretze Punts aprovats uns mesos abans afirma: «De tota manera, la "legalitat" d'aquells Tretze Punts (en els quals recordi's que si bé es deixava de banda la qüestió de les autonomies es feia però, una confessió de bons propòsits pel que fa a l'aspecte de les llibertats individuals per practicar cadascú la seva religió), que en diversos aspectes contradeien la Constitució vigent de la República, resultava més aviat acomodatícia, i sobretot impròpia per a ser proposada per un simple cap de govern d'una República que volia ser democràtica i parlamentària». Segons això sembla prou evident, continua Serrahima, que «si hagués guanyat la guerra i ell /Negrín/ s'hagués pogut consolidar en el poder s'hauria inclinat ràpidament a fer de dictador... I, també, en aquest cas, sembla evident que hauria pogut ser un dictador ben poc favorable a la represa de l'Estatut de Catalunya».

D'una altra banda, el govern Central va afavorir, amb el seu assentament a Catalunya, una lluita aferrissada entre els distints grups polítics per tal d'accedir al poder. Aquesta lluita pel poder es caracteritzà, en un sentit, per un favorable regrés pel que fa a la violència dels partits polítics i pel que fa a la radicalització de les posicions llurs; però en un altre sentit, evidencià fins a quin punt, per interessos polítics, es pot caure en les contradiccions més viscerals i espectaculars, o el que ve a ser el mateix, fins a quin punt aquella frase d'en Collinwood «el poder corromp sempre, i el poder absolut corromp absolutament» es lapidària i memorable.

De com aquest servilisme polític accelerà, fet i fet, el procés d'afebliment sistemàtic del sentiment nacionalista homogeneïzador característic dels primers mesos de la Guerra Civil ens en dóna bona notícia, entre d'altres, en Jordi Sabater en el seu llibre *Anarquisme i catalanisme* (Barcelona, 1985), en el qual assaja també de fer una anàlisi global i aprofundida del grau de catalanitat de l'anarquisme català i del seu mistificat esperit separatista.

Però allò que ens interessa fonamentalment aquí no és pas de gosar fer prediccions hipotètiques sobre quin hauria estat el devenir de la història de la guerra si s'haguéssin donat una sèrie de condicions diferents a les objectivament conegudes. Ara bé, cal ressaltar el fet que Catalunya, que era fermament republicana, s'hauria estalviat bona part de la disgregació de forces en el cas que hom s'hagués servit d'una consigna unificadora, prou àmplia com per a possibilitar que fos assumida per tots els sectors socials i polítics i prou concreta com perquè delimités amb claredat quin era l'enemic contra què calia lluitar.

Aquesta consigna sí que es donà entre la majoria dels escriptors catalans: «Salvar la República». Hi hagué desercions, és clar, com la d'en Villalonga, la d'Ignasi Agustí, la d'Agustí Calvet..., però, tret potser d'algun cas concret, cap d'ells no té una actitud filofranquista per vocació, sinó més aviat per conjuntura i, en alguns casos, per obligació. Salvar la República, hem dit. I no és del tot cert. Cal matisar que, en realitat, la República no es defensava per allò que era, sinó pel que significava. Certament, allò que agrupà els escriptors catalans fou que sentiren l'obligació d'erigir-se com els més conspicus defensors de la cultura nacional i, de retruc, del sistema polític que l'havia feta possible, directament o indirecta, o que com a mínim no la negava. Prendre partit a favor de l'ordre establert pressuposava, sobretot, reconèixer com a imprescindible la necessitat de conservar la llengua i la cultura com a peces claus d'una identitat nacional amenaçada. Així ho expressà Cèsar August Jordana en l'article *L'escriptor davant el feixisme* publicat en el «Diari de Barcelona» el 16 d'octubre de 1936:

> «El català no és únicament el nostre instrument de treball, sinó la carn mateixa del nostre esperit, la matèria on prenen forma les nostres idees. En lluitar contra el feixisme, no sols ho fem per la llibertat d'expressar-nos dignament, sinó per la possibilitat d'expressar-nos».

La defensa de la llengua i la cultura catalanes va ser entesa, entre la intel·lectualitat catalana, com un deute real i no pas com un estirabot regionalista i, evidentment, com una afirmació absoluta i incondicional del règim republicà. No debades, l'escriptor català ha hagut de ser sempre conscient que en la seva tasca no n'hi ha prou de posseir un necessari *tacte* (és a dir, una clara voluntat de tendir cap a la professionalització estricta), sinó que requereix també d'una determinada *tàctica*. I això vol dir que cal que sigui conscient que es deu a una molt determinada política cultural, la qual haurà de ser concebuda sempre pragmàticament, però segons un pla general, suprem —en paraules de Riba— de salvació de la Pàtria. I això suposa, Serrahima no es cansa de predicar-ho, una consciència molt clara sobre fins a quin punt únicament decidint-se per la causa republicana és que aquell pla general, suprem, podrà dur-se a terme.

Aquest posicionament per part dels escriptors catalans davant el conflicte bèl·lic que hem intentat de definir suara ha estat sistemàticament tergiversat per part de mant estudiosos, com a conseqüència d'un tipus de pensament clarament integrista (republicà o franquista) que no ha tingut present les distintes i diverses realitats culturals específiques dels diferents pobles de l'Estat. Tergiversat, sí, però en un sentit molt concret: el de creure que la lluita aferrissada, per part dels intel·lectuals catalans, per tal de servir i servar la seva identitat nacional no era, en absolut, una forma com una altra de prendre partit en el devenir de la guerra ni una manera conseqüent i coherent de defensa de la causa republicana, sinó un intent, mesquí i oportunista, d'aprofitar-se del desconcert socio-polític del moment per tal d'aconseguir definitivament la separació total i absoluta de l'Estat. Podria qüestionar-se ací el personalisme exacerbat d'aquest posicionament, el seu caràcter excessivament casolà, la seva inoperància, etc.; però allò que no es pot posar en dubte és que es tracta d'una actitud coherent amb la realitat concreta i la tradició particular d'un poble. Una actitud particular i amb unes característiques pròpies; interessada, però no per això susceptible de ser menystinguda o bescantada, analitzada des d'una perspectiva simplista i globalitzadora en excés; com és ara la que es desprèn de l'apartat «los seraparatismos» del llibre —ben pintoresc, d'altra banda— de Vicente Marrera, *La guerra española y el trust de cerebros* (Punta Europa, 1961).

Segons que comenta Maurici Serrahima en les seves memòries, la idea del pretès «separatismo» de la intel·lectualitat catalana era una conseqüència directa de l'absolut desconeixement que sobre la realitat cultural i històrica de Catalunya existia a la resta de l'Estat i, evidentment, a Europa. Durant la Guerra Civil, però, és cert que hi hagué un determinat tipus de separatisme: el cultural, el de l'afirmació de l'idioma i de la cultura catalanes. Però aquest separatisme —que no fou mai sinònim d'exclusivisme— no es formulà en cap ocasió en termes polítics ni tingué en cap moment una orientació política. Ben al contrari, aquest separatisme cultural evidencia notablement a favor de quin dels dos bàndols calia que lluités Catalunya. Fem atenció, precisament, al sentit d'aquests mots estrets del pròleg del Programa oficial «Dia del Llibre-1938» editat pel Departament de Cultura de la Generalitat de Catalunya:

«Durant cent anys Catalunya ha esmerçat les forces de la seva sang i del seu esperit a evolucionar cap a l'acompliment del seu destí històric. En la suprema idea que s'ha fet d'ella mateixa, i a la

239

qual pugna per assemblar-se, ha volgut ésser lliure i ésser voltada de pobles també lliures; és a dir, salvar-se, però ajudant també a salvar-se: per la llibertat, que és no fi en ella mateixa, sinó mitjà indispensable per a realitzar-se en plenitud. D'on el constant pensament català d'una democràcia que organitzés Ibèrica en societat de nacions; i avui, l'any 1938, Catalunya jugant-s'ho tot senzillament a vida o mort per segles, en defensa de la segona república espanyola.»

El fet que els intel·lectuals catalans se sentissin cohessionats —tal i com ja ha estat dit— per un mateix interès explica perquè els estudiosos del període no dubten a ressaltar com la Guerra Civil no representà en absolut un estroncament pel que fa al desenvolupament de la cultura catalana. Decididament, aquest és un període feraç en l'àmbit literari: hi ha tota una sèrie d'institucions, editorials, revistes, publicacions diverses, organitzacions..., que continuen la seva tasca, iniciada amb anterioritat al conflicte bèl·lic, amb una total normalitat. La vitalitat de la cultura catalana es palesa en la sèrie d'activitats que segueixen realitzant-se i sobretot en les que es deriven directament del conflicte.

La literatura de guerra és, així mateix nombrosa i, en alguns casos, d'una qualitat gens menyspreable (tot i que per regla general es tracti solament de textos pamfletaris, circumstancials) com per exemple l'antologia *Poesia de guerra* (1938) publicada pels Serveis de Cultura al Front, amb poemes d'autors tan representatius com Agustí Bartra, Pere Quart, Esclassans, Vinyes, C.A. Jordana... Pel que fa a la narrativa, cal esmentar el recull antològic *Contes de Guerra i revolució (1936-1939)*, en una edició feta a cura de Maria Campillo; i *Unitats de Xoc*, de Pere Calders. Quant al teatre, l'obra més representativa és sens dubte *La fam*, de Joan Oliver, obra que resultà guanyadora del premi convocat pel Teatre Català de la Comèdia, en la seva primera i única convocatòria de 1938.

Però serà a l'exili que realment naixeran les grans obres de la literatura catalana que tenen com a motiu referencial l'experiència viscuda durant la guerra civil i les conseqüències d'aqueixa. Permetin que em limiti a esmentar-ne únicament dues, però segurament les d'una qualitat literària més indiscutible i universal: *Les Elegies de Bierville*, de Carles Riba i *Nabí*, de Josep Carner. Totes dues obres, precisament, concebudes en territori francès, país aquest que acollí a la immensa majoria dels escriptors catalans exiliats i a què Carles Riba, en la presentació de la «Revista de Catalunya» en la seva època de París, s'hi refereix en termes elogiosos i esperançadors que voldria que fossin, a banda d'una bona avinentesa per cloure aquesta comunicació, un sincer reconeixement per tots aquells qui, a pesar de les dificultats lingüístiques, han escoltat pacientment aquests mots modestos:

«França, pàtria hospitalària als homes i a les idees, harmonitzadora de contrastos, clarificadora de barreges, impulsora de generoses croades. Tota ella és avui dreçada en guerra per defensar l'home de raó i de gràcia contra l'home de natura i d'instint. Fou ja aquesta la nostra guerra, i diem avui nostra la guerra de França: tan fonamentalment per principi català secular, que ens semblaria mesquí si afegíssim que també per gratitud d'hostes. (...) La victòria de França serà un ajut de salvació per a Catalunya, dins una Espanya així mateix salvada en la Llibertat i en la Veritat.»

XAVIER MACIÀ
Estudi General de Lleida
Universitat de Barcelona

LA MEMORIA RECOBRADA: CARLOS BARRAL
(A PROPÓSITO DE «*SANGRE EN LA VENTANA*»)

Ante «Sangre en la ventana», un poema de los «años de penitencia» —de *19 figuras de mi historia civil* (1961)—, el poeta parece recobrarse del daño recibido, reparar las incidencias sufridas en los «sucesos de aquel tiempo»: el tiempo de la guerra civil. El desquite por lo perdido y arrancado, *involuntariamente*, preside la denuncia social y la articulación política de estos versos creados para fijar los inmediatos ejemplos de la muerte violenta, al volver en sí, recuperando la que se supone mirada infantil que niega su inocencia. En «Sangre en la ventana» no hay inocencia, salvo la de la sangre derramada con absurdo desprecio por la vida: la sangre de los otros, en un infierno en el que cada rito procura conservarse a riesgo de abstraer históricamente la criminosidad de los actos. De la enfermedad y accidente se vuelve sólo por institución memorística.

La mirada de Carlos Barral, en su memoria recobrada de la guerra, es la del niño, pero es a la vez, en el poema, la mirada del adulto por y a través de esa guerra. El niño-poeta, protagonista, sujeto de «Sangre en la ventana», lee en los hombres más que en los libros. La vida importa vivirla más que oírla contar a los demás. No es que un enemigo de los placeres —nada menos— le niegue su recuperación —de lo que antes tenía o poseía—, no: él es un observador del infeliz espectáculo de la MUERTE violenta, absurda, sangrienta, de esa MUERTE sin causa, de toda guerra sin posible justificación. Por eso el poema ausenta IDEALES y recobra únicamente sensaciones visuales, olfativas, más perdurables. De ahí que: «mancha sobre la acera», «aire roto, oliendo», «calle gris» y «hueco oscuro» presidan la imaginería de la Realidad a la que alude: «efectiva-

243

mente», y según palabras del autor, «la guerra civil en la retaguardia, en Barcelona».

Sin embargo, una pregunta —llena de placentera inconsciencia— surge sancionando el tema: ¿Puede influir la *guerra civil* sobre una literatura, tan realmente como influyen en ella otros juegos de la vida tan serios como la suma de salud, el dinero, el amor? ¿La guerra es tan determinante o más en nuestra literatura como puedan serlo otros «inspirados» actos? ¿Factor esencial en la creación? Verdad es que los Desastres de la Guerra no pueden ser ajenos a aquellos que vivieron los años del 36, pero innecesariamente podríamos buscar sus huellas en todo arte y en toda creación. Por candor o por incansable quemazón, uno puede sentirse, ciertamente, inhibido de ese fenómeno absolutamente *Externo* denominado y señalado como GUERRA CIVIL. Más incivil aún sería sentirse amenazado por el gusanillo de escribir sobre una experiencia en la que no se ha participado de lejos ni de cerca. Una experiencia relatada, oída, montada y atenazada por los mayores, en la que los pequeños simbólicamente marcaron los «proyectos» de y por «hacer la guerra». Y curiosamente fue así hasta cierto punto. Esa historia llamada de «guerra civil» fue muy distinta según quien la padeció, en intensidad afectiva y en sobresaltos emocionales. Físicamente la guerra no existió para algunos. Para otros, sólo Ella existió. Para nosotros, educados en rememoraciones y conmemoraciones, no siempre contra el esquema histórico se levanta una plegaria de libertad, y no siempre contra *su Realidad* se inflex-iona una voz muy otra y distinta y ajena por completo a las vicisitudes propias del homenaje y de la representación. En este caso, sí: «Sangre en la ventana» —poema que se publicó como homenaje a Picasso— invita a la reflexión y recuerda naturalmente un razonamiento: la guerra civil actúa como una vivencia más de cualquier persona —quizás una vivencia muy importante—, como actuaría en cualquiera, pero no sólo en escritores y artistas. La aceleración con que el Arte ha valorado y se ha pronunciado sobre el hecho de la guerra de España ha invertido, en cierta forma, los términos: una guerra influye sobre una persona como un amor. No, necesariamente. Este es el auténtico desastre de la Guerra —después de los más conocidos y reputados—. Una guerra civil e incivil, no puede influir, y no influye necesariamente, sobre una persona como el amor o la amistad. Actúa sí como una vivencia fundamental en la vida de un Individuo marcado por Ella, pero no con la exclusividad que se ha pretendido. Menos aún en el campo del Arte y la Literatura. Pronunciar sentencias contaminadas de GUERRA CIVIL conlleva evidentes falsedades del tipo: en toda la literatura de este país durante un período Equis encontraremos influencias del fenómeno bélico. En todo autor, dicho fenómeno, depende de que haya vivido su presencia, cuantitativa, y de que la memoria lo remate en cuanto flujo continuo y significativo. No exactamente. Un amor promiscuo, un amor adolescente o ancilar, un amor actúa posiblemente más sobre la vivencia de una persona, y su literatura, que Guerras y Barbaries. Es indudable: la guerra civil actúa, influye sobre una persona de manera decisiva, en cualquiera, como una vivencia fundamental, y no sólo en los artistas, que parecen haberla encerrado en su feudo. Influye, claro: más sobre la persona humana que sobre el escritor.

Resultaría impropio formular una experiencia de semejante calibre en términos de arte, pero sólo al arte le es dado formularla con mínima y única aproximación. Los hechos sin duda, tal vez, fueron otros. No en términos del arte, inhumanos; sólo que no sabremos de ellos más que a través de los Picassos y Dalís y Palencias. Y antes de ese momento, de la España de 1930, sabemos que se movía entre la cultura pública de la Comisaría de Bellas Artes y la milicia autárquica, tranquila y segura del Comité de Acción Artística, con las grandes y reconocidas personalidades de Ángel Ferrant, Javier Nogués, Juan de la Encina, José Moreno Villa, Manuel Abril, Ángel Sánchez Rivero, Gabrei García Morato. Este último lo resume así espléndidamente, en un volumen de Ediciones Biblos, bajo el título de *La Nueva España (Resumen de la vida artística española desde el año 1927 hasta hoy) 1930.*

Ese clima de libertad e intimidad en los medios intelectuales (sin exageración: de amor y esfuerzo creador), va a romperse otra vez en 1936. Ese clima que retrata Maroto, cariñosamente, hablando de los subalternos de esta forma: «Muchachos nacidos a la vida con el cambio político y social de su patria, conscientes de su histórica responsabilidad, sorbiendo en la vida y la obra de sus compañeros superiores la gran ilusión de creación y multiplicación». Así lo describe Maroto con ese costumbrismo sustancial de los modernistas de pro: confianza y candor: «De las máquinas que abajo ruedan reproduciendo con rapidez millares y millares de bellas imágenes, sube una música gozosa que incita a la canción serena». Canción que va a acallarse en contra de la salud social que proclamaba Maroto. Pero la visión de Esa Otra España no es peor íntimamente, no es una España más mala. El clima ha cambiado. La catástrofe se reproduce en todo el escenario, y el valor preciso del acontecimiento bélico español, con su absurdo horror de fuerza bruta, va para cada cual según sus propias circunstancias. Banalidad insustancial a partir de la cual podremos explicarnos esa «sangre» en la ventana del poema barraliano. El imperio ciego de la SinRazón que ignora y desdeña al niño eterno que es el pueblo, el atentado descomunal que supondrá aquella lucha entre hermanos, resulta imperdonable. Para el autor de *Años de penitencia*, sin embargo, se le ofrece la perspectiva desenfadada y provocadora siguiente:

«Yo era demasiado niño como para haber disfrutado
del libertinaje de los años de la guerra.»

Niño, guerra. Libertinaje. Otros efectos pues de la guerra: para disfrutarlos a los ocho años deberán buscarse. El ocio, la pérdida de autoridad de los mayores, el libre vagabundeo, la osadía y el miedo que se refleja en un poema como LAS ALARMAS, contiguo precisamente al que comentamos. En la guerra de los niños: más libres y atentos y fuertes que sus frustrados y vergonzantes educadores. Así leemos en «Las alarmas»:

«y era agradable recorrer los túneles,
hacer la guerra a oscuras,
reinar en lo profundo...
Robábamos las pocas herramientas,
marcábamos las cuevas con los signos
de nuestras sociedades subversivas...»

Así que en medio de ese ambiente *demacrado* los auténticos ganadores parecerían ser los niños, si no fuera por su encuentro más o menos casual, y desde luego cotidiano, con la muerte. Una costumbre gravosa, que el autor comentaba en sus *Memorias*:

«en el último año, cuando los ataques se hicieron frecuentísimos, la sensación de peligro se habitualizó. De todos modos, ponía la piel de gallina el ver pasar las escuadrillas, relativamente bajas a la luz del día, como un bando de pájaros mortíferos».

Los niños con sus juegos, en la guerra, en explosiones violentas, sin poder jugar de veras «a la guerra», contagiados de los mayores, se convierten prematuramente en adultos. Así aconteció incluso para aquellos·que trataron de preservar su paraíso infantil. Notamos ese aspecto de innecesaria madurez en el niño —¿quizá también en el adulto?— al principio del poema:

«No, no era lo mismo.»

Principio en el que se conjura con toda la memoria de esos muertos entrevistos la marca de un sello en relieve: el de la muerte. *No era lo mismo, no*, que es como decir: ¡eh!, para, aquí te conjuro, riesgo y pasión de mis días de difunto, de mis noches en vela, de mis centelleos cobardes de *hoguerra*. Así, al nombrarlos los conjura, y al recordarlos, los impide. Evita y aleja su daño y peligro: «No, no eran los mismos.» Dice el poeta: «Yo hubiese querido ver el primer muerto, / aquél sobre la acera.» Pero no. No era lo mismo ver la mancha de sangre, sólo la mancha delatora, hiriente, persistente. El poema parece envolver una situación imaginaria, una imagen surreal: como si .el niño desde su claustro materno —entre visillos del dulce hogar— hubiese contemplado absorto gotear de forma imprevista sangre en su ventana. Sangre que ahora resultaba que estuvo siempre ahí, no sólo en la ventana, sino también en la calle, sobre la acera, en sus juegos sangrientos. De ahí esa extraña petición, el ruego cruel, inconsciente, o intrascendente:

> «Yo quería
> conocer el instante de las balas
> verle en su hueco oscuro, desprendido
> cuerpo todavía furioso.»

Ese muerto bajo la ventana, que el poeta no vio, y que es una víctima de la sublevación de mayo del 37, según recuerda el autor, recupera su espacio de inocencia gracias a la mirada infantil, a la formulación de este fuerte deseo. Se corresponde también con la idea de ese período que meridianamente ha expresado Barral en los siguientes términos:

> «Para casi todos los muchachos de mi edad la guerra había sido una larga y extraña vacación, un *hortus libertatis* en el que las costumbres se habían regido por las solas excepciones de olvidadas reglas.»

Según este proceder, todo era distinto. Más adelante en el poema se nos dice: «Ahora era distinto», puesto que se trataba de otras muertes menos determinadas, más anónimas. Se habla, pues, de las otras muertes, de las víctimas de los ataques aéreos. Se nos acerca la denuncia de y sobre la muerte involuntaria, que tiene culpables, que es voluntad de otros, y se hace muerte *colectiva y anónima*.

Muertes además no sólo de quienes mueren sino de quienes viven. Y soportan esas muertes. Son los muertos vivos, los muertos en y por el silencio, ese silencio que los «hace culpables mientras dura». Así parece expresarlo el poeta en estos versos:

> «No, aquella muerte colectiva, anónima,
> era cosa distinta.
> Era el peligro y un poco la alegría
> de haber sido olvidados. O, sin duda,
> los primeros ejemplos.»

Más allá de estos «primeros ejemplos», y para no empobrecer ya más la propia vida —como se nos advierte en palabras del poeta— se recupera la memoria de la Sangre, de «Sangre en la ventana». Así lo transmite y concede el cantor, cuando pone en funcionamiento ese mecanismo fiel-infiel de la memoria y escribe:

«Por eso desde entonces,
a menudo pensaba en aquel muerto
que no vi.»

Principalmente para no carecer, convencidamente, de un aprendizaje en otros tiempos de mayor miseria, interminable educación de los sentidos morales. Otro tiempo también prefijado mediante recuerdos visuales, en primacía. Medios de más viva tradición unipersonal, cuya presencia relativiza de forma rígida toda figura uniforme, heroica o repetitiva, que configuran lo más distintivo del sujeto con los sucesos de aquel tiempo: una honda conciencia cobrada: un ritmo propio de memoria que revive en perpetua infidelidad narrativa. Así se nos dice de:

«su imagen incompleta
prevalecía sobre todas, su memoria
crecía en los espasmos de temor,
en el agudo filo
de la curiosidad».

Y así que vengan pronto y de inmediato esas imágenes —recordación, de los desafectos sustanciales de la guerra—, nacerán en el mismo poema otros ejemplos de muerte con su violencia. Sucesos vividos y revividos por la memoria: especie de actividad, activación de una mirada como fuera de sí, lejana, en sus aspectos más fríos y objetivos, anecdótica. Suma y añadido de esos aspectos no vividos, experimentados por medio de la inteligencia. Y frente a ella: la muerte de cerca, en DIRECTO... como un acontecimiento realmente sufrido en que el poeta estaba, puede decirse, AHÍ —según propia confesión— y pese a que:

«aún era
demasiado pequeño para ver por encima del corro,
al pie de los balcones desde donde
dicen que se arrojaron...».

Se alude, al final del poema, a otro recuerdo real que el autor ha narrado en *Los años sin excusa (Memorias II)* (1977), el suicidio de los ancianos.

«Un mediodía mientras aguardaba el momento de ser relevado, se arrojó desde un balcón una pareja de ancianos, ella vestida, él en pijama. La gente... se arremolinó un momento en corro alrededor de los cuerpos y alguien con autoridad me impidió acercarme para verlos... Unos minutos después... y allí quedó obsesionante, el solitario bulto cubierto con una manta gris, horas creo, hasta que llegó la ambulancia.»

Es terrible, pero así la MUERTE, con crueldad imperativa, se acercaba a los ojos despiertos de un niño, besando sus párpados ensoñados. Una vuelta más, y el suicidio de ancianos al que se alude en el poema es la última tuerca que aprieta hasta ahogar la conciencia del adulto. Todas esas muertes, que recobra y vuelve en sí el poema «Sangre en la ventana» de Carlos Barral, son muertes involuntarias, sin querer, arrebatadas, seccionadas y descentradas por la inevitable imprecisión histórica del enemigo político, que en sí mismo también espera y acecha su oportunidad. Todas esas muertes involuntarias —la de las víctimas de los ataques aéreos, la de los ancianos suicidas, y la del hombre muerto bajo la ventana—, como imaginábamos, conforman y acusan y denuncian extrañamente UNA NUEVA IMAGEN DE MUERTE: la muerte peor y más temible, la *Muerte Voluntaria*, que inútil o inconsecuente brilla en la inteligencia del adulto que la siente alrededor y la desenmascara y la desnura, porque cada vez más a menudo, «pensando en aquel muerto bajo la ventana», y precisamente por no olvidarlo, y por ejercitarse en esa «imagen extraña y de historia complicada», se le aparece. De esta forma inequívoca, en los últimos versos:

«Y cada vez que me sentía
cómplice en la caza del hombre, rodeado
de muerte voluntaria, como en ramos
voraces de felpa suntuosa,
y de curtida angustia, y del silencio
que nos hace culpables mientras dura.»

Porque así nos ha dicho el poeta: «pensaba a menudo en aquel muerto». Porque así actuó la guerra en ese «retoño feliz del bienestar», en la mirada de un niño cuya *vida* acomodada no impidió "Sangre" en la ventana, pero no más que otros temas, que otros símbolos, cuyo reflejo también se presenta en *19 FHC*. En concreto, y como excepción, en estos dos poemas: «Las alarmas» y «Sangre en la ventana».

JORDI JOVÉ
Estudi General de Lleida
Universitat de Barcelona

«A PROPOS DE CLÊMENCE» DE CLAIRE ETCHERELLI O LA DESMITIFICACIÓN DEL EXILIO

A todos aquellos que supieron crear en mí una mítica imagen de Francia que todavía perdura.

Claire Etcherelli es una de las representantes de la llamada escritura femenina. Su nombre se inscribe al lado de Christiane Rochefort, Françoise Mallet-Joris, Françoise Sagan, Christine de Rivoyre. No accede a la fama y a la importancia de las dos Margueritetes, tan distintas entre ellas sin embargo: Marguerite Duras y Marguerite Yourcenar. No podemos establecer un paralelo entre ellas. En realidad, la escritura femenina es en cierto modo una falacia; lo importante es la escritura y su calidad, y ello no es una cuestión de sexo. A diferencia de muchos de sus contemporáneos Claire Etcherelli no es una escritora que se prodigue. Tres novelas publicadas únicamente hasta el momento presente. La primera, una gran revelación: *Elise ou la vraie vie*, en la que la historia iniciática de una joven encontraba como trasfondo lógico los problemas de la guerra de Argelia. Publicada en 1967, obtiene el premio Fémina y es llevada con gran éxito a la pantalla. Una nueva escritora ha aparecido en el horizonte de las letras. Claire Etcherelli es una autodidacta, de origen humilde. Y ella no olvida ese origen. Su escritura es una escritura comprometida con la historia y con el tiempo. Comprometida también con los seres más desheredados en los eslabones sociales. Pero a ello Claire Etcherelli une una sensitiva poesía de la vida. Su sentido de la metáfora la lleva a expresar conceptos profundos de una manera simple pero extraordinariamente poética. Sus intuicio-

251

nes superan el problema político y se integran en el texto con gran precisión. Texto comprometido y texto literario a la vez. De una frase simple, corta, de una frase nominal la mayor parte de las veces, pero poseída por un universo metafórico tanto más denso cuanto más sencillo.

Hemos dicho que la primera novela de Claire Etcherelli planteaba el problema social de la guerra de Argelia. En su segunda novela, que va a constituir el objeto de nuestro estudio, publicada en 1971, *A propos de Clémence*, va a analizar el problema de la guerra de España y de su exilio posterior, en realidad es una novela del exilio, pero del exilio de la gente sencilla, dejando de lado a los grandes intelectuales, para quien la vida sin ser fácil no presentó las mismas complicaciones que para los más humildes. Claire Etcherelli vuelve siempre su mirada hacia las capas más necesitadas de la sociedad, en un intento muy justificable de hacernos oír su voz. Podemos situar temporalmente la novela, a causa de un acontecimiento importante, la muerte de Julián Grimau. Este acontecimiento histórico nos permite conocer el tiempo de *A propos de Clémence*. Más tarde, Claire Etcherelli escribirá una tercera novela *Un arbre voyageur*, publicada en 1978, que tendrá como decorado histórico la revuelta de mayo del 68 y todo lo que ella puede aportar de esperanzador. Tres novelas únicamente. A muchos puede parecerles un bagaje pobre, sin embargo, el arte de la escritora y la elaboración de sus productos justifican lo que podría ser calificado de parquedad por algunos sectores.

La novela se abre ante nosotros presentando un rico juego de personajes. Se trata de una novela dentro de la novela.

Gabrielle Fardoux ha escrito la historia de sus relaciones con un exiliado español y una pequeña municipalidad, cercana a París, pretende extraer de ese texto una obra de teatro. Gabrielle Fardoux se entrevista con el hombre que tiene que interpretar al exiliado. Ante nosotros Gabrielle Fardoux y Simon, el actor. Una extraña complicidad se establece entre ambos. Gabrielle es Clémence, como se denomina en la novela, y Simon se siente ya Villaderda, ese exilado español. Personajes dobles, pues, enfrentados a sus obsesiones y a su mundo mítico. En torno a Simon está Suzanne, la que le ha proporcionado la idea y la que se encarga al mismo tiempo de adaptar el texto. Junto a Clémence/Gabrielle está Eloy, el joven español que se halla en el origen de su relación con Villaderda. Pero hay además todo un mundo femenino: Pilar, Olga y sobre todo Anna, con la que comparte durante mucho tiempo su habitación. Anna es un personaje constante en la obra de Claire Etcherelli. Su realización la encontraremos en su novela siguiente *Un arbre voyageur*. En *A propos de Clémence* sirve sobre todo para marcar la diferencia con respecto a la protagonista, para que ésta tome conciencia de ser otra, distinta a ella.

Pese a sus diferencias, muchas veces acentuadas de forma consciente por la escritura, los personajes comparten algo que es muy importante: una misma visión del mundo. Tienen conciencia de pertenecer a una clase social desfavorecida, y se rebelan frente a la injusticia. Su actitud, pese a todo, es distinta y presenta matices. En el fondo son solidarios porque se saben semejantes en un mundo adusto.

El mundo de los exiliados españoles se centra en la Campa, donde siempre acaecen accidentes. Esas chabolas de refugiados carecen de las mínimas condiciones de confort y de higiene. Cuando Clémence encuentra a Villaderda ha habido un incendio. Siempre las desgracias se ciernen sobre los más desfavorecidos.

Sabido es que la casa constituye para el hombre un refugio, su otro mundo en el que se encierra y realiza sus aspiraciones, la casa es como un segundo cuerpo, como otra piel que nos envuelve protectora. Los personajes de *A propos de Clémence* no conocen realmente el significado de una verdadera casa. Su vida transcurre en habitaciones, habitaciones más o menos grandes, que es preciso compartir la mayor parte de las veces, habitaciones en las que hacen el amor, comen, discuten, se pelean, o simplemente se soportan procurando ignorarse cuando la relación no es demasiado estrecha. Clémence comparte con Anna una habitación en el Strabourg Hôtel, en la que se resumen muchos de sus sueños y de sus anhelos en torno a Villaderda. Cuando Gabrielle se ve con Simon, se encuentran en una habitación, y la distanciación con los personajes del relato se reduce al compartir el mismo espacio. Con Villaderda Clémence compartirá un par de espacios cerrados, en ocasiones asfixiantes: la habitación en la que se encuentran tras la jornada de trabajo, habitación que es escenario de toda su historia, habitación que será testigo de un drama apasionado, sordo, pujante de dos seres sin raíces que buscan enraizar el uno en el otro sin lograr el milagro de la comunicación. Espacio distinto es el del despacho de la rue Saint-Honoré, aunque posee con las habitaciones la característica común de ser reducido, de imponer una promiscuidad que no permite ni el recogimiento, ni las lágrimas, ni la soledad. El universo de estos seres es un universo cerrado, un universo mediocre. La habitación es refugio pero al mismo tiempo es prisión, porque los héroes no disponen de la intimidad suficiente para que se convierta en un espacio de libertad. Ni la ausencia del otro logra darle esa característica, antes al contrario; la ausencia se cierra como unas esposas en torno al alma del que queda. Pese a todo, en la habitación se desarrolla la verdadera vida, la vida, mediocre o triste, feliz o desazonada, que poseen esos seres. La habitación constituye el espacio privilegiado de su ensoñación de la vida y de la felicidad, así como de la desgracia y de la amenaza de destrucción.

En los encuentros entre Gabrielle y Simon queda reproducido de una manera muy clara ese valor de las habitaciones. El puente que se tiende entre Gabrielle y Simon es precisamente su misma experiencia e intuición de esos espacios cerrados. «Lumières tièdes, voix venant du fond d'un corridor. Flash odorant, nuage banale et qui pourtant avait tendu entre elle et Simon une arche invisible».[1]

Este universo cerrado, pobre, tiene un decorado mítico exterior. Las calles, la ciudad se convierten en una prolongación de la casa, cuya precariedad no permite realizar todos los anhelos. El decorado mítico exterior está bañado por el agua, o mejor por el elemento líquido. Lluvia, alcohol, sangre, desempeñarán a lo largo de toda la obra un papel muy importante.

La lluvia se halla íntimamente unida a la atmósfera exterior en la que los protagonistas de la novela desarrollan su vida. La lluvia preside las entrevistas de Simon con Gabrielle Fardoux.

«Hier au soir, la pluie noyait les rues; le soleil ce matin les a laborieusement épongées».

«La pluie dehors polit l'asymétrie des toits. Sous l'averse ils se coupent et se rejoignent en des polygones argentés».

«La pluie violente, l'obscurité subite l'ont obligé d'allumer les deux lampes rouges aux angles du divan».[2]

Ambos pertenecen a un mismo medio en el que el conocimiento directo del mar supone un lujo. Para Simon ese conocimiento tendrá lugar, pese a sus padres, en una colonia de vacaciones y obedecerá a la fascinación que ejercen sobre él las experiencias de sus amigos y que le dará la fuerza dialéctica suficiente para convencer a sus progenitores de permitirle el viaje. Clémence verá una vez el mar de lejos:

«Un après-midi, j'ai traversé la forêt de pins assise entre mon père et l'un de nos voisins qui conduisait la charrette. Il a ralenti, le terrain sablonneux gênait la course du cheval. Derrière les arbres maigres une forme indistincte, une nuée mousseuse, flasque et grisâtre l'instant d'après.

Les troncs noirs des pins entouraient cette mer lointaine d'une grille aux barreaux épais, infranchissables. Mon père a dit: «C'est

1. Etcherelli, Claire, *A propos de Clémence*, col. Folio, Denoël, 1971, París, p. 16.
2. *Ibid.*, pp. 8, 14, 16.

l'océan» et bientôt nous avons rejoint la route goudronnée. Voilà ce que je sais de la mer».[3]

Villaderda, desde su posición realista, tratará de colmar ese vacío prometiendo a Clémence la visión plena del mar. En realidad, tendrá que conformarse con el campo y tan sólo una vez. Y la experiencia no será demasiado positiva. El anhelo del mar permanecerá siempre abierto, como una herida, en el alma de Clémence. Ese anhelo representa la capacidad de ensueño.

La lluvia es también la representación del tiempo que transcurre sobre la historia de Villaderda y de Clémence, diluyéndola tras una cortina líquida purificadora.

En medio de la miseria de Marville el agua de la lluvia constituye una especie de plaga. Las aguas amarillentas se llevan la miseria pútrida de esos hombres.

La vida de Clémence discurre como el agua del río. Su silencio, su manera de enfrentarse a la vida hallan su imagen metafórica natural en las aguas y los elementos que las roden y configuran.

«La rive n'est plus qu'un talus, une inclinaison de broussailles vers le fleuve».

«Assise au bord de sa propre vie, elle la regardait couler».[4]

El agua de la lluvia chocando contra los cristales del autobús de Clémence representa la encarnación de sus sueños. Clémence se sitúa frente a la humedad, a la fluidez buscando en ellas la felicidad.

«Les essuie-glaces crissent et la pluie cingle. C'est l'autobus des rêves de Clémence (...) Qui roulerait sans fin, qui fendrait la nuit et la pluie et ne s'arrêterait nulle part».[5]

La felicidad de la protagonista, sus deseos de amor, su tristeza serán mecidos por la lluvia.

El mundo acuático de Clémence es muy rico en matices y expresiones. El agua acaricia sus ensueños, acompaña sus realizaciones amorosas, puntúa la expresión de la ternura. «Ma Clémence. Odeurs mêlées de son veston mouillé, de la bière, du tabac, odeurs qui l'enveloppent quand elle glisse sur le plancher».

«Odeur forte du tissu mouillé dans sa figure».[6]

El agua fluye de su dolor en ocasiones. Agua de las lágrimas de Clémence. Su única respuesta frente a la rudeza y a la incomprensión de Villaderda son las lágrimas. Lágrimas que desfiguran el rostro de Clémence, afeándolo. La protagonista, contrariamente a lo que les sucede a las heroínas del siglo XVIII en que las lágrimas em-

3. *Ibid.*, p. 9.
4. *Ibid.*, pp. 37, 126.
5. *Ibid.*, p. 44.
6. *Ibid.*, pp. 44, 58.

bellecen a la joven aportando un elemento más de seducción, pierde ante Villaderda su encanto. Su rostro aparece hinchado, tumefacto y es necesario aplicar compresas de agua para que ella pueda recuperar su estado primitivo. Las lágrimas han destruido el equilibrio primero y en el agua Clémence buscará recuperarlo. Las lágrimas constituirán también su válvula de escape en cuanto Villaderda la abandona.

«Au matin du 3ème jour, voulant sortir, elle a commencé de pleurer comme on saigne du nez, sans bruit ni retenue».[7]

No siempre el agua tiene un significado positivo. En ocasiones es pesada, oscura como el mismo destino. Agua pesada del recuerdo doloroso que pretendemos olvidar. Agua sombría de las inundaciones en los campos de los exiliados españoles.

«Elle baignait dans la fatigue. Une eau lourde qui la tirait vers ses fonds, lui ôtait la mémoire et les réflexes».[8]

Como ya hemos dicho anteriormente, el elemento líquido de la novela no se resume únicamente en el agua. El alcohol desempeña un importante papel. Clémence verá transcurrir su infancia en un universo sumergido en la bebida. Su madre ahoga su desesperación, su pobreza, su miseria material y espiritual en el alcohol. Botellas que se esconden en la cama y que Clémence toca con sus pies desnudos al acostarse. Botellas que va a comprar con su madre a los comercios más lejanos y extremos de la ciudad. Botellas que provocan la ira del padre con las consiguientes palizas. Clémence se sentirá unida al principio a la madre para rechazarla después en favor del padre. La joven verá beber a su madre de una manera casi imperturbable, dejando que los acontecimientos se solucionen por sí mismos. A pesar de ello, esa herida la marcará profundamente y producirá en ella un rechazo del alcohol. No obstante, ese íntimo lazo que la unía a la madre y que la joven había proyectado aun sin saberlo en ella encontrará su prolongación en Villaderda, su amante, quien bebe sin reposo y sin descanso.

En la bebida Villaderda encuentra las fuerzas para ser un buen amante, en la bebida Villaderda encuentra las fuerzas para maltratar, destruir, aniquilar. En la bebida, tanto Villaderda como la madre encuentran la fuerza suficiente como para sumir en el olvido aquello que les condiciona o aquello que les preocupa en sobremanera.

Elemento líquido también la sangre. Clémence pierde su virginidad de una manera banal y absurda, desprovista de toda poesía. Su seductor, si puede llamársele así, pues se trata de un muchacho de

7. *Ibid.*, p. 182.
8. *Ibid.*, p. 132.

su misma edad, la obligará a lavar concienzudamente la sábana manchada de sangre para que su madre no pueda sospechar nada.

«C'était la première fois? Pourquoi tu ne me l'as pas dit?» Colère et panique le saisissent, il arrache le drap, le traîne jusqu'à la cuisine, il m'amène devant l'évier, secoue mon bras, «lave, lave», crie-t-il, «lave jusqu'à ce qu'il soit propre». Il ne s'occupe que du drap, jette un coup d'oeil sur le sang que je frotte de toutes mes forces. «Encore! Ici...» Je cherche un mouchoir que je n'ai pas, il ne me regarde pas, j'essuie mon nez au drap, je frotte, je rince, l'eau m'éclabousse, cette cuisine est noire, je dis: «Ça y est», il approche, vérifie, explose: «Et là?» Il écrase ma figure contre l'auréole jaunie. Je recommence, le drap ruisselle, mon sang est tenace. Georges allume un réchaud à repasser: «Maintenant, tu vas le sécher!» son angoisse me gagne. Il me regarde à peine. Ma virginité lui fait horreur. A moi aussi».[9]

A Clémence no se le concede ni el mínimo tiempo para el ensueño. La dura realidad se impone a ella después de la desfloración. Lava, restrega, frota, hasta que la mancha desaparece de la sábana. Y huye hacia su hogar con el vestido manchado de sangre, último residuo de la inocencia o de la virginidad perdida. Prosaica iniciación al amor. Precursora sin duda de la vida monótona y triste, de la vida sin brillo ni color que será el lote de Clémence. Es mejor olvidar el pasado y vivir el presente. Aunque pasado y presente se unan en un mismo desesperante minuto del devenir del tiempo.

«Défense de déballer ni le bois bleu du lit ni le drap mouillé de la défloraison».[10]

La sangre de ese primer contacto amoroso encontrará su eco en los golpes que Villaderda le proporciona en medio de su furor. Porque ese hombre maduro comprenderá difícilmente los problemas de Clémence, demasiado inmerso en su propio mundo y en sus propias dificultades.

Si el motivo acuático puede ayudarnos a explicarnos algunos de los interrogantes que plantea la novela, ello no deja de realizarse a un nivel metafórico. Un tema mucho más claro y pertinente, que se halla en el corazón de la escritura de Claire Etcherelli en esta obra, lo constituye el tema del exilio y el tratamiento que le da la escritora.

«...Ce n'est pas un foyer mais un exil
que doit être le pays qui nous a reçus.
Nous sommes là impatients au plus près de
la frontière.

9. *Ibid.*, p. 73.
10. *Ibid.*, p. 77.

N'oubliant rien, ne cédant rien, ne pardonnant
rien de ce qui s'est passé,
Ne pardonnant rien...
Ah! le silence de l'heure ne nous trompe pas!»
Bertold Brech [11]

En toda la obra existe un proceso desmitificador del exilio pero al mismo tiempo se combina con la presentación para la posterior destrucción de los tópicos extraídos de la conducta de tipo mítico con el fin de mostrar de una forma más clara el distanciamiento. Claire Etcherelli juzga con realismo la conducta de los exiliados españoles, considera que no se les puede exigir una conducta heroica y ejemplar, pues tienen que enfrentarse diariamente al problema de la subsistencia en un país que no deja de considerarlos como extranjeros. Dentro de ese marco es muy difícil mantener la pureza de ideales que de manera tradicional se adjudica a los exiliados. No por ello, aunque los demás puedan entenderlo así, esos hombres dejan de tener el mismo valor para la autora del libro. Únicamente pretende mostrar que son hombres que tuvieron que enfrentarse a múltiples dificultades.

El drama de esos hombres que se hallan a las puertas de su país, en un territorio fronterizo y que no pueden franquearlo, es resumido hábilmente por el poema de Brech. Desde la guerra de España han transcurrido más de veinticinco años. Ello queda en la mente de los hombres como un elemento folklórico sin demasiada repercusión, como un hecho aislado y extraño, alejado en el tiempo y en la distancia. Normalmente son esos españoles que viven en casetas o en campamentos mal acondicionados como la Campa, que sufren las rudezas del frío y del fuego, para quienes la palabra cultura no tiene otro significado que el de mejorar el estatus social.

«La culture, ça sert à gagner davantage».[12]

Villaderda es uno de esos exiliados que emerge de entre la multitud de otros muchos. Uno de esos que desempeñó un papel representativo y que tiene por lo tanto mayor consideración, pero él no corresponde ni muchísimo menos al tipo de español tradicional, no tiene nada que ver con el arquetipo del apuesto español.

«Son crâne est rond, ses cheveux virent au gris, rien à voir avec les tempes argentées, rien à voir non plus avec le bel Espagnol, ce visage aux disproportions singulières, front énorme, nez aux ailes larges et pommettes à angles aigus».[13]

11. *Ibid.*, p. 18.
12. *Ibid.*, p. 27.
13. *Ibid.*, p. 28.

Es un hombre que se ve obligado a viajar, a renovar constantemente el permiso de residencia y que intenta labrarse una situación en medio de la ingente masa de españoles que pueblan Francia. Para Villaderda la lucha se halla en un momento de dificultad. Lo que le opone a Eloy y a otros jóvenes que reivindican con fuerza la lucha directa. Villaderda es consciente de que todos le compadecen, pero también es consciente de que las democracias victoriosas se han olvidado un tanto del problema español, a pesar de mostrar una cierta atención.

«Le sujet de la pièce —comme du livre— tend à présenter sous un jour équivoque un républicain espagnol en exil. La Municipalité juge inopportun de jeter par ce biais le discrédit sur les combattants espagnols».[14]

Villaderda, ante esa situación, decide su postura. Es necesario acomodarse, trabar un compromiso con el mundo circundante, encontrar un trabajo, luchar por labrarse una situación en ese mundo un tanto hostil. Y para hacerlo va a tratar de aprovecharse precisamente de su condición de exilado. Pero está al mismo tiempo condicionado por ello. Villaderda es un hombre que, a lo largo de su vida, ha tratado por todos los medios de adaptarse, de pasar desapercibido. Habla un francés sin el menor acento y pueden tomarle por uno de los suyos hasta que la precisión ineluctable de los papeles le obliga a volver a la realidad. Aprovecha su situación para tratar de crearse un porvenir respetable. Porvenir que no está de acuerdo ni con su situación, ni con su manera de ser ni con sus vivencias, ni con la compañera que ha escogido, como lo evidencia su estancia en Bruselas.

Mientras Villaderda se desentiende un tanto de la mentalización de los jóvenes que han nacido en el exilio, Eloy trata por todos los medios de encontrar la manera de integrarlos en la lucha, aunque sea ¡oh, paradoja! a través de la creación de equipos de fútbol amateur.

Cuando los acontecimientos se recrudecen en España, cuando la aceptación del régimen de una manera tácita hace temer a Villaderda por la pérdida de aquello que ha conseguido crear, vuelve a ser el perro acorralado, el hombre perseguido, lleno de tristeza y de violencia que se refugiará en el alcohol y que descargará en Clémence, la dulce y callada Clémence, su ira. Mientras la represión desencadena sus más duras garras con el asesinato de Grimau —en 1963, mientras Valéry Giscard d'Estaing visita España como minis-

14. *Ibid.*, p. 186.

tro de finanzas— y el acallamiento de los mineros asturianos, el turismo aumenta en esa España de pandereta hiriendo a Villaderda en lo más profundo de su corazón pese a sus deseos de ser insensible.

Villaderda no es el retrato de un héroe del exilio. Antes bien de un anti-héroe. No por ello ese retrato es menos fiel y menos certero. Claire Etcherelli es consciente de su trabajo de desmitificación del héroe exiliado; quiere poner de relieve la labor de toda la sociedad en contra suya, quiere poner de manifiesto que el hombre es siempre fruto de las fatales circunstancias que le acompañan. No trata de destruir la imagen, trata de concienciar a la sociedad que acogió a esos exiliados sobre su responsabilidad en el futuro de los mismos. Villaderda es un hombre anónimo, un ejemplo entre muchos de lo que sin duda fue. El hombre simple que se encontró desgarrado entre sus ideales políticos venerados y admirados pero en plena decadencia y esa imagen turística de una España de castañuelas y pandereta vilipendiada pero unánimemente aceptada de hecho.

«L'exil, la vie en marge dans la société du profit, ça n'abîmait pas un homme! Il n'y avait que des purs et des forts, des héros qui avançaient tête haute, cheveux flottant au vent de l'histoire, souriant du clair sourire des surhommes. Qu'en aurait pensé Villaderda —il avait fléchi pendant dix-huit mois— qui regardait partir les trains de vacances vers l'Espagne des castagnettes? [15]

Dolorosamente alcanzado por un destino que no escogió, Villaderda será incapaz de comprender la abnegación y el amor desinteresado. Clémence, ese ser de agua, le abandonará ante la imposibilidad de ser comprendida. Se refugiará en ella misma, huirá de todo y de todos. Y tratará de encontrar en ese ensimismamiento delicado una razón de existencia.

«Abritée derrière mon apparence, je demeure invisible a tous. Qui me connaît?» [16]

El futuro no existe. O si existe se encierra en una ensoñación de la materia (construcción del barco) que encierra en sí misma la ensoñación del futuro. De un futuro que se sitúa en otro país, en otro mundo (el viaje en barco a través de un mar de sueños lo posibilita todo), en ese otro país Clémence podrá tal vez encontrar otros universos míticos que ninguna mirada despiadada intentará desmitificar. Porque, pese a todo, el hombre necesita de lo sagrado, de lo mítico, para continuar mirando esperanzado hacia el futuro.

«Un soir il avait pris le bois (Roland, ou Laurent), le lendemain

---

15. *Ibid.*, p. 186.
16. *Ibid.*, p. 190.

il s'était installé au café, il avait commencé de tailler, un bateau. Il passait tous ses jours à poncer, creuser, en gestes lents et mesurés. Comme il avait oublié de se mettre en règle, son patron l'avait licencié. Mais il lui restait encore assez d'argent pour payer sa bouteille du matin et son café de l'après-midi jusqu'à la terminaison du bateau».[17]

ÀNGELS SANTA
Estudi General de Lleida
Universitat de Barcelona

17. *Ibid.*, p. 189.

UNA VISIÓN INTRAHISTÓRICA
DE LA GUERRA DE ESPAÑA
(EL DIARIO DE MASIP)

1. *Presentación*

Pour les collègues français j'exposerai brièvement le sujet de ma communication sur un écrivain très peu connu qui s'apelle Paulino Masip. Il s'agit d'un homme né au département de Lleida en 1899, bien qu'il ait vécu presque toujours à Madrid. Il a été un excellent journaliste exilié au Méxique après la guerre. En plus, c'est l'auteur d'un roman publié en 1944 qui, sous le titre *El Diario de Hamlet García*, nous expose d'une façon originale et sourtout très émouvante le drame de la guerre pour l'homme commun. En conséquence c'est une vision intrahistorique du conflit, c'est-à-dire une interprétation diachronique, sensuelle, quotidienne et aussi collective. Le terme intrahistorique provient de Miguel de Unamuno (mort aussi en 1936) et nous permet d'établir l'influence de la pensée de le professeur de Salamanque sur l'oeuvre de Masip et plus concrètement sur le Journal de Hamlet García.

2. *Esbozo biográfico de Masip*

Es mi propósito aprovechar la oportunidad que me brinda la celebración de este Coloquio, el enésimo por cierto que se plantea sobre las relaciones posibles entre la política y el arte durante la incivil guerra española, para referirme en primer lugar a cierto aspecto del pensamiento de Miguel de Unamuno, muerto el 31 de enero de 1936 y de cuyo fallecimiento se cumplen ahora los 50 años. Y también a un escritor, Paulino Masip, nacido a unos 40 km. de Lérida, en un pueblo de Las Garrigues llamado La Granadella. Si bien es verdad que se trata de uno de esos leridanos «ilustres», como Lluís Companys, Samuel Gili Gaya, el compositor Viñes o el guitarrista Rubió, que muy pronto abandonaron su tierra natal para no regresar jamás a ella, no es menos cierto que Masip mantuvo toda su vida lazos de simpatía y comprensión hacia Cataluña —desgraciadamente no he tenido ocasión de leer ninguna referencia a Lérida o a La Granadella y no sé si las hubo por parte de Masip—. Pero, como decía, nuestro escritor sostuvo siempre una actitud de abierta solidaridad con el nacionalismo y la cultura catalana: sus manifestaciones explícitas de apoyo al Estatuto catalán de Autonocía, su amistad con Lluís Companys, su estancia en Barcelona en el año 37 al frente de *La Vanguardia,* así lo demuestran.

Brevemente, la historia de Paulino Masip arranca de 1899, año de su nacimiento en La Granadella. Hijo mediano de una familia de cinco hermanos, los padres deciden muy pronto trasladarse a Logroño a fin de mejorar su situación económica. Las raíces biográficas del escritor son pues dobles: riojanas y catalanas, y ello puede explicar su grado de compromiso con la política autonómica llevada a cabo por el gobierno de Manuel Azaña.

En Logroño transcurre buena parte de la infancia y adolescencia del futuro escritor que hace además sus pinitos periodísticos fundando un diario, *La Nueva Rioja,* de corta duración pero de indudable interés para su futuro. Hacia 1928 Masip se traslada a Madrid, por aquel entonces un centro intelectual de primerísimo orden y legítima ambición de todo aquel que aspirara a la letra impresa. Nuestro hombre tiene casi 30 años y hasta los 39 en que permanecerá en nuestro país llevará a cabo una fecunda labor como periodista político y crítico teatral. Llegará a dirigir algunos de los periódicos más sobresalientes de la preguerra española —como el matutino *El Sol* o el vespertino *La Voz,* ambos editados por la misma empresa de los Urgoiti— y será además el autor de dos o tres comedias: *Dúo, La frontera, El báculo y el paraguas,*[1] que le darán a conocer en el mundillo madrileño de la farándula. Lamentable-

1. Para mayor información véase nuestro libro: *Sobre la vida y la obra de Paulino Masip,* Barcelona, Ediciones del Mall, 1987; y también la reciente edición española de *El Diario de Hamlet García* en Anthropos, col. «Memoria Rota», y prólogo de Pablo Corbalán. Sólo decir que de la primera obra teatral de Masip, *Dúo,* no ignoramos los detalles gracias al libro de J. M. Fernández Gutiérrez: *Enrique Díez-Canedo: Su tiempo y su obra,* Badajoz, Diputación Provincial, 1984, (vid. pp. 192 y 198).

mente, la sublevación militar de julio de 1936 y sus funestas consecuencias vendrán a destruir los proyectos, las expectativas de este leridano un tanto errante, que acabará sus días en el país azteca: Masip muere el 21 de septiembre de 1963, de una arterioesclerosis cerebral, en la ciudad de Cholula.

Y será en México, en 1944 —año de significativa brillantez para la historia literaria española e hispanoamericana y que debería ser, nos parece, objeto de una investigación escrupulosa—,[2] donde Masip publica *El Diario de Hamlet García*, una novela de indiscutible valor literario que aborda el tema de la guerra civil española desde una perspectiva intrahistórica, es decir, histórica pero individualizada al mismo tiempo, y en verdad original. Me interesa subrayar el rasgo de *intrahistoricidad* desarrollado en el Diario de Masip: lo cierto es que se trata de un concepto, que tomamos de Unamuno tal como lo plantea y define en su ensayo *En torno al casticismo*,[3] que ofrece amplias posibilidades teóricas de análisis por su concurrencia como rasgo estructural en los distintos géneros literarios: el ensayo, la poesía, el teatro o la novela se han visto en ocasiones estructurados en torno a personajes o hechos intrahistóricos que han determinado notablemente tanto la configuración como el desarrollo y el estilo del relato: pensamos en *Fuenteovejuna* de Lope de Vega y la bipolaridad intrínseca que ofrece la obra entre unos seres históricos —los comendadores— y el intrahistórico, o sea, la comunidad; pensamos también en la *Numancia* cervantina; en Gabriel, el adolescente de *Trafalgar*, en torno al cual gira el episodio galdosiano, que no procede de familia ilustre, ni tampoco ha realizado nunca un acto heroico y presencia la batalla de Trafalgar entre españoles e ingleses. Incluso una ciudad —como la Soria de Antonio Machado— es susceptible de un tratamiento literario intrahistórico, que es como decir cotidiano, colectivo, antiheroico, diacrónico o sensual. Naturalmente, es intrahistórica la obra de Azorín;[4] lo es el *Romancero gitano* de García Lorca, buena parte de la poesía de Miguel

2. Dámaso Santos se interroga al respecto: «¿Por cuántos motivos no hemos de señalar a 1944 (...) como año decisivo para nuestras letras?» en *Generaciones juntas*, Madrid, Bullón, 1962, p. 11. Véase también, si interesa el tema la *Historia de la novela social española* (1942-75) de Santos Sanz Villanueva, Madrid, Alhambra, 1980, vol. I, p. 20.

3. M. de Unamuno, *En torno al casticismo*, Madrid, Fernando Fe, Biblioteca de Ciencias Sociales, vol. IV, 1902. Sin embargo, el escritor había planteado los rudimentos de la distinción historia/intrahistoria mucho antes, en una serie de artículos publicados por *La España Moderna* en 1895, núms. 74 al 78.

4. Pedro Laín Entralgo en su libro *La generación del 98*, Madrid, Diana, MCMXLV, nos convence de que la obra de Azorín reduce a materia estética la filosofía unamuniana (léase en especial el capítulo «Historia sine Historia», pp. 261 a 302).

Hernández, etc. Y la intrahistoria prosigue su curso estético, ahora subrepticio, en los años 40 disfrazada de literatura social. (Por el contrario, la obra poética de Manuel Machado suele apoyarse en seres históricos: Carlos V, Felipe II, Felipe III, ... al llegar la guerra civil el poeta dedica sus versos a José Antonio, al general Franco, a Mola, etc., como ha puesto de manifiesto el profesor Marco en su conferencia.)

3. Génesis del concepto unamuniano

El aprovechamiento del concepto intrahistoria como eje vertebrador de la obra literaria permite, pues, múltiples sugerencias y aplicaciones en obras y autores de la literatura española. Y es especialmente útil durante la época comprendida entre Galdós y la generación de la República, período de manifiesta preocupación por desarrollar nuevas vías para la comprensión y la explicación de la historia de España: es justamente a finales de siglo cuando asistimos a la «aparición» en España de la ciencia y la historiografía modernas,[5] algo así como un «Zeitgeist» responsable de valiosas aportaciones individuales, todas encaminadas a renovar mediante la aplicación de una metodología positiva la investigación histórica y científica en nuestro país. En este sentido Unamuno no hace más que recoger y expresar con gran acierto un interés obsesivo por la interpretación del ser de España cuyos máximos exponentes son, por aquel entonces y en el ámbito lingüístico castellano, un erudito, don Ramón Menéndez Pidal (heredero de las ideas de Milá y Fontanals), y una institución: nos referimos, claro, a la Institución Libre de Enseñanza que hizo lo posible, y acaso lo imposible, por reformar el sistema educativo español. De hecho, Francisco Giner de los Ríos había anticipado ya la necesidad analítica de lo intrahistórico en sus escritos: en 1862[6] reflexionaba sobre la incapacidad de la Historia para ilustrar la naturaleza esencial de los hechos: «el pensamiento de los pueblos —escribirá Giner—, como el de los individuos, si se presenta perfecto y en toda su plenitud en el mundo interior de la fantasía, jamás logra desenvolverse por entero en el mundo de la realidad exterior, merced a la multiplicidad de acci-

5. El término entrecomillado es de Juan Marichal (en *La voluntad de estilo*, Madrid, Revista de Occidente, 1971, p. 222).
6. Uno de sus primeros trabajos sobre arte y literatura titulado: «Consideraciones sobre el desarrollo de la literatura moderna» incluido después en *Estudios de literatura y arte*, Tomo III de sus *Obras Completas*, Madrid, La Lectura, 1919.

dentes perturbadores que, enlazados como una red en su camino, lo embarazan y detienen, lo desvían y casi nunca le permiten llegar hasta su fin».[7] De ahí la necesidad del historiador de penetrar en una esfera de los hechos más personal o íntima, tal el arte por ejemplo: «no es otra cosa la literatura —afirmará Giner— que el primero y más firme camino para entender la historia realizada».[8] También Giner definirá esa noción y la llamará *subhistoria*, naturalmente vinculada al concepto de *historia interna* («Kulturgeschichte») de Krause, desarrollado en 1900 por Rafael Altamira en su *Historia de España y de la civilización española*[9] y opuesta, en cierto modo, a la historia *externa* o política. No obstante, Altamira plantea en su libro la necesidad de resolver la ilógica oposición en una unidad superior: la historia de la humanidad no se plantea, en efecto, escindida en dos esferas de hechos.

Para Unamuno la relación historia-intrahistoria es una peculiar relación dialéctica (más tarde la calificaría de *agónica*); peculiar en la medida en que la verdad no se busca por el método del justo medio sino por la afirmación alternativa de los contrarios, según el mismo Unamuno expresa en su ensayo antes citado.[10] Y la dicotomía entre ambos conceptos es clara, según el profesor salmantino, como también lo es la que establecerá el escritor entre los *sucesos* (y ellos integrarían la Historia) y los *hechos*:

7. F. G., *Estudios de literatura y arte, op. cit.*, p. 160. Es aquí donde Giner viene a decir que en ningún sitio se comprende mejor el pasado histórico español que en las comedias del siglo XVII, por ejemplo, que nos expresan de forma tan directa y viva aquella realidad. Y, más tarde, Bartolomé Cossío escribirá algo similar: «el verdadero sujeto de la Historia no es el héroe sino el pueblo entero, cuyo trabajo de conjunto produce la civilización» (en «La enseñanza de la Historia en la Institución» (1904), trabajo incluido en *De su jornada* (1929), Madrid, Aguilar, 1966, p. 28).

8. *Ibid.*, p. 164. Al redactar estas páginas comprobamos, con satisfacción, que el tema, insuficientemente estudiado, es motivo central de reflexión en un libro muy reciente de José Portolés: *Medio siglo de filología española (1896-1956). Positivismo e idealismo.* Madrid, Cátedra, 1986.

9. Rafael Altamira, *Historia de España y de la civilización española*, Barcelona, Sucesores de Juan Gili, 1930, 5 vols. Altamira desarrolla su noción de la Filosofía de la Historia como una ciencia filosófica que considera, para la explicación de los hechos históricos, las causas permanentes, y no las temporales, situándolas dentro de una impulsión y una causalidad metafísicas.

10. Y que Pedro Laín subraya como un rasgo frecuente del pensamiento unamuniano, que le lleva a buscar ante cada problema el par de conceptos contradictorios que más se acercan a la materia problemática: fe y razón; espíritu y carne; ensueño e inteligencia; etc. (en *La generación del 98, op. cit.*, p. 266 y ss.). Forma parte pues de la tradición intelectual del escritor, apoyada tanto en su singularidad temperamental (construida a base de contrarios) como en la línea filosófica en la que se situaba Unamuno: Pascal, Senancour, Nietzsche, Leopardi y, sobre todo, en la línea del danés Kierkegaard.

«Las olas de la historia, con su rumor y su espuma —escribe el pensador vasco en 1895 para la revista «La España Moderna»—, que reverbera al sol, ruedan sobre un mar continuo, hondo, inmensamente más hondo que la capa que ondula, sobre un mar silencioso y a cuya última hondura nunca llega el sol. Todo lo que cuentan a diario los periódicos, la historia toda del "presente momento histórico", no es sino la superficie del mar, una superficie que se hiela y cristaliza en los libros y registros, y una vez cristalizada así, una capa dura, no mayor con respecto a la vida intrahistórica que esta pobre corteza en que vivimos con relación al inmenso foco ardiente que lleva dentro.» [11]

Es básica esta imagen de Unamuno ilustrando la distinción anterior y considerándola equivalente a la que pueda existir entre la apariencia y la realidad del mar. Así, la historia se apoya en una inmensa humanidad silenciosa que la sustenta y que es, además, la sustancia del progreso de aquélla: una especie de tejido conjuntivo, un fondo inconsciente —Unamuno diría *intraconsciente*— y eterno sobre el cual se forma la conciencia histórica. Los personajes intrahistóricos, anti-héroes, son voces que surgen del rumor del coro —concluye Unamuno—, son las melodías de una sinfonía eterna. Nada más sospechoso para el profesor salmantino que los sustantivos o adjetivos abstractos sobre la humanidad, que es como decir sobre la Historia, partidario como era del sustantivo concreto: el hombre. El hombre, en fin: «de carne y hueso, el que sufre y muere —sobre todo muere—, el que come y bebe y juega y duerme y piensa y quiere, el hombre a quien se ve y a quien se oye, el hermano, el verdadero hermano».[12]

Concluyendo, toda una corriente de pensamiento, desde Francisco Giner hasta Antonio Machado (en su *Juan de Mairena* especialmente), verá en ciertas manifestaciones sencillas de la historia (el arte popular, por ejemplo) la encarnación de los más hondos sentimientos del «alma de la multitud». De ella surge el artista distinguido y la obra aristocrática y a la multitud anónima revierten además otra vez con el tiempo, porque el arte del pueblo es, decíamos, como el coro de la tragedia que «justo y piadoso, funde las disonancias, suaviza las estridencias, corrige las aberraciones, depura los caprichos personales, elimina cuanto repugna a la castidad de su naturaleza original y de su alma colectiva».[13]

11. M. de U., *En torno al casticismo, op. cit.*, p. 56.
12. M. de U. en *Del sentimiento trágico de la vida*, Madrid, Renacimiento, 1913, p. 5.
13. Son palabras de Bartolomé Cossío extraídas de su «Elogio del arte popular», artículo incluido en *De su jornada, op. cit.*, p. 253.

3. Visión intrahistórica de la guerra de España

Tal vez nuestros preámbulos en torno a los conceptos de historia e intrahistoria y la necesidad de su reflejo artístico han resultado excesivos porque, en cualquier caso, es la novela de Paulino Masip nuestro principal centro de interés y motivo del trabajo. Pero nos cautivó la idea de que una novela como *El Diario de Hamlet García* fuera en parte la heredera de esa doctrina krausopositivista que recoge Unamuno, al tratar un hecho histórico —el inicio de la guerra civil española— desde una perspectiva intrahistórica [no autobiográfica, al estilo de *La forja de un rebelde*, aunque ciertamente Masip acumule en su personaje una serie de circunstancias personales] y tomando como eje de la narración un personaje más bien anodino y apocado, de sugestiva raigambre literaria (hay quien ve en él trazos de personajes galdosianos, cervantinos, machadianos, ...) como Hamlet García: un profesor de filosofía que descubre, con profundo desagrado al principio, cómo la realidad del mundo exterior va mellando progresivamente su fortaleza interna, el aislamiento emocional en que se hallaba recluido nuestro personaje a su plena satisfacción. Un tipo, en fin, paradigmático de la debilidad humana. Así, el esfuerzo intelectual de años por mantenerse alejado de los vaivenes del mundo, por alcanzar la serenidad mediante la *autognosis*,[14] se ve, de pronto, interrumpido por la fuerza, la furia avasalladora del destino. Y el destino tuvo por aquel entonces un nombre: la guerra fraticida. Pero la contienda es evocada, decíamos, desde una perspectiva concreta, cotidiana y caleidoscópica: el lector no percibe las circunstancias objetivas, históricas, en medio de las cuales se desarrolla el enfrentamiento, sólo en la medida en que éstas acaban por alterar la vida y costumbres de un ciudadano de a pie, nada interesado en política y poco dispuesto, por tanto, a participar en una lucha tan crispada.

Tomemos como ilustración de cuanto decimos un pasaje de la novela: por ejemplo, la primera noticia de la sublevación militar la recibe Hamlet, a mediodía, de la boca alarmada de su criada Cloti mientras le sirve la sopa. Nuestro filósofo no da mayor importancia al asunto, pero las palabras de la Cloti perturban su tranquilidad, de manera que decide salir a la calle para comprobar la veracidad de cuanto ha relatado la criada. Y al principio todo lo ve como de costumbre:

14. Masip, como Unamuno, cree ciegamente en el valor del conocimiento de uno mismo: el examen de conciencia es práctica habitual en Hamlet y no vamos a ponderar aquí la utilidad de tal ejercicio en la obra del profesor salmantino.

«Mis conciudadanos —piensa Hamlet— están abrumados de calor y aburridos de modorra. Me río de mí mismo por haberme dejado, incauto ,impresionar por la Cloti.» [15]

Pero de que no es así se da cuenta poco después al encontrarse con un pariente de su mujer, uno de los militares sublevados en el cuartel de la Montaña. Se trata de un personaje fatuo o cobarde, según la marcha de las cosas, que envuelve a Hamlet García en una peligrosa retórica de que la «patria» está en peligro. Habla también de fusilamientos, de victoria inmediata de los sublevados, de grandes cambios... hasta sumir a nuestro pacífico y nebuloso Hamlet en una confusión absoluta. El protagonista retorna a casa aturdido por un cúmulo de sensaciones vividas en poco rato. Y en casa reflexiona. No en balde Hamlet es un metafísico, y ello le hace habituado a extraer el sentido profundo de hechos en apariencia, sólo en apariencia, nimios. Porque la visión intrahistórica y fuertemente individualizada que Masip nos ofrece de la guerra no implica que se halle exenta de valoraciones y posturas ideológicas ante la contienda. En absoluto. Precisamente su elección de un personaje reflexivo e idealista entregado a la búsqueda de las categorías universales que unen sustancialmente a los seres le sirve a Masip para incrementar la contundencia de la presumible verdad histórica. Y la verdad histórica para el escritor nacido en La Granadella es la legitimidad del gobierno de la República, respecto a la cual, a su legalidad, no caben actitudes dubitativas. Pero la novela queda lejos del doctrinarismo o de la tendenciosidad gracias al punto de vista, privilegiado, del narrador y a su capacidad de hacer partícipe al lector de un drama humano de dimensiones enternecedoras.

El procedimiento de Masip suele ser, en general, similar al expuesto: el escritor concentra su atención estético-ideológica en la selección de unos hechos en apariencia mediocres o faltos de interés (es el caso de su escarceo con la prostituta Adela o de los encuentros fortuitos con Leocadio, el portero de la finca; o los vaivenes que sufre la convivencia entre Hamlet y la Cloti, su criada) que son, sin embargo, el dominio de los hechos humanos; e indaga su sentido profundo mediante la técnica del desdoblamiento interno del protagonista —técnica profusamente utilizada, connatural diríamos, al modo de ser unamuniano—. Hasta preguntarse este último: «Un hombre en conversación consigo mismo, esto es en desdoblamiento, ¿es un hombre?».[16] En otras palabras, un hombre que

15. P. M., *El Diario de Hamlet García*, México, Imprenta León Sánchez, 1944, p. 102.
16. M. de U. en un artículo publicado en AHORA, Madrid, 30 de agosto de 1935 (vid. *Obras Completas*, Madrid, Afrodisio Aguado, 1958, vol. XI, p. 1066).

vive entregado a *sentir* [17] y a transmitir esa experiencia escasamente codificable, ¿es un hombre entero? En verdad, pasar las noches desvelado —como le ocurre a Unamuno, o a nuestro personaje de ficción— enjuiciando sin piedad la riquísima interioridad, aguardando siempre la claridad desde el aislamiento, no es tarea muy llevadera, aunque nadie dude de su fecundidad intelectual.

Pues bien, el ejercicio autocognoscitivo, practicado regularmente por nuestro protagonista Hamlet García, le lleva a la descripción intrahistórica de una situación enormemente compleja, es decir, a ofrecer el reflejo impresionista y veraz de un suceso histórico por la vía de sus repercusiones en la vida y el ánimo de unos seres poco relevantes pero que, si más no, representan lo estable, lo permanente, lo espontáneo, lo profundo y silencioso de la vida humana y son, desde luego, decisivos para comprender la secular trayectoria de un pueblo. En definitiva, Masip practica lo que pudiéramos denominar la *introspección histórica* a través de la cual se proponen dos niveles de lectura en extremo sugerentes: el *nivel histórico* de la novela hace que Hamlet sea español, contemporáneo de los hechos ocurridos en el 36 y profesor de filosofía. Es el nivel que plasma la presencia de la guerra y los conflictos humanos que ésta trajo consigo. Mientras que el nivel introspectivo es el que conduce a Hamlet a experimentar el sabor agridulce del amor; a ser profundamente respetuoso con la libertad del prójimo (aunque la actitud de Hamlet pueda inscribirse en la tendencia romántica y antiburguesa del esteta que, no obstante, aspira a ideales muy burgueses como la tranquilidad y el orden). Es también el que le permite decirse a sí mismo que uno de los bandos en conflicto —las masas populares tenazmente decididas a frenar el levantamiento antirrepublicano— tiene razón. Y ello pese a su actitud asocial manifestada como desinterés por la vida política. Común a ambos niveles, núcleo esencial de la narración y motivo de todas las anécdotas argumentales es Hamlet García, el hombre que enfrentado a un drama colectivo busca, mediante la confesión, superar su estado de incertidumbre y vacilación. Y quien asimismo muestra su alma horrorizada al lector al percibir cómo la sociedad le urge a emplear de manera positiva sus facultades.

Las concomitancias de este personaje con Augusto Pérez —el protagonista que «soñara» Unamuno— parecen fuera de duda; con-

17. A principios del siglo XIX Etienne de Sénancour —a quien tanto admiró Unamuno (cfr. el prólogo de *Niebla*)— declaraba al comienzo de sus confesiones: «On verra dans ces lettres l'expression d'un homme qui sent et non d'un homme qui travaille» (en *Obermann*, París, Charpentier, 1863, p. 15). Y en este sentido lo aplicamos al propósito de interpretar la cuestión formulada por el pensador vasco.

comitancias, en fin, que se prolongan a la estructura y estilo de las dos novelas: acción lenta; importancia concedida a la vida individual, intrahistórica, contrapuesta a los sucesos que empapuzan las crónicas; tácita exaltación de la vida vulgar frente al mito de los hombres «que hacen la historia» ofrecido desde la Antigüedad; valoración del personaje precisamente por su no-protagonismo, por su sometimiento a la Historia...

> «Pero yo, Hamlet García, metafísico ambulante, ¿qué he de hacer frente al Destino? —se interroga nuestro Hamlet—. Porque ya no es la Sociología sino el Destino quien se abalanza sobre mí. Hombre soy y por serlo criatura suya. Ocioso el propósito de esquivarlo y, además, cobarde. No lo esquivo, ni huyo, ni me escondo. Una duda tengo: ¿debo ir hacia él o esperar que su aliento poderoso me arrebate?» [18]

(La idiosincrasia de nuestro protagonista le manda esperar, pero cuando el Destino llega —y será un bombardeo que le alcanza en el parque del Oeste— le encuentra dispuesto.)

Continúan los paralelismos: la densa vibración lírica que hallamos en algunos fragmentos; la inmovilidad de la acción (tanto Unamuno como Masip rehúyen la descripción de paisajes o ambientes que puedan disminuir la intensidad dramática del relato); [19] la calidad de las reflexiones... nada más unamuniano ,pensamos, que el «diálogo entre sueños» que leemos en El Diario, cuando el protagonista se plantea a sí mismo la incapacidad real de la voluntad pura (y, a la inversa, al protagonista de Niebla se le llama, en el transcurso de la obra, «pequeño Hamlet» en algunas ocasiones. Y, sin ir más lejos, ¿qué decir de las correspondencias semántico-estilísticas entre Hamlet-Augusto y García-Pérez?).

Son motivos, en fin, más que suficientes para pensar, de nuevo, en la influencia que el pensamiento y el estilo unamuniano ejercieron en la obra de Masip,[20] aunque El Diario de Hamlet García

18. P. M. en el Diario, op. cit., p. 318.
19. En cambio la luz es de gran importancia como reflejo de los estados anímicos, o de alma, del protagonista: «La luz del alba me ha traído el sueño y la del mediodía la paz», por ejemplo (Diario, p. 86). Y también en las escasas y tal vez por ello muy significativas descripciones de Madrid, al escritor le interesa captar la luz, ofrecer una visión interiorizada, psicologizada si se quiere de la gran ciudad: «En invierno, Madrid, defiende mal que bien, su alcurnia de ciudad europeizada. En verano, el sol derrite ese barniz y reaparece íntegro e intacto el gran poblachón manchego, que es, esencialmente». (Diario, p. 92).
20. A este respecto coincidimos con la opinión manifestada por Marra-López sobre la creciente influencia del pensador salmantino en las letras españolas a partir de 1939, frente a la decreciente valoración que ha experimenta-

posea un mayor equilibrio narrativo que la mayoría de las novelas del profesor salmantino. Pero el libro es indudablemente discípulo de las posibilidades abiertas por Unamuno a historiadores y literatos; es también heredero de su metafísica de la historia —compartida por todos los hombres del 98— y que podemos resumir en un desprecio generalizado por el mundo de los grandes hechos. Menosprecio que no debía ser ajeno, por otra parte, a la insatisfacción de todos ante la marcha de la Historia.[21] Y tal descontento, suponemos, debió de ser absoluto en el bando republicano a partir del año 38. De modo que no puede extrañarnos, en tal contexto de ideas, la exaltación que, en 1944, hace Masip del personaje anónimo frente al insufrible desafuero de quienes condujeron el caos.

4. *Apostilla*

Hemos mencionado al comienzo de nuestra exposición la *Numancia* de Cervantes como paradigma «avant la lettre» de obra intrahistórica, y leyendo un fragmento de la célebre tragedia numantina nos gustaría terminar: aquel pasaje, recuerden, en que la Guerra se dirige a otros personajes también alegóricos como el Hambre, la Enfermedad o la Muerte, y les dice:

> «Hambre, enfermedad, ejecutores
> de mis terribles mandos y severos
> de vidas y salud consumidores,
> con quien no vale ruego, mando o fueros;
> pues ya de mi intención sois sabedores,
> no hay para qué de nuevo encareceros
> de cuánto gusto me será y contento
> que luego hagáis mi mandamiento.
> La fuerza incontrastable de los hados,
> cuyos efectos nunca salen vanos,
> me fuerza a que de mí sean ayudados
> estos sagaces mílites romanos.
> Ellos serán un tiempo levantados,
> y abatidos también estos hispanos;
> pero tiempo vendrá en que yo me mude,
> y dañe al alto y al pequeño ayude.»

do el pensamiento de Ortega desde entonces (cfr. *Narrativa española fuera de España* (1929-1961), Madrid, Guadarrama, 1962, pp. 23 y ss.).

21. Es también la opinión de Pedro Laín en su libro ya citado, pp. 301 y 302.

Cervantes sabía muy bien, porque lo aprendió en su carne, que las victorias, en la Historia o en la vida, no suelen ser duraderas. Quien quiera, que aplique los versos de la Numancia cervantina a los escombros causados por tan maldita guerra.

ANNA CABALLÉ
Estudi General de Lleida
Universitat de Barcelona

«*ASÍ CAYERON LOS DADOS*» Y «*ENCRUCIJADAS*», DOS NOVELAS EN FRANCIA DE UN ESPAÑOL CON SU EXILIO

La guerra civil española de 1936-1939 interesa al hombre desde el mismo instante en que se produce, y el novelista no resulta una excepción a este principio por estar doblemente ligado a su propia historia. Una vez acabado el enfrentamiento, Francia se verá obligada a recoger, contemplar, controlar, recluir y perseguir los restos de un país derrotado en una «contienda ideológica, confrontación política y social de clases y tendencias y, en fin, lucha armada cívico-militar».[1] Todo un pueblo huye del vacío y se refugia con su miedo, su rabia y su angustia al otro lado de la línea más cercana. Ha llegado la hora de emprender el viaje y repetirlo en su cierto sentido mítico, un juego arriesgado en el que un héroe cotidiano ,sin excluir su soledad, tiende a multiplicarse para encontrar su suerte y mejor cumplir su aventura.

El lastre del extrañado no debe paralizar su razón ni detener sus gestos ,sino darle motivos para continuar un proceso en el que «cada uno se ocupa de los suyos. Los demás son un mundo aparte muy lejano».[2]

Botella Pastor vivió los hechos de nuestro conflicto, sufrió su derrota y siguió los pasos de los peregrinos republicanos y eso es lo que pretende recuperar su memoria, empeñándolo en una tarea de búsqueda y reunión de datos y experiencias, de selección de los mismos, para después ordenarlos, expiarlos y ofrecerlos en un largo

1. Nora, Eugenio G. de, *La novela española contemporánea (1927-1969)*. Gredo. Madrid, 1962, p. 11.
2. Botella Pastor, Virgilio, *Así cayeron los dados*. Imprimerie des Gondoles. París, 1954, p. 31.

discurso novelado. *Así cayeron los dados* y *Encrucijadas* representan la historia francesa de un español con su exilio, iniciado en *Por qué callaron las campanas* y desarrollado a continuación en otros cuatro libros: *Tal vez mañana, Tiempo de sombras, Camino de la victoria* y *Todas las horas hieren.* Lo personal se asume, confunde y enseña, en los trozos de un solo relato común, tratado éste desde la perspectiva de un narrador que se esconde tras sus imágenes y las elige, fijándolas sobre un documento significativo que supera, por complejo, los registros de cualquier crónica.

Una primera consideración resulta necesaria si queremos situar *Así cayeron los dados* y *Encrucijadas* dentro de la obra de Botella Pastor y de la literatura contemporánea. Ambos libros se redactan y editan en París, entre 1946 y 1962, pero refieren la obsesiva presencia de un pasado que afecta al vencido español republicano, allá donde se encuentre, y, por extensión, al hombre de su tiempo, colocados todos sobre una geografía francesa, en un período comprendido entre enero de 1939 y septiembre del mismo año. Este discurrir a la inversa del recuerdo lo que los textos cuentan por derecho, confiere a estos últimos y al sujeto que los lleva a cabo y habita una capacidad de análisis propia de un testimonio real, objetivo, vivo e inteligente. Sólo la novela permite este juego porque, en su misma naturaleza literaria no «hay más objetividad que la resultante coherente y humana dado el conjunto de hechos, pues la presencia del "yo" más íntimo no está reñida en absoluto con la objetividad técnica o formal ni mucho menos con la consistencia humana del personaje».[3] El individuo se debate con su conflicto, tratando de levantar en el relato un juicio que imponga por igual las cosas, las personas, los hechos y las imágenes, todos dentro de un realismo existencial que sobrepasa la «observación costumbrista y el análisis del siglo XIX mediante la voluntad de testimonio objetivo artísticamente concentrado e históricamente centrado».[4] Tradición y novedad toman cuerpo en la palabra que, a su vez, señala al hombre capaz de detenerse un momento, mirar hacia atrás y elegir los símbolos para mejor entender, anunciar y proyectar el futuro, siempre en función de una pasión inmediata y de un conocimiento posible. En cualquier caso, de lo mínimo surge lo trascendente, lo esencial de lo concreto, pero en ese trayecto es necesario que la persona decida ponerse en pie de nuevo, coger su maleta y seguir los mismos pasos que los demás en busca de su destino.

3. Alborg, Juan Luis, *Hora actual de la novela española* II. Taurus, Madrid, 1962, p. 42.
4. Sobejano, Gonzalo, *Novela española de nuestro tiempo.* Prensa Española, Madrid, 1975, pp. 25-26.

En *Así cayeron los dados* y *Eucrucijadas* también se centra la tipología de los personajes. Virgilio Botella Pastor huye de generalizaciones excesivas, por abstractas, si bien las utiliza como marco ambiental en el que se descubre la humanización del caos, para enfocar las figuras, nombrarlas y relacionarlas tal como son o como quieren ser en un momento determinado. Esta dinámica permite al escritor simultanear o combinar sus piezas más significativas, ofreciendo en su conjunto varios ángulos de visión, de razón y de reacción respecto a un solo exilio. El civil y el combatiente, cada uno de ellos debidamente acompañado y localizado, señalan diferentes suertes y caminos para un mismo desarraigo. Esta combinación nos permite comprender las distintas decisiones de los trasterrados. La intención del novelista es insistir sobre todo aquello que le afecta —el sacrificio, la angustia y el riesgo de un viaje hacia lo desconocido—, exponiéndolo en la linealidad de una historia textual. Las distintas soluciones de una existencia conflictiva responden a la razón de los actos o a las actitudes razonadas, interioridad y exterioridad manifiestas de la compleja naturaleza humana.

Virgilio Botella Pastor despierta en estos dos libros los cuerpos y las conciencias individuales, mediante un decidido juego de azar cuyas reglas permiten múltiples variables. Todo depende de un destino en el que la persona tiene la última palabra ya que es ella la que ha de descubrir las claves de su enigma si quiere resolverlo a su favor, o abandonarse en el laberinto, si pretende morir o permanecer olvidado:

> «—Esa es la vida— dijo Ignacio—. Un poco de todo. La suerte no se revela de golpe. La juega uno a diario. Y no hay que entregarse. Siempre hay un margen para rectificar el destino.» [5]

La incógnita de *Así cayeron los dados* y *Encrucijadas* se esconde en sus relatos y se desvelan un tanto en la dedicatoria que rige lo narrado: «A Francia, patria del hombre», y en làs citas que encabezan cada una de las cinco partes que componen estos dos volúmenes —dos el primero, tres el segundo—, breve muestra expresiva cuyas secuencias significativas determinan los acontecimientos que se cuentan por capítulos. La idea se mantiene en el seno de una dinámica textual que cierra sus círculos al tiempo que contempla la fuga, la permanencia, el destierro definitivo o el retorno. Ambigüedad y abstracción pueden entenderse como clave o como absurdo en un diálogo novelado con semejantes o extraños, pero siempre en función de algo que ha sido, que es y que tiene posibilidad de

---

5. Botella Pastor, Virgilio, *Así cayeron los dados, op. cit.*, pp. 42-43.

repetirse ante los ojos o en el recuerdo de un individuo que maneja sus signos desde el presente.

De Fenelón con su destierro a Esquilo con su deidad insensible, pasando por Cervantes y su esperanza, las afirmaciones de Gregorio VII y el pensamiento tremendamente tímido de Voltaire,[6] apuntan la pesada carga de un desarraigo; la inutilidad de aguardar, pasivo, la certeza de la muerte, acostumbrada a recibir su ofrenda; la capacidad del sujeto por mantener viva la ilusión de modificar su suerte; el valor de confirmar la disidencia y aceptar el castigo; y la postura de quien desea, aquí, solucionar su problema, o cuando menos formular su manera de abordarlo. Todo ello bajo el signo de la guerra como lucha —lo externo hacia lo interno; lo existente hacia lo esencial—. Los dados no pueden controlarse, pero sí las manos que se han decidido a lanzarlos y la inteligencia o los sentidos que habrán de interpretarlos o modificar su posición para mejor aceptar sus consecuencias. Los dos títulos de Botella Pastor son lo suficientemente explícitos en relación al discurso que los sigue. En ellos cabe comprender la vida y la muerte como juego, como misterio y como voluntad de decidir el camino que hemos de seguir para cumplir la aventura y realizar su trayecto.

En *Así cayeron los dados* y *Encrucijadas*, lo anecdótico tiende a reforzar y justificar la verdad de una argumentación existencialista. Botella Pastor se mueve, en el momento de llevar a cabo la redacción de estas dos obras, en un ámbito, un tiempo y unas relaciones impregnados de esta doctrina, y más específicamente dentro de una marcada influencia sartriana, sin excluir por ello la herencia de Unamuno. Ambos libros tratan de sentir, comprender y ofrecer al hombre como un ser que participa de la vida, en tanto ésta no es sino un «proceso de producción de cadáveres» (Rudolph Ehrenburg). El sujeto piensa porque ha de morir, y en la conciencia de ese final evidente está la razón de una sola existencia voluntaria y los motivos de un viaje único. Es posible compartir la aventura, pero no el momento en que se cumple su límite. Esta consideración

6. «Feliz el alma que lleva, además de sus cruces de fuera, la gran cruz de la desesperanza, sin la cual todas las demás no pesarían nada» (Fenelón, desterrado en Cambray), en *Así cayeron los dados*. «La huida».
— «La muert ees la sola deidad insensible a las ofrendas» (Esquilo), en *Encrucijadas*, «La isla de los sacrificios».
— «Siempre deja la ventura una puerta abierta en las desdichas para dar remedio de ellas» (Cervantes), en *Así cayeron los dados*, «La espera».
— Odié la iniquidad / y amé la justicia. / Por ello muero / en el destierro» Gregorio VII), en *Encrucijadas*, «La sombra amada».
— «El mundo es un gran naufragio. La divisa de los hombres es: ¡Sálvese quien pueda! Yo vuelvo siempre a Cándido: "Hay que acabar por cultivar el propio ardín"» (Voltaire), en *Encrucijadas*. «El gran viaje».

lleva al escritor a rechazar toda coincidencia entre su percibir inteligente y lo real objetivo, en todo caso puede admitir su relación en un documento subjetivo, única forma de mostrar a los otros la verdad de un mundo en continuo conflicto. Lo exterior y lo íntimo pueden experimentar múltiples cambios y provocar diferentes juicios mediante un diálogo humanizado en el que alguien y algo se proyecta en sus imágenes. Acciones, pensamientos o palabras adquieren la máxima importancia y merecen cualquier esfuerzo, ya que con ellos se creará en vida lo que se quiere alcanzar después del último instante. Mientras tanto, aquí, la persona debe moverse, decidirse, comprometerse con la lucha diaria, hablar consigo mismo para encontrar la raíz de la existencia, compartir el discurso para romper la soledad o el extrañamiento..., siempre consciente del tiempo que le afecta. Botella Pastor puede poner en boca de cualquiera de los personajes de *Así cayeron los dados* o *Encrucijadas*, parafraseando a Rosenstok-Huessy: «respondo para no morir».

Paco Tovar
Estudi General de Lleida
Universitat de Barcelona

MEMORIA LITERARIA DE LOS NIÑOS DE LA GUERRA

El niño ha sido muchas veces protagonista de las obras literarias.* Y no sólo de aquellas que puedan conceptuarse —con etiqueta harto imprecisa— como literatura infantil, escrita para niños. También el adolescente se ha convertido con frecuencia en pretexto literario, y eminentes títulos han abordado el proceso de aprendizaje y maduración del joven las vísperas de convertirse en adulto, hasta el punto de existir una especie de subgénero caracterizado por narrar el acceso a la experiencia y exponer la adquisición de una idea cierta y exacta del mundo. Llama la atención, sin embargo, la frecuencia con que este tipo de personajes aún no adultos alcanzan el protagonismo en la prosa novelesca posterior a la guerra civil de 1936. No es este el momento de establecer una casuística de esas abundantes presencias sino tan sólo de avanzar que sus intervenciones pueden ir desde una participación anecdótica coetánea de los sucesos bélicos hasta una rememoración de episodios pasados que explican el presente. Tampoco se trata ahora de establecer valoraciones cualitativas de los efectos artísticos que supone la presencia de ese tipo de personajes, pero no quiero dejar la ocasión sin recordar dos títulos de postguerra (sobradamente conocidos y elogiados, por otra parte) en los que un muchacho filtra con atinada emocionalidad los años anteriores a la lucha, pórtico inexcusable de ésta tanto en lo individual como en lo colectivo; me refiero a la *Crónica del alba*, de Ramón J. Sender, y a *La forja de*

* Una primera redacción bastante más breve, de este artículo, apareció bajo el título «Las vivencias infantiles de la guerra», en el extraordinario de *República de las Letras*, 1, mayo, 1986.

un rebelde, de Arturo Barea, ambas, sobre todo, en su primer trecho novelesco.

La guerra es un oficio de adultos, pero permítaseme recordar una verdad de Pero Grullo: mientras éstos luchan en el frente u organizan la retaguardia, otras gentes asisten como espectadores inocentes del sangriento espectáculo y pagan, en su medida, un precio de incomodidades, siempre, y de terrores, a veces, por algo en lo que ellos no han tenido arte ni parte. Estas gentes son las que conocen la guerra cuando estaban en la edad anterior a la adolescencia. Los escritores que despuntan en los años cuarenta, tanto en el interior como en el exilio, habían sido protagonistas activos de la contienda. Cada uno, por supuesto, con el grado de entusiasmo y compromiso que le pareció oportuno. En unas u otras filas combatieron Cela, Delibes, Torrente, Sender, Aub, Andújar... Su literatura, antes o después, no se escapará de novelar el conflicto y de dar una interpretación ideológica del mismo y de las causas que a él condujeron. Cualquier atento lector habrá percibido los abundantes jóvenes, ardorosos y apasionados, que monopolizan las ficciones de los años cuarenta. Son, por un lado, los jóvenes falangistas que transmiten el ideario de sus autores y que encontramos con reiteración en Rafael García Serrano o en el primer Gonzalo Torrente Ballester, por citar un par de nombres conocidos. Son los jóvenes que, en sentido inverso, protagonizan el inicio del ciclo novelístico de Manuel Andújar, «Lares y penares», a través de los cuales su autor expone la derrota del ideario republicano. El título de la primera novela de la serie no puede ser más expresivo, *Cristal herido*.

Los escritores que acabo de mencionar (nacidos casi todos en el segundo decenio de nuestro siglo), como decía, son partícipes e intérpretes de la guerra. Mientras, gente más joven que todavía ignoraba su futura condición de creador asistía como espectador infantil de la lucha. Sólo en algún caso de insólita precocidad —Ana María Matute, por ejemplo— habían intentado manchar el papel con la tinta de las ficciones. Nombres ya reconocidos en nuestra república de las letras nacen entre 1925 y 1936. La nómina, por supuesto, no es completa y sólo mencionaré algunos: Ignacio Aldecoa, Juan Benet, José Manuel Caballero Bonald, Jesús Fernández Santos, Antonio Ferres, Juan García Hortelano, Juan Goytisolo, Luis Goytisolo, Alfonso Grosso, Jesús López Pacheco, Armando López Salinas, Juan Marsé, Carmen Martín Gaite, Luis Martín-Santos, Antonio Martínez Menchén, Ana María Matute, Isaac Montero, Fernando Morán, Rafael Sánchez Ferlosio, Daniel Sueiro... Los nombres que acabo de citar son, ante todo y aunque hayan cultivado otras formas, narradores. Semejante edad contaban cultivadores de otros géneros hoy en plena madurez creativa: los poetas Carlos Barral, Jaime Gil de Biedma, Ángel González, José Agustín Goytisolo, Claudio Rodríguez y José Ángel Valente o los dramaturgos Lauro Olmo y Alfonso Sastre, entre otros.

Una nota biográfica común a todos ellos es la vivencia —con distintos grados de intensidad— de la guerra civil desde la oscura conciencia de la infancia. Teresa Pàmies ha escrito un libro [1] de reconstrucción del ambiente histórico de los años de la lucha que empieza con estas significativas palabras:

> Sin embargo, aquellos niños no pudieron ser neutrales. No les dejaron ser neutrales. En la España partida en dos los niños tuvieron que ser beligerantes porque los bombardeos, el éxodo permanente, la ausencia del padre soldado, preso, fusilado o "paseado"; el hambre ,el frío, el pánico, todo en su conjunto o por separado se ensañó con millones de españolitos que habían nacido en la víspera o durante la República que España se dio el mes de abril de 1931.
>
> Aquellos niños no olvidarían jamás. Una generación de españoles traumatizada por el pleito histórico que sus padres y abuelos no fueron capaces de solventar de manera racional (...) (p. 9).

El libro de Pàmies pasa revista a numerosos aspectos de la vida cotidiana de los niños durante la guerra, no demasiado diferentes en los respectivos territorios de ambas zonas enfrentadas. No vendrá mal recordar, para evocar la experiencia infantil de aquellos sucesos históricos, algunos detalles: hubo miles de niños «huérfanos, abandonados o recluidos en hospicios», no faltaron los desequilibrios psíquicos infantiles; muchos niños de la zona republicana tuvieron que ser evacuados e internados en colonias o centros de refugiados, cuando no trasladarse fuera de España; durante la lucha, los niños sufrieron un intenso adoctrinamiento político; los tradicionales entretenimientos infantiles cambiaron y se jugaba a la guerra, a veces incluso con material bélico encontrado que llegó a producir desgracias. Este jugar a la guerra es de particular importancia porque los niños reproducían la polarización del mundo adulto y se enfrentaban en peleas callejeras rojos contra fascistas (quién fuera la víctima dependía, por supuesto, del lugar de la geografía nacional en el que se realizara el juego) con la consiguiente acentuación de pasiones viscerales. En fin, recuerda Teresa Pàmies cómo «se introducía el terror y el odio en el alma de los niños»; los hijos de las familias nacionalistas en ciudades republicanas eran traumatizados con el miedo a las checas; en la zona sublevada aparecieron carteles «en los cuales se veía un niño escuálido, encogido

---

1. Teresa Pàmies, *Los niños de la guerra*, Barcelona, Bruguera, 1977.

y feo señalado con un dedo enorme y contundente junto a una tremenda acusación: "¡Es el hijo de un rojo. Cuidado!"».

No es de extrañar que esas singulares, extraordinarias vivencias pasaran —cuando llegaron a la edad adulta quienes las sufrieron— a ser motivo literario y por ello no es la primera vez que la temática infantil en la literatura de postguerra llama la atención de la crítica hasta el punto de contar ya incluso con su bibliografía específica. Hace tiempo la analizó en detalle Darío Villanueva [2] a propósito de Ana María Matute. Más tarde, Eduardo Godoy Gallardo la ha explorado a partir de media docena de autores y obras novelescas (Sender, Barea, Delibes, Goytisolo, Lamana y Castresana) y ha sintetizado las dos grandes visiones de la vida que exponen esos escritores, la paradisíaca frente a la infernal.[3] En fin, hace poco Josefina Rodríguez Aldecoa ha antologado y comentado una decena de textos de narradores de la generación del medio siglo bajo el expresivo título (coincidente con el ya citado de Pàmies) de *Los niños de la guerra*.[4]

Un rasgo muy llamativo, como antes indiqué, de los escritores nacidos entre 1925 y 1936 es la frecuencia con que aparecen los niños como protagonistas de sus novelas, y aún más, de sus relatos cortos. Es raro el autor de ese grupo promocional que no haya dedicado algún texto a esta cuestión y, en alguno, se convierte en un motivo reiterado, persistente y casi obsesivo de su producción. Desde este punto de vista, el conjunto de la narrativa, corta y larga, de Ana María Matute es ejemplar. No tanto espacio, pero sí muy relevante, ocupa en el *corpus* narrativo de Ignacio Aldecoa, de tal manera que en dos significativas compilaciones de su cuentística que incluyen una ordenación temática (las de Josefina Rodríguez y Alicia Bleiberg)[5] se abre un apartado para los niños. Todo un extenso período de la creación de Juan Goytisolo se caracteriza por hablar reiteradamente de niños, hasta el punto de que el propio autor ha señalado cómo al acabar *La resaca* se abría una nueva etapa en su obra, pues con este libro se sentía liberado de un tema que le obsesionaba (así lo declara en la cubierta de la traducción italiana de la novela). En fin, parte notoria o textos relevantes con protago-

2. Darío Villanueva, «El tema infantil en las narraciones de Ana María Matute», en *Miscellanea di studi ispanici*, Pisa, Istituto di Lingua e Letteratura Spagnola, 1971-73.

3. Eduardo Godoy Gallardo, *La infancia en la narrativa española de posguerra*, Madrid, Playor, 19 79.

4. Josefina Rodríguez, *Los niños de la guerra*, Madrid, Ediciones Generales Anaya, 1983.

5. Ignacio Aldecoa, *Cuentos*, edición de Josefina Rodríguez, Madrid, Cátedra, 1977; Ignacio Aldecoa, *Cuentos completos*, recopilación de Alicia Bleiberg, Madrid, Alianza Ed., 1973.

nismo infantil han escrito Jesús Fernández Santos, Juan García Hortelano o Rafael Sánchez Ferlosio.

Pero antes de hablar de esas materializaciones literarias, insistamos en lo que hace un momento señalaba: el impacto biográfico de la guerra en aquellos niños luego escritores, que justamente tuvieron noticia del mundo por medio de la brusca sacudida de la lucha, según dicen los versos de Eugenio de Nora en *España, pasión de vida*:

> Fui despertado a tiros de la niñez más pura
> por hombres que en España se daban a la muerte.

Para ellos fue una vivencia importante, decisiva en cuanto seres humanos, vivencia que en tono de no velada acritud ha descrito José Ángel Valente en su poema «Tiempo de guerra»:

> Estábamos, señores, en provincias
> o en la periferia, como dicen,
> incomprensiblemente desnacidos.
>
> Señores escleróticos,
> ancianas tías lúgubres,
> guardias municipales y banderas.
> Los niños con globitos colorados,
> pantalones azules
> y viernes sacrosantos
> de piadoso susurro.
>
> Andábamos con nuestros
> papás,
>   Pasaban trenes
> cargados de soldados a la guerra,
> Gritos de excomunión,
>   Escapularios,
> Enormes moros, asombrosos moros
> llenos de pantalones y de dientes.
> Y aquel vertiginoso
> color del tiovivo y de los víctores.
>
> Estábamos remotos
> chupando caramelos,
> con tantas estampitas y retratos
> y tanto ir y venir y tanta cólera,
> tanta predicación y tantos muertos
> y tanta sorda infancia irremediable.[6]

6. «Tiempo de guerra» pertenece a *La memoria y los signos (1960-65)*, 1966; cito por *Punto cero*, Barcelona, Barral, 1972, p. 193.

Bastantes son los recuerdos autobiográficos que nos quedan de la experiencia de la guerra y del impacto que causó en aquellos niños o adolescentes, pero no haremos una recopilación sistemática cuyo sentido es bastante unitario: la guerra influyó de modo decisivo y quedó como trasfondo ineludible —en lo personal y en lo literario— de aquella generación. Bien es verdad que, a veces, remoto por lo que respecta a una vivencia directa («Yo era demasiado niño como para haber disfrutado del libertinaje de los años de guerra», escribe Carlos Barral en sus memorias).[7] En otras ocasiones resultó decisivo para establecer una primera visión del mundo, como puede comprobarse en la ficción autobiográfica de Juan Goytisolo *Coto vedado*,[8] si bien no deja el novelista catalán de advertir el amortiguado eco inicial con que llegaba la lucha hasta él, luego convertido en tragedia familiar. Para nuestro propósito resultan muy explícitas, por ejemplo, las palabras con que ha recordado aquellos sucesos Ana María Matute:

En el 36 tenía 10 años y hasta entonces fue una niña feliz. El pequeño mundo de mi infancia burguesa quedó destruido. Yo no sabía por qué.[9]

O estas otras de Josefina Rodríguez:

En distintos pueblos y ciudades, en una zona u otra del conflicto, los niños del 36 vivimos una misma experiencia que nunca hemos olvidado y que, de un modo u otro, nos ha influido a todos.[10]

Tajante es, en sentido semejante, Jesús Fernández Santos:

La guerra ha sido para mí el cambio más importante que influyó en mi vida.[11]

La vivencia de la guerra es tan decisiva en muchos casos que ha servido, incluso, para rotular a aquella generación. Generación de «Los niños de la guerra» la ha llamado Josefina Rodríguez en el libro

7. Carlos Barral, *Años de penitencia*, Madrid, Alianza, 1975, p. 17.
8. Juan Goytisolo, *Coto vedado*, Barcelona, Seix Barral, 1985.
9. Declaraciones a Antonio Núñez en «Encuentro con Ana María Matute», en *Insula*, 219, I I, 1965, p. 7.
10. J. Rodríguez, *Los niños...*, p. 9.
11. Jesús Fernández Santos, «Lo que fue la guerra para mí», *República de las Letras*, Extra 1, mayo, 1986. En este mismo número —en el que apareció la primera redacción del presente trabajo— se puede encontrar el testimonio de sus vivencias de guerra —y en ocasiones de postguerra— de Juan García Hortelano, Raúl Guerra Garrido, Antonio Martínez Menchén, Meliano Peraile, Lauro Olmo y Juan Mollá.

del mismo título; [12] «generación de "los niños asombrados"» ha dicho, con acierto expresivo, Ana María Matute.[13] Por su parte, Juan García Hortelano, en una antología de poetas de los cincuenta, comenta que, por encima de otros rasgos que les sean comunes, el más importante vínculo de relación entre los seleccionados es el haber sido niños de retaguardia: «En esencia (quizá también en puridad) nada más les une, ninguna otra identidad innegable se les deb[e] atribuir».[14] Bien es verdad que infancia, adolescencia y juventud no pueden separarse y ha sido, como indica la misma Josefina Rodríguez, motivo de la obra literaria de aquella generación:

> Unos cuantos, en sus libros, han dado testimonio de aquellos años, han contado la historia de una infancia en guerra, de una adolescencia y una juventud en posguerra.[15]

Así, por ejemplo, los tres primeros relatos de *Inquisidores* (1977), de Antonio Martínez Menchén, recrean precisamente el ambiente en el que se desenvuelve la infancia de la primera postguerra. En fin, tampoco podemos olvidar que una guerra es una experiencia excepcional que, sin duda, alerta la receptividad, la hace más sensible y provoca lo que ya señaló Manuel Lamana,[15] un proceso de maduración más rápido. El mismo García Hortelano, en el lugar recién citado, recuerda que aunque sus experiencias infantiles hayan sido las congruentes con su edad, se han producido con un ritmo acelerado y con un carácter repentino que se opone a la paulatina maduración de toda persona. Por eso, dice, «La primera víctima de la guerra es la infancia», y añade:

12. Citado en nota núm. 4. Con motivo del cincuentenario del comienzo de la sublevación de 1936, esa etiqueta ha saltado incluso a los titulares de los periódicos. Véase, por ejemplo, el artículo de José Mario Armero, «Los niños de la guerra», *Diario 16*, 28-XII-1986. En él, Armero, enumera otras expresivas denominaciones de esa promoción; «Generación perdida, generación puente, generación silenciosa, generación olvidada, generación oscura».

13. Dice Ana María Matute en el prólogo a sus *Obras completas* (Barcelona, Destino, 1971, t. I, p. 15) que «Resulta obvio insistir en el hecho de que toda mi generación creció marcada por la guerra civil española del 36 [...] y añade que la «[...] brusca intromisión [de la guerra] en el orden de nuestra vida infantil nos convirtió, de la noche a la mañana, en eso que me permití definir como «generación de "los niños de la guerra"» *(ibidem)*. Para otros, el impacto mayor de la guerra no tuvo lugar en la infancia sino en la adolescencia, en la que la educación del niño se vio fuertemente influida por las circunstancias culturales de postguerra. Así gusta proclamarlo José Manuel Caballero Bonald, quien, por ello, prefiere hablar de «primeros adolescentes de postguerra».

14. Juan García Hortelano, *El grupo poético de los años 50*, Madrid, Taurus, 1978, p. 9.

15. J. Rodríguez, *Los niños...*, p. 9.

16. En *Literatura de postguerra*, Buenos Aires, Nova, 1965.

Abolida la infancia, en un país de adultos estremecidos por una locura senil, los niños, matriculados en un cursillo acelerado de vida, se licenciarán pronto de esa deformación teratológica, causa de espanto e irrisión, denominada precocidad.[17]

Esa, digamos, anormalidad influye, sin duda, en la conciencia de la necesidad de dar expresión artística de tal experiencia. Por ello tiene mucha razón Darío Villanueva cuando sostiene que el

perfil [de la generación del medio siglo] no acabará de presentársenos nítidamente en tanto que [...] no estudiemos, [...] dentro de toda su obra en general, la presencia del tema infantil, no tan gratuita como podríamos pensar a primera vista; el hecho histórico que más influyó sobre ellos fue la guerra civil [...].[18]

Aunque el tema concreto que me ocupa sea el de las vivencias infantiles de la guerra y su transustanciación literaria, me parece oportuno hacer un recordatorio que tiene su interés, según pienso. Se trata de la presencia de niños, en relatos cortos o largos, que ofrecen el enfrentamiento entre el mundo de la naturaleza y el mundo de la civilización. Este aspecto lo estudió con acierto Darío Villanueva en su mencionado artículo a propósito de los cuentos de Ana María Matute y allí recordó su concomitancia con uno de los libros más singulares de toda nuestra literatura, *Industrias y andanzas de Alfanhuí*, de Rafael Sánchez Ferlosio. Quisiera llamar ahora la atención sobre este insólito relato. No es fácil ofrecer una visión unívoca de una historia cargada de posibles sentidos y cuya raíz acaso esté en la muy sencilla recuperación del puro gusto por relatar anécdotas. Lo que quiero destacar es cómo Alfanhuí conoce una infancia pura, no maleada, llena de mil y un colores que se desmorona cuando entra en contacto con la vida social y se produce el acceso a la experiencia. La visión, por ejemplo, que ofrece de la ciudad no puede ser más negativa. La pérdida de la inocencia tiene lugar al entrar en contacto con el mundo de los mayores. Pues bien, no pretendo que ésta sea la interpretación única ni siquiera la fundamental del libro, pero ese rechazo del mundo adulto y civilizado alguna vinculación debe tener con la experiencia generacional del escritor, con su apartamiento de una sociedad maleada de la que eran ajenos los «niños de la guerra» y a la que se opondrían en los años cincuenta con sus actitudes personales (que en más de un caso

17. *El grupo poético...*, cit., p. 11.
18. D. Villanueva, art. cit., p. 388. Más adelante añade este crítico la siguiente y certera anotación: «Todos ellos [los escritores de la generación de los 50] percibieron el conflicto despojados de prejuicios ideológicos y de cualquier tipo de ropaje justificador del drama» (p. 409).

implicó la militancia política) y con su literatura. Así, esa especie de reactualización del mito de Peter Pan podría basarse en una vivencia histórica de raíz generacional.

Para nuestro propósito, sin embargo, son fundamentales otros relatos: aquellos que recrean la guerra a través de una anécdota localizada durante la propia contienda y protagonizada por niños. En este caso, los personajes literarios van a transmitir una experiencia idéntica a la de sus autores que, como hemos repetido, eran también niños en aquellas fechas. Es lo que sucede, a instancias del hondo impacto de la lucha en la impresionable sensibilidad de un niño, incluso en una novela, *Mil días en la montaña*, que Mario Lacruz inició hace muchos años, y aún inconclusa, según ha declarado el propio escritor. La familia de éste se había establecido unos años antes de la guerra en Andorra y más tarde él narró aquellos tiempos:

> El recuerdo de esos años constituye el tema de una novela [...] Es la historia de un niño de Barcelona, un niño urbano, al cual, junto con su madre, la guerra pilla en Andorra, situación que en la realidad ocurrió en muchos casos [...] El niño ve la guerra desde una ventana, desde un balcón. Al principio veía llegar gente que huía de Barcelona, cantidades. En el otoño del año 36, los milicianos de la Seo de Urgel iban a invadir el pequeño principado [...]. En resumen, por delante del balcón donde aquel niño se asomaba pasaron tres grandes oleadas de refugiados, de fugitivos.[19]

Lo primero que podemos sospechar —y que constata el planteamiento de la nonata novela de Lacruz— es que los autores han procedido a una recuperación del tiempo pasado, a una rememoración de tipo autobiográfico. Patente es en algunos textos en los que lo que sucede coincide con toda exactitud con lo que vivieron en la realidad sus autores. Algún otro dato aportaré luego, aunque no tan explícito como los relatos *El hermano bastardo de Dios* (1984), de José Luis Coll, y *Yo fui feliz en la guerra* (1986), de Chumy Chúmez, y la pieza teatral *Las bicicletas son para el verano* (1982), de Fernando Fernán Gómez.[20] Muy curioso resulta el libro de Coll porque éste, afamado humorista, no cultiva con cierta ambición la literatura de creación, y cuando se decide a ello es con una recuperación bastante testimonial de sus vivencias infantiles: un narrador en

19. Declaraciones de Mario Lacruz en el Apéndice a la reedición de *El inocente*, Madrid, Anaya, 1984, pp. 211-212.
20. José Luis Coll, *El hermano bastardo de Dios*, Barcelona, Planeta, 1984. Chumy Chúmez, *Yo fui feliz en la guerra*, Barcelona, Plaja Janés, 1986, Fernando Fernán Gómez, *Las bicicletas son para el verano*, Madrid, Espasa Calpe, 1984 (la obra fue estrenada en 1982).

primera persona cuenta los recuerdos de la guerra de un niño de Cuenca. Coinciden la edad del personaje y la del autor, el nombre de ambos es el mismo y la ciudad escenario del relato es el lugar natal del escritor. Curiosas coincidencias muestra la obra de Chúmez: también este destacado humorista, ocasionalmente narrador, cuenta la trayectoria biográfica de un niño durante la guerra. La historia se inicia en la San Sebastián republicana y seguimos las sucesivas evacuaciones del muchacho ante la proximidad franquista a Bilbao, Santander y la leridana localidad de Granja de Escarpe. Acabada la lucha, regresa a Donostia y a las privaciones de preguerra. Ese itinerario, aunque no poseo datos precisos sobre el autor, no debe ser otra cosa que una reconstrucción testimonial del propio escritor. Igualmente se dan parecidas circunstancias en la obra de Fernán Gómez. Luis, uno de los principales personajes, tiene una edad aproximada a la del autor (éste nació en 1921) y la acción se desarrolla por el trozo urbano que se extiende desde el castizo barrio madrileño de Chamberí hasta la Ciudad Universitaria, el mismo en el que vivía Fernán Gómez. Los tiroteos del frente resuenan en la obra al igual que resonaron en la casa que daba cobijo al futuro actor y dramaturgo. En fin, en un artículo rememorador, ha contado Fernán Gómez episodios que han pasado sin mayor elaboración a su pieza; por ejemplo, la condición de estudiante suspenso de Luis:

> En septiembre son los exámenes de los cateados en junio, como yo. Debo pasarme horas y horas encerrado, empollando la química, para acabar el bachillerato, entrar en la Universidad y ser mayor, ser un estudiante. El problema verdaderamente grave es que a mí la química no me gusta nada.[21]

Las anécdotas concretas de los personajes literarios no tienen por qué corresponderse siempre con las del autor, como ocurre en las obras que acabo de mencionar, pero sí debe suceder con la recuperación de las vivencias, del sentimiento de la guerra. La cual, por lo común, da a esos relatos autenticidad y emocionalidad, si bien corren el peligro de ofrecer de manera directa —quiero decir: no bastante decantada literariamente— asuntos de la experiencia per-

21. Recuerdos recogidos en «Septiembre del 36», *El País Semanal*, 493, 21.IX.1986. Véase su correspondencia en *Las bicicletas...* —salvo el cambio de la Física por la Química— en el Cuadro I (pp. 64 ss.). También la desaparición del casero mencionada en el Cuadro V (p. 105) tiene esta explicación autobiográfica: «A la casa en que vivo la llaman en el barrio *la casa de los santos*, porque en su planta baja el casero, que es también escultor religioso, tiene su taller con escaparates a la calle. Los milicianos han tiroteado los escaparates porque en ellos había imágenes. El escultor ha desaparecido» (art. cit.).

sonal. Otra cosa distinta —y decisiva— es la óptica que adopte el escritor en su relato: puede contar poniéndose en el mismo nivel cronológico de sus personajes (los niños comunican las impresiones que son propias de su edad) o puede hacer un enfoque retrospectivo (desde la mentalidad adulta se reconstruye y valora el mundo de la infancia). A veces, sin embargo, los dos puntos de vista se simultanean en el mismo libro y un buen ejemplo lo tenemos en la mencionada *El hermano bastardo de Dios*. La historia la cuenta un personaje adulto, que incluso se refiere a la época en que él era niño (ya pondera las acciones, ya dice expresamente: como yo era entonces tan pequeño, tenía entonces tal edad...).[22] Ahora bien, con frecuencia se pone a la misma altura de visión del mundo, de comprensión de la realidad y de interpretación de la existencia que es normal en un niño. El breve diálogo con que se abre la obra lo muestra:

—Han condenado a muerte a don Juanito Aguilar.
—¿Qué es condenar a muerte, tío?
—Que lo van a matar.
—¿Y si él no quiere que lo maten? (p. 19).

Igual transferencia de perspectiva tiene lugar en otras ocasiones. Así, por ejemplo, en el equívoco que produce la polisemia de la expresión «dar un paseo»:

En más de una ocasión vi llorar a mis abuelos, porque habían dado un paseo a unos amigos suyos. Yo me iba a la alcoba a reír. ¿Cómo se puede llorar, porque han llevado a alguien de paseo? (p. 36).[23]

No obstante, obsérvese —y esto me parece de primerísima importancia— que tanto en uno como en otro caso no existirá un enjuiciamiento político de los sucesos, que es justamente lo que les separa de la visión de la guerra de los escritores mayores que ellos. Digamos que dan una visión objetiva de unos sucesos percibidos en una edad perceptiva y no valorativa. Otra cosa es que, interrogados estos escritores sobre el bando del que se sienten herederos,

22. Véanse, por ejemplo, las páginas 45, 73, 93 y 165 de la edición citada.
23. Sin embargo, tal perspectiva en ocasiones no es sino un fallo del narrador. Cuenta el niño que su madre estaba lejos porque un jefe político no le dejaba vivir con ellos y comenta: «Nunca entenderé qué le hice yo a aquel jefe para que no le dejara a mi madre estar con nosotros» (p. 35). El autor no se percata de que el verbo en futuro revela que quien habla es el narrador adulto y que éste no puede hacer tal afirmación.

confiesen bastantes de ellos que de los vencidos.[24] Y cosa también distinta que se aproveche la novela para condenar la injusticia o la barbarie que produce la guerra. Volviendo al relato de Coll, veamos la hiperbólica descripción del juez:

> A don Juanito se lo pasó por el sumario un juez berrendo en muerte. Un energúmeno de ojos batracios, que gritaba las sentencias y se apartaba el sudor a manotazos. Vomitaba palabras acusadoras que, más que otra cosa, eran gargajos verbales. Don Juanito lo miraba impasible. No sé si debido a su ligera sordera o a un infinito desprecio. El salvaje togado, casi apoplético, se inclinaba sobre la mesa, pendulando su gran cabeza justamente debajo de la balanza de la Justicia, al tiempo que su dedo índice de la mano derecha apuntaba a la frente de don Juanito. Aquel dedo era un dedo mortífero y emponzoñado (p. 23).

Probablemente, y hasta donde se me alcanza, una de las obras más significativas del fenómeno que estamos considerando sea *Duelo en el Paraíso*, de Juan Goytisolo, el segundo de los libros del hoy famoso novelista. Quisiera subrayar la fecha de su edición, 1955, lo que indica lo temprano de su preocupación por este tema y cómo ello pertenece a la órbita de las inquietudes juveniles del escritor. En *Duelo en el Paraíso*, un grupo de niños vascos se encuentran en una casa de campo, convertida en residencia y escuela —«El Paraíso»—, en las proximidades de Gerona. La acción se sitúa en los últimos días de la guerra en Cataluña, precisamente en el período en que huido el ejército republicano todavía no ha entrado el vencedor y en ese lapso de tiempo en que falta una autoridad tiene lugar el suceso central del libro. En el desconcierto del momento ,los niños logran adueñarse de la escuela; receptivos del mundo de violencia que les rodea, juegan a la guerra con unas armas encontradas y por mimetismo con el mundo de los mayores, condenan por traidor a otro niño que vive en las proximidades de la escuela, el cual, aceptando una especie de sino trágico —quizás lo menos convincente del relato— es ejecutado. Se trata de un juego, sangriento, que reproduce la trágica experiencia que les rodea.

Sin duda, la novela posee un valor testimonial que alude a la violencia que engendra la guerra (aunque haya, en la mente de los niños, una difusa razón de clase para el asesinato, éste es gratuito y mimético) vista desde una óptica infantil. En la adopción del mencionado punto de vista radica uno de los méritos del libro, en cuanto que la narración lleva al terreno de las experiencias directas

24. Véanse, por ejemplo, las declaraciones a Rafael Borrás Betriu en *Los que no hicimos la guerra*, Barcelona, Nauta, 1971.

—e incluso autobiográficas— del escritor, quien, por causa de sus inclinaciones objetivistas, no puede dar otra visión del asunto. Pero, además, en cuanto al tema, los niños adquieren una nueva dimensión si se considera el aspecto de una falsa infancia, de una infancia estafada por el mundo de los mayores:

> —Nadie tiene la culpa. A esos niños que no tienen ni padre ni madre es como si les hubieran estafado la infancia. No hay [*sic*] sido nunca verdaderamente niños.
> —Mi hijo... —comenzó Santos.
> —Tampoco puede usted reprocharle nada. Ha vivido demasiado aprisa para su edad. Las ruinas, los muertos, las balas han sido sus juguetes... [...] [25]

Duelo en el Paraíso posee, además, un valor simbólico que no podemos olvidar. Es patente en el caso del ya mencionado nombre de la finca o en el del niño asesinado, Abel. Estos jóvenes protagonistas, seducidos por las consignas radiofónicas (que hablan de libertad e independencia, de no dejar nada útil ni vivo a los vencedores) aspiran a un paraíso fuera de la ordenación social de los padres. Tal vez suponga relacionar aspectos distantes entre sí, pero no puede por menos de llamarnos la atención cómo ese rechazo de la sociedad adulta organizada es, en esta novela objetivista, el mismo que señalábamos en la visión fantástica de Sánchez Ferlosio y de su *Alfanhuí*. Idéntico, además, y por más señas, al que caracterizará no ya a los niños sino a los jóvenes de, por ejemplo, el primer libro de Juan García Hortelano, *Nuevas amistades*. No debemos ignorar, sin embargo, lo que pueda existir de mitificación personal del propio autor de aquellas memorias de infancia. Así lo dice otro escritor de aquella generación, Joaquín Marco, en una breve recuperación retrospectiva de su infancia en la que se ve muñeco de un conflicto externo, figura inanimada de un cuadro incomprensible. Todo sentido épico de aquellos tiempos es falso, viene a sugerirnos, y por ello en sus palabras manifiesta una no velada réplica a la tan sintomática visión de Goytisolo. El niño, es decir, él mismo:

> Parece un personaje extraño en el fragmento de un filme formado por unas breves escenas, cuyos protagonistas ya han desaparecido. *La guerra no fue un duelo en el paraíso. Ni fue un duelo ni hubo paraíso*, sino hambre y violencia; un decorado de cráteres y casas derruidas, la sangre derramada. [26]

25. Cito por la quinta edición de *Duelo en el Paraíso*, Barcelona, Destino, 1972, p. 131.
26. Joaquín Marco, «Una guerra desde la infancia», en «Cultura, Quadern de *Segre*», núm. 121, 30, noviembre, 1986. El subrayado es mío. La diferencia

Otra novela de inexcusable recuerdo para el propósito que ahora me ocupa es *Los inocentes* (1955), de Manuel Lamana. Es, también, la historia de cómo vive la guerra un niño y, sobre todo, del sentimiento de soledad y miedo que le atenaza. Variados aspectos del libro llaman la atención pero quisiera destacar dos. Por una parte, el valor simbólico del título: la infancia concebida como víctima inocente de la incapacidad de entenderse de los mayores. Por otro, el valor autoconfesional del texto. Si a *Los inocentes* unimos la otra única novela de Lamana, *Otros hombres*, referida a la juventud de los años cuarenta, comprendemos cómo el escritor está ofreciéndonos una radiografía espiritual de las frustraciones y aspiraciones de la generación de los cincuenta,[27] a la que él pertenece.

La vivencia infantil de la guerra aparece, sobre todo, en cuentos, relatos breves y novelas cortas. Y poseen una particular importancia en dos escritores a quienes quiero referirme con brevedad, Juan García Hortelano y Jesús Fernández Santos. La narrativa corta de García Hortelano no ha tenido, creo, el eco que merece, probablemente oscurecida por sus novelas extensas. Pero dentro de ella hay tres relatos que, aunque independientes, forman una especie de novela episódica con unos mismos personajes, un idéntico escenario y un común tono literario y emocional: «Las horcas caudinas», «Riánsares y el fascista» y «Carne de chocolate».[28] En los tres encontramos a un común narrador-protagonista que, por una parte, evoca sucesos menudos de la vida cotidiana durante la guerra en el centro de Madrid; por otra, es personaje destacado de algún episodio singular. Además, esas experiencias se dan simultáneamente a un proceso de descubrimiento del erotismo. Y todo ello forma parte de un motivo más amplio que es el de la maduración personal. El niño ha pasado a joven y sabemos que ya esa condición predefinida de la naturaleza humana está indisolublemente unida a la experiencia, entre inocente y perspicaz, de la guerra.

Jesús Fernández Santos ha cultivado con cierta frecuencia el relato corto y uno de sus libros más certeros en este terreno, que practica con notable acierto, es *Cabeza rapada*. De los catorce rela-

---

de edad entre Goytisolo y Marco, aunque no muy grande podría ser suficiente para explicar sus diferentes visiones.

27. Manuel Lamana, madrileño, nació en 1922 y es, por tanto, uno de los mayores de ese grupo promocional. Por su activismo político en los años cuarenta, tuvo que huir de España a finales de esa década y desde entonces ha vivido en el exilio.

28. Tan independientes son en apariencia que ni siquiera aparecieron en el mismo volumen. Los dos primeros encabezan *Gente de Madrid* (1967) (utilizo la edición de Madrid, Sedmay, 1977); el tercero, publicado suelto, figura en *Los niños...*, cit.

tos que lo componen, un buen número tiene que ver con la guerra, pero no son esos los que me interesan aquí sino aquellos otros que, además del escenario bélico, cuentan con una protagonización infantil. Dos son relatos breves («Muy lejos de Madrid» y «Pecados») y el tercero es casi una novelita corta («El primo Rafael»).[29] Levedad anecdótica caracteriza a los tres, si bien el más extenso es algo más argumental: un niño, desde Segovia, espera la aparición de su padre, que ha quedado en Madrid; otro niño evoca el concepto de pecado que le inculca un sacerdote; un muchacho, en fin, cuenta las arriesgadas correrías infantiles con su primo, el cual muere en un accidente vinculado con la guerra.

De los relatos de García Hortelano y Fernández Santos quisiera extraer algunos rasgos comunes que nos permitan perfilar esa visión literaria de una experiencia infantil y personal. El primero y más importante desde un punto de vista formal es la persona que narra el relato. Todos, excepto «Muy lejos de Madrid», están contados en primera persona. Así, su tono formalmente autobiográfico remite a una experiencia vivida y sentida. Pero incluso en «Muy lejos de Madrid» se da un curioso cambio temporal. Quien relata es una tercera persona que cuenta la mínima historia (el autor nos vela hasta las razones del desenlace) en pretérito indefinido: «*Vino* en la brisa el rumor [...] que se *extendió* poco a poco [...]. El chico se *incorporó* [...]». Así sigue buena parte de la exposición hasta que de repente pasa al presente de indicativo: «Un rumor de motores *viene* [...]. El chico *mira* desde el alféizar [...]. El chico *vuelve* al lecho. La caravana *sigue* acercándose [...]». Ese cambio se debe a un deseo del escritor de situar al narrador en la misma óptica de los sucesos, para que su intervención no los desvirtúe sino que los deje en su misma esencialidad. No se trata, pues, de hacer literatura de recreación sobre la guerra sino de compartir —el autor y el personaje— un mismo sentimiento sobre sucesos que afectaron fuertemente a su personal trayectoria biográfica. No poseo los suficientes datos menudos como para avalar un posible autobiografismo de estos relatos, pero ya me parece muy llamativo que el escenario de esos cuentos sea exactamente el mismo que aquel en el que transcurrió la infancia de cada uno de estos dos escritores: García Hortelano vivió la guerra en Madrid, en las proximidades urbanas de los lugares que frecuentan la tropa menuda que protagoniza los tres relatos; Fernández Santos se hallaba en el momento de la sublevación en la sierra madrileña y luego fue a vivir a Segovia, es decir, hizo el mismo recorrido que el personaje de «Muy lejos de Ma-

29. Cito por la segunda edición de *Cabeza rapada*, Barcelona, Seix Barral, 1965. Los subrayados que haga en las menciones literales son míos.

drid». Sin duda, hurgar en estas coincidencias en otros escritores de la misma promoción permitiría constatar ese sustrato autobiográfico; tan sólo, y como muestra, recordaré la evocación insular de Ana María Matute en *Primera memoria*.

Otro rasgo llamativo es que cualquiera que sea el bando en el que se ha pasado la guerra, existe en ambos casos una semejante vivencia infantil del conflicto. Y, en relación con esto, un nuevo motivo es la contaminación de la actividad infantil por la del mundo de los mayores. Estos niños reciben con pasividad los ecos de la guerra pero reaccionan de forma mimética ante la crueldad y la agresividad de los adultos. Rafael y su primo (en Fernández Santos) participan en un sentido del riesgo que es imitación del mundo que les rodea. El protagonista de García Hortelano y sus amigos son agresivos porque duplican y hacen suyas las consignas que les llegan de fuera.

Un par de asuntos más quisiera subrayar, el sentimiento de la soledad y el acceso a la experiencia. La soledad, el desvalimiento infantil motivado por la guerra adquiere acentos trágicos. Volvamos otra vez a «Muy lejos de Madrid». Un muestreo léxico nos pone en evidencia un sintomático campo semántico: asustar, acongojar, llorar, tristeza, melancolía, miedo... Añadamos notaciones ambientales: susurros, dormir, tinieblas, niebla... Más esta percepción del transcurso del tiempo:

> Los días pasaban en procesión fugaz, como los pueblos, los trenes cargados de soldados, los nuevos jefes de control que cada mañana conocían. Aldeas blancas, solas. Ancianos impasibles, niños desconocidos, mirando sin saludar, sentados a horcajadas en las arribas de la carretera. Las llanuras, los ardientes páramos, ondulaban el paso del convoy, quedando atrás, apenas entrevistas. Iglesias asoladas, fuentes que aún desgranaban solitarias su fluir silencioso, y por encima de todas las cosas, el silencio de los hombres, su gesto hostil, desconfiado; el miedo de la guerra (pp. 79-80).

Agreguemos la falta casi total de acción y obtendremos como resultado una patética iluminación del desvalimiento radical de ese expectante niño, Antonio, que, además, pasa los días con una nítida percepción del miedo, el otro *leit-motiv* del relato.

El acceso a la experiencia es otra constante de esta literatura. Una rápida maduración del niño ya casi adulto se produce en los relatos de García Hortelano. Esa maduración tiene lugar, además, a la vez que el descubrimiento del mal y del dolor. Igual sucede en Fernández Santos, sobre todo en «El primo Rafael», en que el protagonista tiene un conocimiento prematuro, desgarrador y definitivo de la muerte.[30]

296

La guerra, además, en estos relatos es objeto de la memoria. Resulta curioso, pero podría espigar un buen número de textos en los que se podría comprobar que la imagen que proyecta la memoria es doble. Por un lado, un tiempo de inconsciencia y libertad. La disciplina se relaja, el orden se altera y los niños pueden, por decirlo con frase coloquial, campar por sus respetos. A ello alude, por ejemplo, el título de un filme, *Las largas vacaciones del 36*, de Jaime Camino, y, en el dominio que aquí más nos importa, de ello se da testimonio en varios de los relatos mencionados y se cuenta de manera muy explícita en el de Chumy Chúmez. Recuerda el narrador, por ejemplo, cómo la gran preocupación de los mayores por el peligro tenía como consecuencia el que «apenas ejercían sobre nosotros ninguna vigilancia» (p. 49). Así pues, «los días transcurridos como una continua fiesta» (p. 89), en buena medida debida a la ausencia de obligaciones escolares. Por eso el niño, con el cruel egoísmo infantil, se alegra de que su padre caiga prisionero porque con ello se acaban los deberes que le imponía y puede dedicarse «a los placeres del ocio y a la contemplación amorosa de las barbaridades que nos rodeaban» (p. 84). Aunque la guerra sea una experiencia trágica, esa es una visión elaborada por la interpretación del adulto, que puede reflexionar sobre tantas calamidades, terrores e injusticias como produce. Pero el niño no la percibe así, según puede comprobarse en varios testimonios, de los cuales quizás el más llamativo sea el que recoge la percepción de Chumy Chúmez en esa obra suya cuyo mismo título parece una provocación: *Yo fui feliz en la guerra*. Pero no lo es, sino que se convierte, no sin distanciamiento irónico, en el auténtico motivo de fondo del libro. Motivo que, por cierto, ya había aparecido, en términos afirmativos, en *Cinco horas con Mario*, de Miguel Delibes, como elemento arraigado en la memoria de Carmen:

> [...] después de todo [la guerra] no es para tanto, que yo, por mucho que digáis, *lo pasé bien bien en la guerra*, de acuerdo, a lo mejor por insensatez, pero no me digas *si aquello era como una fiesta sin fin*, cada día algo distinto [...].[31]

---

30. Esa rápida maduración es la que comunica con concisión el narrador de *El hermano bastardo de Dios*: «En unas semanas cumplí varios años» (p. 85).

31. Miguel Delibes, *Cinco horas con Mario*, Barcelona, Destino, 1986, pp. 96-97. Los subrayados son míos. Por supuesto que la experiencia personal de la guerra es la que determina la visión que de ella se transmite a través de las ficciones. El mencionado artículo de José Mario Armero, por ejemplo, parece contener una réplica a esa memoria de un tiempo inconsciente y hasta feliz. La guerra, viene a decir, fue para los niños una experiencia dramática y trau-

Volviendo a *Yo fui feliz...*, en efecto, el narrador da cuenta de esa paradoja de un tiempo feliz o inconsciente cuando tantas desgarraduras se ciernen sobre los adultos. Lo dice de forma tajante a poco de comenzar el relato: «la guerra civil [...] me colmó de felicidad» (p. 26). La misma idea se repite como un ritornello a lo largo de la obra; la fecha del comienzo de la guerra, «aquel luminoso domingo» (p. 40), «fue el primero de los innumerables días de felicidad que me deparó tan grandiosa contienda. Porque yo fui feliz en la guerra, como lo fueron todos los niños de mi edad que tuvieron la fortuna de sobrevivirla» (p. 40), en medio de la «guarrería colectiva [...] éramos felices. Yo siempre recuerdo aquellos días como días alegres, felices» (p. 136). Tan es así que, al final de la novela, cuando el niño regresa a la paz, añora aquellos tiempos de lucha: «Yo me acordaba de lo feliz que había sido yendo y viniendo de un lado para otro, con aquella alegría que sentíamos a pesar de nuestro desamparo y de nuestra miseria» (p. 203), pero, ante los presagios de la Guerra Mundial, anuncia:

> Millones de niños iban a tener la fortuna de empezar una nueva vida llena de aventuras y placeres como los que yo había tenido. Eran afortunados. Para mí acababan de terminar las alegrías (p. 205).

Esa misma impresión se recoge, como telón de fondo, en la mencionada pieza de Fernán Gómez. En el «Prólogo», en los días inmediatos anteriores a la sublevación, dos amigos, Luis y Pablo, pasean por la Universidad madrileña. Hablan de filmes y de novelas de guerra, que entusiasman a ambos. Reconstruyen miméticamente algunas escenas bélicas y derivan, con inocencia infantil, hacia la posibilidad de que en aquel mismo escenario por el que vagan se desarrollaran batallas. El punto de vista adecuado a la edad —que antes ya hemos considerado— aparece en el diálogo. Según Pablo, en aquel lugar es imposible una guerra:

> Pues porque para una guerra hace falta mucho campo o el desierto, como en Abisinia, para hacer trincheras. Y aquí no se puede porque estamos en Madrid, en una ciudad. En las ciudades no puede haber batallas. [...] Y además, está muy lejos de la frontera. ¿Con quién podría España tener una guerra? ¿Con los franceses? ¿Con los portugueses? Pues fíjate, primero que lleguen hasta aquí, la guerra se ha acabado (p. 49).

---

matizante, aunque, claro está, «cada niño tuvo su propia guerra. No es cierto, como alguien ha dicho, que para todos fuera igual. Unos sufrieron más que otros y en todos, de una u otra forma, la guerra dejó una huella que, como los tatuajes, nunca se borrará».

Por otro lado, una época en la que la niñez se vio súbitamente sorprendida, hasta el punto de que no pudo gozar de los caracteres habituales de esa edad en circunstancias normales. Por eso decía el texto que antes he recordado de Juan Goytisolo que a esos niños «se les ha estafado la infancia». El recordado «Prólogo» de *Las bicicletas*... se desarrolla en fechas estivales y poco después tiene lugar la escena en que Luis pide a su condescendiente padre una bicicleta, simbólico motivo central de la obra que se asocia con la alegría, la felicidad, y, también, los primeros escarceos sentimentales. Justo el día en que llega la noticia de la sublevación en África, el padre de Luis iba a comprarle la bicicleta, pero ante la importancia de las noticias lo deja para otra fecha. Nunca lo hará, y en el «Epílogo», ya en la amenazante y sombría postguerra, vuelve a salir el motivo: la felicidad fue imposible aquel verano y ahora lo que se impone es la dura lucha por la supervivencia. De nuevo, pues, y de manera muy plástica, tenemos el persistente tema de la infancia o adolescencia estafada. A propósito de otras obras que las aquí consideradas, llegaba Eduardo Godoy Gallardo a una interesante conclusión: quienes, por edad, no participaron en la guerra, pero la vivieron, «no han conocido una infancia normal y la lucha fratricida se convierte en una destrucción de la infancia. Por ello, sus creaciones reflejan ese mundo de lo cotidiano y en ella[s] se encuentra la *pérdida del paraíso*».[32] Podemos estar de acuerdo si por ello entendemos unas vivencias lacerantes y anormales que conducen a una maduración rápida que dejará huella indeleble en la persona; desde luego que así sucede en los personajes literarios y, probablemente, así ocurrió en sus creadores.

SANTOS SANZ VILLANUEVA
Universidad Complutense de Madrid

32. E. Godoy, *La infancia en la narrativa...*, cit.

CONCLUSIÓN

LA GUERRE D'ESPAGNE DANS MON SOUVENIR

Voici que s'achève le Colloque international «Littérature et guerre civile». Il conviendrait, me suggère-t-on, de tirer une conclusion de ces trois journées de travail si admirablement organisées, qui nous ont permis d'entendre des communications aussi riches que diverses. Je répugne pourtant à prononcer un discours de clôture, je veux dire à tourner définitivement la page, à faire comme si tout avait enfin été dit et comme si désormais nous pouvions classer ce sujet dans notre esprit, avant de ranger saggement les *Actes* sur les rayons de notre bibliothèque. Permettez-moi plutôt de lasser vagabonder ma pensée.

Rarement, en effet, thème de colloque a semblé aussi peu propice à une étude rigoureuse, débouchant sur la mise en place de vérités définitives. La guerre civile espagnole est un sujet encore trop brûlant pour que l'on puisse parler d'elle sans investir un peu de nos passions et de nos inquiétudes. Quarante ans durant, l'Espagne a été pour l'Europe prétexte à mille interrogations morales et idéologiques. Je dirais que l'Espagne a été la mauvaise conscience de l'Europe si je ne craignais de prendre trop ostensiblement parti. Pour vous, amis espagnols, ces quarante années ont été lourdes de maturation angoissée, de réflexions inquiètes sur un présent dont vous pouviez mal imaginer quelle sorte de lien il établissait entre un passé trop clairement ressenti et un avenir tellement incertain. On aurait pu craindre qu'un tel colloque ne fût prématuré; qu'il n'incitât á de vains affrontements entre hommes de droite et hommes de gauche, entre Catalans et Castillans, entre Espagnols et étrangers; ou encore qu'il n'imposât une lecture manichéenne de l'Histoire et du rôle des hommes qui la font; une lecture monolithique en forme d'acte de foi plutôt que d'analyse objective. Nous avons connu ce genre de situation en France. Avouerai-je que ces craintes étaient un peu les miennes et que vieux contestataire, toujours prêt à m'insurger contre toute forme de pétition de principe, je redoutais un peu que de vaines logomachies idéologiques ne finissent par s'imposer. Craintes vaines. Nous avons eu la chance d'entendre la voix d'écrivains qui, pour appartenir à des camps opposés, n'en ont pas moins trouvé dans la guerre civile les thèmes d'une réflexion sur l'homme; d'entendre aussi des orateurs qui ont toujours su discipliner leur légitime sensibilité personnelle et donner le pas au collectif sur légitime sensibilité personnelle et donner le pas au col- dans les *Voix du silence*, on finit par lui substituer le seul ennemi que l'esprit lui ait trouvé: l'histoire». Réjouissons-nous d'avoir échappé, dans ce Colloque, à la tentation de l'histoire événementielle et politicienne, à ces règlements de compte qui, au profit des faits, font oublier l'Homme.

Ce n'est pas l'un des moindres paradoxes de cette guerre fratricide: en même temps qu'elle déchirait les familles, séparait les amis, labourait la terre espagnole, laissait le pays exsangue, elle se faisait épique, frappait les imaginations, suscitait les mêmes passions qu'une croisade —ferveur ou horreur—, et du fond même de l'abîme entretenait la flamme prométhéenne de l'espoir. Plutôt que des noms de héros ou de chefs, déjà presque tous estompés par les brumes de l'oubli, l'Europe découvrait les gestes d'une épopée grandiose et barbare, exploits ou crimes hors du commun—, Guernica ou l'Alcazar de Tolède, la traversée de l'Ebre, les combats de la Cité Universitaire ou de la Sierra de Teruel—; formules insolentes ou désespérées—, «¡Viva la muerte!» ou «¡No pasarán!» —chansons mâles et tendres, mouvements de foules anonymes, — la descente des morts dans l'*Espoir* ou les flagellations de *Pour qui sonne le glas*—, sacrilèges et gestes d'abnégation, et tout cet absurde va-et-vient entre «le chaos et la nuit», chassé-croisé pathétique entre les trains de volontaires des Brigades internationales et les longues litanies de réfugiés, les uns et les autres fuyant avec obstination pour échapper à quelque chose qui leur était insupportable, l'assassinat des poètes ou des civils, la société du profit ou celle de la faim, tous conscients, quel que fût leur rôle, de participer misérablement à quelque chose de très grand et de très simple.

N'est-ce pas ce que traduit le poète belge Achille Chavée —surréaliste et stalinien imperturbable—, qui, á Brunete où il combattait au sein des Brigades, écrit le 7 mars 1937:

Il y a parfois un homme qui vient d'Albanie
il parle de la liberté comme d'un sein de marbre
il y a des hommes qui viennent des villages perdus
ils parlent de la liberté comme d'une source pure

ils en parlent par signes et par silences durs
il y a les hommes aussi qui viennent de n'importe où
aux comparaisons obscures et justes
il y a les hommes simples les hommes qui boivent
et les hommes qui ne boivent jamais
il y a d'autres hommes qui viennent des montagnes
qui confondent la liberté la mort l'amour le souvenir de leur maman
l'histoire de leur vie de leur patrie
de leurs amours
en mots très simples et en gestes de neige.

Suis-je en train de perdre de vue notre propos littéraire? Vous m'autoriserez, j'en suis certain, à vous parler de *ma* guerre d'Espagne, puisque, aussi bien, je suis, dans cette assemblée, l'un des rares peut-être à pouvoir témoigner de votre guerre civile pour l'avoir vécue, de loin, certes, mais de façon asez proche pour que je m'interdise de la considérer comme un simple thème littéraire. Elle fit soudain irruption dans une enfance protégée: jusqu'en 1936 peu d'échos du monde extérieur étaient parvenus dans la modeste école de campagne, puis de la banlieue rurale toulousaine où exerçaient et habitaient mes parents. Quelques récits fabuleux des «vieux» ressassant inlassablement leurs souvenirs de la «guerre de 14», l'assasinat d'un roi dans les rues de Marseille, des combats de rue à Paris, images bien floues comparées à celles des premiers films muets, *Metropolis* ou *Le Fils du Cheikh,* projetés et souvent interrompus par des incidents techniques dans l'incorfotable salle du Cercle laïque. En instituteurs, qu'à deux événements plus aisémentt perceptibles par cès du Front populaire, salué avec enthousiasme par l'ensemble des 1936, le monde extérieur prit soudain corps. Je pense moins au sucun enfant: mon entrée au Lycée et les premiers échos de la guerre d'Espagne, vite parvenus à Toulouse. Cessant d'être un «élu» —le fils du maître—, pour devenir un anonyme perdu dans une foule d'élèves d'origine sociale bien différente de la mienne, j'allais, en quelques mois, me trouver projeté d'un monde de certitudes sereines, où les bons sentiments tenaient lieu, peu s'en faut, de conscience politique, dans un autre monde, réel celui-là, où a delà des bons sentiments s'affirmaient les antagonismes de classe et où —inimaginable!—, le mal pouvait exister et s'imposer. La guerre d'Espagne servit de révélateur à toute une génération de lycéens toulousains qui se faisaient, dans les cours de récréation, l'écho des conversations familiales. Comment pouvait-on éprouver de la sympathie pour de «rebelles», comme l'on disait alors, dont le but avoué était de renverser les institutions légales d'une république en tous points soeur de la nôtre? Tel était, soutenu par une vertueuse indignation, notre point de vue familial. Simple, n'est-ce pas? Quelle ne fut pas ma stupéfaction de constater que la plupart de mes camarades tenaient des propos diamétralement opposés, avec la même bonne conscience, et que les «republicains» se trouvaient rejetés, ignominieusement traités de «front popu»! Peut-être dois-je à ces années de désarroi le sens d'une certaine relativité, voire d'une gratuité des joutes idéologiques. Car, pendant ce temps, pendant que de petits lycéens, pendant que tous les Français s'interrogeaient sur la légalité, le droit, le partage des responsabilités, les relations entre la conscience morale et la raison d'état —je songe, bien sûr, à la politique de non-intervention—, la guerre, elle, était là, dépouillée de sa parure idéologique.

La France des «congés payés» s'était dans un premier temps donné un petit frisson en venant écouter le son du canon de l'autre côté de la Bidassoa. Mais bientôt Toulouse, le Sud-Ouest virent déferler les troupes pitoyables de réfugiés, regards traqués, femmes et enfants démunis de tout, accueillis à la Bourse du Travail, intellectuels fiévreux dont l'exaltation, parfois effrayante, dont les révélations sur l'inégalité des armements donnaient matière á réflexion. S'agissait-il bien, comme on l'avait cru, d'une guerre entre frères qui n'avaient pas pu ou voulu s'entendre? d'une affaire proprement espagnole? ou plutôt d'un phénomène aux résonances historiques infiniment plus graves, comme le prétendaient certains? La guerre à nos portes prenait un autre sens que les interminables affrontements sino japonaise, l'Anschluss ou même la guerre d'Ethiopie, moralement et intellectuellement condamnés, certes, mais tellement éloignés. Cette fois, nous étions concernés, nous ne pouvions pas ne pas voir le médecin transformé en ouvrier agricole, le poète en magasinier (je pourrais donner leur nom...); chaque jour apportait son lot d'informations contradictoires: les atrocités se faisaient de chaque côté, des réfugiés étaient parqués dans des camps, la nation était en armes mais les chefs se querellaient. Tout semblait tellement incompréhensible, injuste, fortuit que l'on commençait à se demander si cette guerre n'était pas la consécration de l'Absurde. Les «bonnes» nouvelles de Madrid, de Teruel, la stabilisation des fronts réconfortèrent un moment ceux qui commençaient à douter: tout allait rentrer dans l'ordre et la victoire reviendrait à Goliath... Mais d'autres, ceux qui savaient, ne pouvaient que crier leur désespoir. Pourrais-je oublier l'image de Silvio Trentin, ce militant socialiste italien en exil, pleurant de rage et d'indignation, à un retour d'Espagne, en évoquant le manque d'armes, le manque d'avions, le manque de compétences? Pourquoi la défaite de Goliath était-elle inéluctable, pourquoi aujourd'hui? Pourquoi en Espagne? Pourquoi au vingtième siècle? Pourrait-on plus jamais croire?

306

Mais on s'habitue á tout, même au Mal. Les derniers jours furent accueillis avec une sorte de soulagement, alors que d'autres armes, les mêmes, commençaient à étinceler sur d'autres frontières. Puisque «l'espoir» était vain, que le glas sonnait en Espagne, peu importait pour qui, au total. Autant en finir, à Barcelone, à Munich, avant que ne s'étendent davantage «les grands cimetières sous la lune» et que les cyprès demeurent seuls à croire en Dieu...

Je reviens à la littérature, comme vous le voyez. Ne croyez pourtant pas que je joue, en rappelant des livres bien connus. N'est-il pas singulier, en effet, que nombre de titres de romans, inspirés par cette guerre, soient, sous une forme imagée, lourds d'une inquiétante interrogation sur le destin? Rien de comparable avec les titres directs, cinglants des livres inspirés par la guerre de 1914-1918: *le Feu, les Croix-de-Bois, la Vie des martyrs...* Dans ce cas, le drame humain porteur de destins individuels. Dans le cas de la guerre d'Espagne, le destin individuel est dépassé; on entre dans la tragédie collective, dans l'épopée, dans l'ambiguité du mythe. Quelqu'un a dit que la guerre d'Espagne était le seul mythe qu'aît engendré le XXè siècle. Ne discutons pas ce propos un peu réducteur. Retenon seulement que toutes les composantes du mythe étaient bien rassemblées dans ce «dernier carré de l'Europe», pour reprendre l'expression de Claudel. Au départ, une guerre fratricide, certes, comme le monde en a beaucoup connu: des possédants et des va-nu-pied, ceux qui croyaient au ciel et ceux qui n'y croyaient pas, des affrontements idéologiques et des motivations égoïstes... Rien que de très banal, de très quotidien; rien qui laissât prévoir le grand cri de protestation contre le destin, par delà l'événement que Picasso a si bien rendu dans «Guernica». Abcès de fixation? Dernières grandes manoeuvres avant l'embrasement planétaire? Ja ne contredirai pas la lecture des historiens. Mais nous devons aller plus loin: la dimension épique que tant d'écrivains ont perçue est celle d'une anti-épopée. Le but n'est plus de construire, d'affirmer —une cité, un idéal, une conscience nationale—, mais de détruire, de se détruire puisque l'Autre est soi-même. Au bout, le mythe du jeu avec la Mort, si bien illustré par Bergman, dans «La Septième Sceau», ou par l'engagement passionément suicidaire du Gilles de Drieu La Rochelle; la mort absurde des hommes et des idées, mais aussi l'illustration, dans un éclatant rituel initiatique de l'absurdité de la condition humaine. Car toujours, dans le jeu avec la Mort, les dés sont pipés...

Je me suis peut-être égaré, mais je crois qu'indépendamment de sa douloureuse réalité temporelle —matériau primordial de tous les récits—, et de sa signification politique ou morale, la guerre civile espagnole a été comme l'éclair initiatique projeté sur l'éternelle dualité de l'homme toujours confronté à son semblable, sur l'éternelle misère d'une humanité éternellement vouée à la mort la plus absurde et néanmoins certaine d'entrevoir, par delà les vains combats idéologiques et les ruines d'aujourd'hui, d'éternelles promesses de sérénité.

A qui donc pouvait penser Giraudoux lorsqu'en 1937, il écrivait:

«Comment cela s'apelle-t-il, quand le jour se lève, comme aujourd' hui, et que tout est gâché, que tout est saccagé, et que l'air pourtant se respire, et qu'on a tout perdu, que la ville brûle, que les innocents s'entre-tuent, mais que les coupables agonisent, dans un coin du jour qui se lève?

Electre: Demande au mendiant. Il le sait.

Le mendiant: Cela a un très beau nom, femme Narsès. Cela s'apelle l'aurore. A l'Espagne? A l'image qu'elle donnait de chacun de nous?

Que du plus profond de l'abîme ce pays ait pu renaître comme Phénix de ses cendres, que les Atrides naguère désunis parviennent à renouer un dialogue interrompu, quel les morts ne puissent éternellement aliéner les vivants et arrêter le cours de la vie, ce sont là, finalement des constatations aussi surprenantes que réconfortantes. Elles nous invitent á croire que dans le combat mythique de l'homme contre lui-même et contre le destin, rien n'est jamais définitivement perdu. La manière dont tous ensemble nous sommes parvenus à poser notre main sur des cendres brûlantes, en faisant taire les passions légitimes qui peuvent nous animer et en privilégiant l'esprit de dialogue et de compréhension, apporte l'heureuse contribution des universitaires que nous sommes à la lecture fécondante d'un fait historique qui prend sa véritable signification si on veut bien l'alourdir de tout le poids du monde. C'est, me semble-t-il ce que suggère le petit poème d'Eluard, «En Espagne», sur lequel je conclurai:

S'il y a en Espagne un arbre teint de sang
C'est l'arbre de la liberté

S'il y a en Espagne un bouche bavarde
Elle parle de liberté

S'il y a en Espagne un verre de vin pur
C'est le peuple qui le boira.

Robert Jouanny
Université de Val-de-Marne, Paris XII